우리 문화 그 가슴에 담긴 말

장진호

1943년 경북 경산 출생. 대구사범학교를 졸업하고 계명대학교에서 문학박사 학위를 받았다.

대구대학교와 계명대학교 겸임 교수, 대구교육과학연구원 연구부장을 거쳐 달성고등학교 교장을 역임했다.

저서로는 『신라 향가의 연구』, 『굽은 나무는 굽은 대로 곧은 나무는 곧은 대로』, 『손을 쥐면 아무것도 없고 손을 펴면 천하를 쥔다』, 『국어 선생님도 몰랐던 우리말 이야기』 등이 있다.

논문으로는 「국어교육의 맥과 흐름」 외 다수가 있다.

우리 문화 그 가슴에 담긴 말
ⓒ 장진호 2015

초판1쇄 발행 2015년 7월 31일
초판2쇄 발행 2015년 12월 7일

지 은 이 장진호
펴 낸 이 최종숙

책임편집 이태곤
편   집 문선희 박지인 권분옥 이소희 오정대
디 자 인 안혜진 이홍주
마 케 팅 박태훈 안현진

펴 낸 곳 글누림출판사 / 서울시 서초구 동광로46길 6-6(반포4동 577-25) 문창빌딩 2층
전   화 02-3409-2055 팩스 02-3409-2059
이 메 일 nurim3888@hanmail.net
홈페이지 http://www.geulnurim.co.kr
등   록 2005년 10월 5일 제303-2005-000038호

I S B N 978-89-6327-303-7 03380

정가 20,000원

* 이 도서의 국립중앙도서관 출판예정도서목록(CIP)은 서지정보유통지원시스템 홈페이지(http://seoji.nl.go.kr)와
  국가자료공동목록시스템(http://www.nl.go.kr/kolisnet)에서 이용하실 수 있습니다.(CIP제어번호 : CIP2015019936)

우리 문화
그 가슴에 담긴 말

장진호 지음

나는 일제 강점기에 태어나서 초등학생 시절에 6·25 동란을 겪었다. 돌아보면 아득한 옛날이다. 세월도 세월이지만 모든 문물이 그때와는 너무나 달라졌기 때문에 더욱더 그러한 생각이 든다. 나의 어린 시절은 책에서 보고 들었던 조선시대와 거의 같았다. 태어나고 자란 곳이 두메산골이라 더더욱 그러했다.

할아버지가 지은 집에서, 할머니가 짠 베를 가지고 어머니가 만들어 주는 옷을 입고, 아버지가 거둔 곡식으로 밥을 지어 먹었다. 자급자족하는 시대를 산 것이다. 봄이면 찔레 순을 꺾어 먹고, 여름이면 송기(소나무 속껍질)를 벗겨 시원한 맛을 즐기고, 가을이면 산딸기를 따 먹고, 겨울이면 묻어 놓았던 배추 뿌리를 깎아 먹는 것이 유일한 맛거리며 군것질이었다.

세상은 너무나 변하여, 그때를 생각하면 딴 세상에 와 있는 것 같아서, 스스로 어리둥절할 때가 더러 있다. 세상은 편리해질 대로 편리해졌다. 그러나 그 편리라는 이름 뒤에 사라지는 것도 너무나 많다. 그 중에는 잃어버리기 아까운 것들도 많다. 효성도 경로심도 점점 옅어져 가고 있다. 가슴에 노리개처럼 차고 다니던 정절의 상징 은장도는 이제 박물관의 전시물일 뿐이다. 시간이 흐르면 문물도 바뀌기 마련이지만, 가슴속에 지녀야 할 마음의 은장도까지 잃어 가고 있는 것 같아 안타깝기 짝이 없다.

일전에 어느 명사가 쓴 글을 읽었는데, 자기 아들이 '낫 놓고 기역자도 모른다'는 속담의 배경을 몰라서 황당했다는 내용이었다. 낫이 어떤 것인지를 모른다는 것이었다. 이 속담을 알게 하려면 '기역자 놓고 낫도 모른다'와 같이 거꾸로 가르쳐야 된다는 말도 덧붙였다. 요즘 아이들이 '낫'이란 농기구를 본 적이 없으니 그 속담의 연원을 알 리가 만무하다.

잊혀 가는 것이 어찌 낫뿐이겠는가. 소중하고 아름다워 길이 보존하고 싶은 전통적인 문화 요소들이, 세월이라는 급류 속에서 빠르게 잊혀 가고 있다.

21세기는 문화의 시대라는 말을 자주 듣는다. 이에 발맞추어 우리의 문화가 세계에 널리 알려지고 있는 것은 퍽이나 다행스럽다. 또 지역사회 단체나 지방 정부에서 주도하여, 그 지역과 관련된 문화 자료들을 발굴하여 살리고 있는 것도 바람직한 일이다.

그런데 여기서 우리가 깊이 새겨야 할 것은, 그러한 문화들이 진정한 우리 문화를 뿌리로 하여 돋아나오고 배어 나와야 한다는 것이다. 일시적이고 뿌리가 없는 활동은 올바른 문화 계승이나 창조라 할 수 없다.

요즈음 만드는 정원만 해도 그렇다. 우리의 전통적 정원은 있는 그대로의 자연미를 최대한 살려 다듬고, 차경(借景)이라 하여 밖의 경관을 안으로 끌어들여 즐기는 기법을 적용하였는데, 지금은 그러한 조경법을 살린 정원을 잘 볼 수가 없다.

또 몸통이 아닌 파편을 떼 내어, 보여주기식으로 벌이는 문화 행사도 다시 생각해 볼 일이다. 향가 「헌화가」의 배경 설화에 나오는 수로 부인이 바닷가에서 점심을 먹었다는 이야기 하나를 끌어와서, 동해변에 자리한 여러 시군에서 다투어 수로부인상을 만드는 일이나, 원효가 지나갔다는 전설이 있다는 것만으로,

막대한 돈을 들여 특정 지역을 성역화 하는 따위의 일들이 그러한 예에 속한다. 단편적인 일도 아니하는 것보다야 낫겠지만, 과연 그것이 올바른 문화의 계승이나 창조에 얼마나 기여할 수 있을지 의문스럽다.

　이러한 일들은 모두가 우리 문화에 대한 이해가 얕기 때문에 일어나는 것이다. 그러므로 우리가 보다 먼저 이루어야 할 것은 우리 국민 모두의 가슴속에 문화의 밑동을 가꾸는 일이다. 문화에 대한 의식의 뿌리를 튼튼히 길러야 한다. 이것이야말로 문화의 저변을 확대하고 힘찬 문화의 싹을 틔울 수 있는 힘을 키우는 길이다. 모든 일은 기본이 서 있을 때 성공하는 법이다. 문화에 대한 기본 역량이나 태도가 확립되어 있을 때 값지고 새로운 창조가 이루어진다. 기초가 없이 높은 탑을 쌓을 수는 없다.

　그래서 숨겨져 있고, 사라져 가고, 관심이 옅어진 우리의 것들에 대해 관심을 갖고 돌아보는 것은, 그것에 대한 애정과 문화에 대한 안목을 키우는 데 꼭 필요한 일이 된다. 그것은 우리의 허허로운 가슴 한 구석을 메우고, 우리의 참모습을 세심히 들여다보는 자세를 다듬어 줄 것이다. 나아가 그것은 새 문화를 창조하는 영양소가 될 것이다.

　지금 우리는 고도로 발달한 영상매체 속에 살고 있다. 그런데 라디오 시대 때보다 감흥이 더 커지고 융성해졌는가? 또 음성매체 시대가 인쇄매체 때보다 인간의 감성을 더 아름답게 꾸며 주었는가? 결코 자신 있게 그렇다고 답할 수는 없을 것이다. 학생 시절에 심훈의 『상록수』를 읽고 대단한 감동을 받았다. 그 후 얼마 안 있어 영화 <상록수>가 나왔기에 한달음에 뛰어가 관람했는데, 그때 얼마나 실망했는지 모른다. 책을 읽으면서 가졌던 내 상상의 세계와는 너무나 거리가 멀었기 때문이다. 사춘기 소년이 가졌던 아름다운 정서가 허망하게 무너짐을 느끼면서, 텅 빈 가슴으로 영화관을 나왔던 기억이 어제 같이 선명하다.

옛 것이 좋고 새로운 것이 나쁘다는 말을 하려는 것이 아니다. 법고창신(法古創新)하자는 뜻이다. 그런 의미에서, 뒤안길에 숨어 있는 우리 문화의 옛 모습을 낡은 것으로 치부하여 아무렇게나 팽개치지 말고, 현재라는 렌즈로 세심히 들여다보아 그 참모습을 제대로 살펴보자는 것이다.

우리 문화에 대한 기본 소양을 갖추고 넓히는 것은, 이제 하나의 국민 된 도리라 할 수 있는 시대가 되었다. 그래서 사라지는 것이 아깝고, 새로이 보아야 할 것도 많은, 이런저런 문화의 단편들을 한데 모았다. 평소에 살폈던 그런 잡동사니들을 언어·문학, 역사·유적, 예절·풍습, 설화·민속, 종교·철학으로 대별하여 이렇게 상재하였다. 이러한 잡다한 것들에도 관심을 갖는 사람들이 많아졌으면 하는 나름대로의 소망에서 용기를 낸 것이다.

이를 통하여, 우리 문화의 소소한 뒤안길을 살피고 거니는 사람들이 많아졌으면 한다.

2015. 7.

저자 씀

제2부 역사·유적

제3부 예절 · 풍습

제4부 설화·민속

제5부 종교 · 철학

제1부

언어 · 문학

아리랑에 깃든 의미

아리랑은 우리 민족의 대표적인 민요로서, 유네스코 인류 무형문화유산으로 등재되어 있다. 학술적으로 채록된 곡만 20여 종이고, 지역명을 붙이거나 해외 동포들이 부르는 곡을 합치면 60여 종이나 된다. 또 북한에서 불리는 것만 해도 30종이나 된다고 한다. 가사의 개변도 많아서 현재 그 수는 무려 8,000종이 넘는다. 그러니 아리랑은 그야말로 우리의 가슴마다에 살아서 숨 쉬는 정과 한의 절조다.

황현의 매천야록(梅泉野錄)에 고종이 궁중에서 아리랑을 즐겼다고 했고, 경복궁 중건 때 동원된 일꾼들이 불렀다는 이야기가 전해오니, 아리랑은 그야말로 임금으로부터 하층민까지 불러 온 우리의 민족노래다.

그럼 아리랑이란 말의 뜻은 무엇일까?

아리랑의 어원에 대해서는 여러 가지 설이 있다. 그 중에는 신라 혁거세의 비 알영(閼英)이나 밀양 아랑각 설화에 얽힌 아랑(阿娘)에서 왔다는 설이 있다. 또 대원군 때의 경복궁 공사와 관련된 아리랑(我離娘)이나 아이롱(我耳聾)에서 유래했다는 설도 있다. 전자는 경복궁 공사에 동원된 사람들이 오랜 기간 아내와 떨어져 있었기에, 아내를 그리워하는 마음을 아리랑(我離娘)으로 표현했다는 것이고, 후자는 경복궁 공사를 할 때 거둔 원납전에 진저리를 느낀 백성들이, 차라리 귀가 먹어서 원납전 소리를 안 들었으면 좋겠다는 뜻으로 쓴 아이롱(我耳聾)에서 왔다는 것이다.

그러나 이들은 다 견강부회한 민간 어원설(folk etymology)에 지나지 않는다. 민요란 원래 민중의 노래다. 더구나 경복궁 공사에 참여한 사람들은 일반 백성들이었다. 그것도 공사비용으로 납부해야 할 원납전을 내지 못하는 가난한 사람들이었다. 사정이 이러한데, 과연 그들이 쉬운 민중의 말을 제쳐두고 그와 같은 어려운 한자어로 노랫말을 지었을까 하는 의문을 떨칠 수 없기 때문이다.

그러면 아리랑은 어디에서 유래한 말일까?

거두절미하고, 아리랑의 '아리'는 우리말 '아리다'에서 왔다. 아리다는 '상처가 찌르는 듯이 아프다' 또는 '마음이 몹시 고통스럽다'의 뜻이다. '상처가 아리다', '그리움으로 가슴이 아리다'와 같이 쓰는 말이다.

'아리'가 이 말에서 유래했음은, '아리랑'의 상대가 되는 '쓰리랑'이란 말을 보면 더욱 확연해진다. '아리 아리랑 쓰리 쓰리랑'이란 노래 구절이 있다. 이 쓰리랑의 '쓰리'는 '쓰리다'란 말에서 온 것이다. 쓰리다 역시 '쑤시는 듯이 아프다'의 뜻이다. 이 노래가 지니는 이별의 아픔을 잘 나타내고 있는 말들이다.

그러면 아리다와 쓰리다의 뿌리 말은 무엇일까?

아리다는 '앓다'에서 온 말이고 쓰리다는 '쓿다'에서 온 말이다. 즉 아리다는 '앓다'에 피동의 뜻을 지닌 '-이-'가 붙어 '앓이다'가 되고 이 말이 앓이다>알이다>아리다로 변하여 된 말이다. 쓰리다도 아리다와 똑같은 과정을 거쳐 된 말로서, 쓿이다>쓸이다>쓰리다와 같이 변해서 된 말이다. '쓿다'는 '곡식의 껍질을 벗기어 깨끗이 하다'는 뜻을 지닌 말로서, '보리를 쓿다'와 같이 쓰인다. 쓿은쌀은 쓿어서 껍질을 벗긴 흰쌀을 가리킨다. 그러니 '쓰리다'는 껍질을 벗기는 듯이 심하게 아프다는 뜻이다.

그리고 아리랑의 '랑'은, '고개'를 뜻하는 '령(嶺)'에서 변해온 말이다. 추풍령, 조령, 죽령, 대관령 등에 쓰인 바로 그 '령'이다. '령'이 단독으로 쓰이거나, 첫머리에 오면 두음법칙에 의하여 '영'으로 된다. 고개는 원래 이별의 상징어다. 신세영의 '영 넘어 고갯길'이나 은방울 자매의 '대관령'도 다 슬픈 이별의 고개다.

> 영 넘어 고갯길 이백팔십 리
> 님 보고 싶은 맘에 달려왔더니
> 별 같은 두 눈이 너무도 차가워
> 말없이 떠나가네 아 서투른 바닷길
> ―〈영 넘어 고갯길〉의 한 절

> 영 넘어 고개 넘어 구불구불 대관령
> 전나무 늙은 가지 석양해가 걸렸는데
> 어느 곳 소식 없는 서울 가신 우리 님아
> ―〈대관령〉의 한 절

지금은 기계문명의 발달로, 떨리는 가슴을 움켜잡고 눈물로 헤어지던 그 고개는 다 없어졌다. 횡횡 매정하게 내달리는 자동차의 매연 흔적만 그 자리에 가득하다. 그러나 그 고개는 언제나 우리 가슴에 살아, 이별의 아픈 정한을 품고 대대로 이어오고 있다.

아리랑 고개는 우리 민족의 '아리고 쓰리는' 이별의 고개다. 아리고 쓰려서, 십 리도 못가서 발병 나라고 울부짖던 그 오열은, 지금도 우리들의 고개에 살아 있다. 박재홍의 '성황당 고갯길'에 깃든 정서가 바로 그런 것이다.

성황당 고개에서 서로 울며 헤어진 밤아
소매 잡던 베적삼에 궂은비가 차갑구려
귀밑머리 매만지며 목이 메어 떠날 적에
한사코 십 리 길도 못 가도록 울었소

이처럼 아리랑의 정서는 꺼지지 않는 생명으로 이어 오고 또 새롭게 성장하고 있다.

아리랑의 종류는 수없이 많다. 그러나 그 아리랑에도 분명 뿌리가 있다. 지붕을 떠받치고 있는 기둥이 있다. 크고 작은 물결의 일렁거림 아래에는 움직이지 않는 심연이 있다. 진도 아리랑, 밀양 아리랑, 정선 아리랑, 홀로 아리랑에는 그 '뿌리 아리랑'의 정조가 속에 숨어 있다. 우리 모두가 다 같이 부르는 그 '보통 아리랑'의 정서가 배어 있다. 서럽고 아픈 숨결이 마디마디 묻어 있다.

그런데 근자에 이러한 아리랑의 정조를 잘 이해하지 못하고 있는 사례를 종종 본다. 아리랑을 부를 때, 엉뚱한 가사로 고쳐 부르고 있는 것이 그 하나다. 언제부터인가, 아리랑 2절 가사의 '청천 하늘엔 별도 많고, 우리네 가슴에는 수심도 많다.'를 '청천 하늘엔 별도 많고 우리네 가슴에는 희망도 많다.'로 고쳐 부르고 있다. 수심을 희망으로 바꾸어 부르는 것은 아마도 새 시대에 맞추어, 시름겨움보다는 희망의 미래를 꿈꾸며 나아가자는 의도로 개사하여 부르는 듯하다.

그러나 이것은 잘못된 생각이다. 아리랑이 지닌 전래의 근본적 정조를 훼손하고 있기 때문이다. 아리랑이 가진 '아리고 쓰리는' 정한을 잃어버린다면, 그것은 이미 아리랑이 아니다. 아리랑의 정조는 한과 수심이 깃든 울음의 정서이지, 희망과 흥겨움이 넘치는 웃음의 정서가 아니다. 아리랑은 아리랑의 얼굴을 지닐 때 아리랑이다. 해어진 한복 치마가 거추장스럽다 하여, 새로운 서양식 디자인을 한 스커트를 입힌다면, 그것은 이미 우리 고유의 모습을 한 여인의 얼굴은 아닐 것이다. 아리랑은 '흙의 소리'요, '(신세)타령의 노래'다. 아리랑에 어설픈 분칠을 하지 말자.

또 아리랑의 곡을 전래의 곡과 동떨어지게 편곡하여 부르는 경우를 종종 보는데, 이것도 큰 문제이다. 물론 아리랑은 꾸준히 개작하고 폭을 키워서 그 음악성을 넓혀야 한다. 안익태가 작곡한 코리아 판타지나 모 민요가수가 부르는 아리랑은 바로 그러한 예이다. 그러나 원래의 분위기를 깨뜨리면서, 시종일관 아리랑과 전혀 맞지 않은 분위기의 곡으로 부르는 것은, 창작의 범주에 속한다고 볼 수가 없다.

아리랑이 유네스코에 문화유산으로 등재될 때, 우리나라 가수가 그것을 기념하여 각국의 대표들이 모인 자리에서, 약간 편곡된 아리랑을 부르는 것을 보고 의아스럽게 생각한 적이 있다. 아리랑의 참모습을 보여줘야 하기 때문이다. '보통 아리랑', '뿌리 아리랑'을 불렀어야 했다. 또 모 가수가 찢어질 듯 목청을 돋우어 부르는 그런 아리랑은 이미 아리랑이 아니다. 소금이 짠맛을 잃으면 어찌 소금이라 하겠는가? 애달픈 정조를 벗어난 그러한 얄궂은 노래는 우리의 가슴에 담긴 아리랑이 아니다.

아리랑은 인류 무형문화유산으로 등재되어 우리 민족의 긍지를 크게 높였다. 우리 민족의 대표적인 민요 아리랑을 아끼고 사랑하는 일은 작은 데서 시작된다.

우리 노래에 나타난 성(性)

우리나라의 문헌에 나타나는, 성에 관한 최초의 노래는 서동요라 생각된다. 잘 알다시피 서동요는 짤막한 신라 향가로서 백제의 왕자 서동(뒷날의 무왕)이 신라의 선화공주를 꾀어내기 위하여 지어 퍼뜨린 노래다.

> 선화공주님은
> 남몰래 정 통하고
> 서동도령을
> 밤마다 안고 가네.

선화공주가 서동과 통정하고 밤마다 몰래 서동의 방을 찾아간다는 내용이다. 서동은 아이들에게 마를 나누어 주면서 이 노래를 부르게 했는데, 마침내는 이 노래가 대궐 안에까지 퍼지게 되자, 왕은 공주의 사통에 대한 죄를 물어 공주를 내쫓았다. 이에 서동이 미리 길목에 숨어 기다리다가, 쫓겨 가는 공주를 만나 함께 백제로 돌아가서 그는 임금이 되고 선화는 왕비가 되었다는 이야기이다. 서동은 이 노래 덕분에 선화공주와의 결혼에 성공하게 되었다.

고려시대의 노래에는 이른바 남녀상열지사(男女相悅之詞)라 하여, 이보다 훨씬 노골적인 노래들이 많다. 그 대표적인 노래로 만전춘(滿殿春)의 한 대목을 보자.

> 얼음 위에 댓잎 자리 보아 임과 내가 얼어 죽을망정
> 얼음 위에 댓잎 자리 보아 임과 내가 얼어 죽을망정
> 정 나눈 오늘 밤 더디 새오시라 더디 새오시라.
>   (중략)
> 남산에 자리 보아 옥산을 베고 누워
> 금수산 이불 안에 사향 각시를 안고 누워
> 약 든 가슴을 맞추옵시다 맞추옵시다.

차디찬 얼음 위에 댓잎으로 만든 거친 자리를 깔고 정을 나누면서도, 추위에는 아랑곳하지 않고 밤만은 빨리 새지 말라고 노래하고 있다. 얼마나 열기가 뜨거웠으면 얼음 자리도 차지 않았을까? 남산에 올라가서 옥산을 베개로 삼고, 금수산을 이불로 삼아 향내 나는 각시를 안고 서로의 가슴을 맞대고 있는 모습은 더 이상 야성적일 수 없다. 게다가 그 가슴도 예사 가슴이 아니라, 약 든 가슴이라 했으니 이보다 더 적나라한 정황이 또 어디 있을까 싶다.

사설시조에 나타난 성적인 모습을 한번 보자.

> 각시네 외따로 떨어진 논이 물도 많고 기름지다 하네
> 소작을 주려거든 밑 안은 날을 주소
> 진실로 주려고 하거든 가래 들고 씨 뿌려 볼까 하노라.

해동가요에 실려 있는 작품이다. 물도 많고 기름진 각시의 외딴 논과 '밑 안'이 무엇을 가리키는가는 누구나 단번에 알 수 있을 것이다. 그 논에 가래로 씨

를 뿌리고자 하는 것이다. 가래는 남근을 가리키고 씨 뿌리기는 성관계를 뜻함은 쉽게 알 수 있다. 고도의 비유법을 사용하고 있다.

육당본 청구영언에 실려 있는 작품을 보자.

　　각시네 더위들 사시오. 이른 더위 늦은 더위 여러 해 묵은 더위

　　오뉴월 복더위에, 정든 님 만나 있어 달 밝은 평상 위에 친친 감겨 누웠다가, 무슨 일 하였던지 오장에 열이 나고, 구슬땀 흘리면서 헐떡이던 그 더위와, 동짓달 긴긴 밤에 고운 님 데리고, 따스한 아랫목과 두꺼운 이불 속에 두 몸이 한 몸 되어, 그리저리 하니 수족이 담담하며 목구멍이 타올 적에, 윗목의 찬 숭늉을 벌떡벌떡 들이키는 더위를, 각시네 사려거든 소견대로 사십시오.

　　장사야 저 더위 여럿 중에, 임 만나는 두 더위야 뉘 아니 좋아하리. 남에게 팔지 말고 내게 부디 팔으시오.

여러 가지 더위 중에, 정든 임과 평상 위에서 무슨 일 하고 난 후에 헐떡이는 더위와, 동짓달 이불 속에서 고운 임과 그리저리 하고 나서, 목이 타서 찬 숭늉을 벌떡벌떡 들이켜야 하는 더위는 다 좋아하는 것이니, 장사야 내게 그런 더위를 팔아 달라는 것이다. 드러내지 않고 빙 둘러 표현하는 완곡법(婉曲法)치고는 절창이라 아니할 수 없다.

　　간밤에 자고 간 그놈 암만해도 못 잊겠다.

　　기와놈 아들인지 진흙에 뛰놀듯이, 두더지 자식인지 꾹꾹 뒤지듯이, 사공의 아들인지 상앗대 지르듯이, 평생에 처음이요 음흉함도 야릇하더라.

　　전후(前後)에 나도 무던히 겪었지만, 참말로 간밤에 그놈은 차마 못 잊을까 하노라.

영조 때 대제학까지 지낸 이정보(李鼎輔)의 작품이다. 한 여인이 성적인 기교가 빼어난, 한 사나이를 잊지 못해 하는 것을 그 내용으로 하고 있다. 기와공이 진흙을 짓이기면서 이리저리 주무르듯이, 두더지가 이곳저곳을 구멍을 파면서 뒤지듯이, 뱃사공이 삿대로 물을 저을 때 하는 것처럼, 쿡쿡 연달아 강바닥을 찌르듯이 갖은 기교를 부리는 그놈을 잊을래야 잊을 수 없다는 것이다. 기와공과 두더지 그리고 뱃사공을 끌어와 여인을 다루는 기교를 이보다 더 적나라하게 표현할 수 있을까?

같은 이의 작품을 하나 더 보기로 하자.

> 임은 회양(淮陽) 금성(金城) 오리나무가 되고 나는 삼사월 칡넝쿨이 되어
> 그 나무에 그 칡이 납거미 나비 감듯 이리로 친친 저리로 친친, 왼쪽으로 감아 얽혀져 풀어져 밑부터 끝까지 조금도 빈틈없이, 찬찬 굽이지게 휘휘 감겨 밤낮없이 뒤엉켜 감겨 있어
> 동지섣달 바람 비 눈서리를 아무리 맞은들 떨어질 줄 있으랴
>
> ＊ 납거미 : 거미의 일종. 주로 집 안의 벽에 집을 짓고 살며 밤에 돌아다니며 벌레를 잡아먹음.

임은 오리나무가 되고 나는 칡넝쿨이 되어, 서로 친친 감겨서 주야장천 그리고 눈서리가 몰아쳐도 떨어지지 않겠다는 것이다. 비유가 뛰어나기 짝이 없다. 거미가 나비를 잡아서 실로 칭칭 감듯이, 그렇게 휘휘 감기고 엉켜서 떨어질 줄 모르겠다는 것이다. 남녀 간의 육체적 결합을 이보다 더 강렬하게 그릴 수는 없을 것이다.

조선시대에 어느 여인이 썼다는 '가위질[剪刀詩]'이란 시는 성행위를 가위질에 비유하여 묘하게 담아내고 있다.

뜻이 있어 두 가슴 합하였고
정이 많아 두 다리 벌렸다오.
이리저리 움직임은 내게 있지만
깊고 얕음은 그대에게 달렸다오.

이수광은 그가 지은 지봉유설(芝峰類說)에 이 시를 소개하면서, 시어가 교묘하지만 너무 외설스럽다고 하였다.

남녀 간의 관계는 예나 지금이나 다를 것이 없다. 그러기에 이러한 성에 관한 정서는 현재 우리가 부르고 있는 민요에도 그대로 배어 있다. 먼저 천안 삼거리를 보자

천안 삼거리 흥 능수나 버들은 흥
제멋에 겨워서 축 늘어졌구나 흥
에루화 데루화 흥 성화가 났구나 흥

여기서 삼거리란 무엇을 의미할까? 또 버들은 무엇을 뜻하며 왜 축 늘어졌다고 했을까? 왜 버들을 보고 성을 냈다고 했으며, 삼거리와 버들이 왜 흥, 흥 하며 소리를 내지를까? 한마디로 말하면 버들은 남성의 성기를 비유한 것이다. 삼거리는 사타구니 부분을, 버들은 남근을, 축 늘어졌다가 성화가 난 것은 발기한 모습을 표현한 것이다. '흥, 흥'은 성적인 의성어임은 말할 필요도 없다.

다음으로 도라지 타령을 보자.

도라지 도라지 도라지
심심산골에 백도라지

한두 뿌리만 캐어도
대바구니가 철철 다 넘는다.

도라지 도라지 도라지
심심산골에 백도라지
하도 날 데가 없어서
쌍바위 틈에 가 났느냐.

에헤야 데헤야 에헤야아
에야라 난다 지화자 좋다
니가 내 간장 스리 살살 다 녹인다.

이 노랫말에서, 우리는 심심산골에 백도라지는 음모 속의 남근을 가리키고, 대바구니는 여성의 음부를 상징함을 쉬 알 수가 있다. 그냥 도라지라면 왜 하필 쌍바위 틈에 났다고 하겠는가? 쌍바위 곧 고환 두 개 위에 난 남근을 그렇게 표현한 것이다. 이쯤 되면, 도라지를 캐어 바구니에 담는다는 표현은 무엇을 암시하는지는 누구나 퍼뜩 알 수가 있다.

그냥 도라지를 노래했다면, '한두 뿌리로 바구니가 철철 다 넘는다'고 할 수가 있겠는가. '에라야 난다 지화자 좋을' 만큼 신나게 논다면, 한두 뿌리로 그 바구니가 철철 넘치지 않을 수가 없을 것이다. 이미 '니가 내 간장을 스리 살살 다 녹여 줬는데', 또 잇달아 세 뿌리 네 뿌리 더 캘 힘이 어디 있겠는가. 요샛말로 하면, 죽여줬는데 또 어디 더 캘 힘이 있을라고

성을 노래한 우리 시가는 그 비유가 너무나 뛰어나, 읽는 이로 하여금 미소를 금치 못하게 하고, 섹스어필하면서도 하나도 저속하지 않고, 짙은 육감이 배어나면서도 조금도 추하지 않다.

소쩍새는 소쩍소쩍 접동새는 접동접동

접동새는 고래로 수많은 시가의 소재로 등장해 왔던 새다. 고려 때 정서(鄭敍)가 뭇사람들의 무고를 받아 동래로 귀양 가서, 임금을 그리워하며 지어 부른 정과정곡(鄭瓜亭曲)도, 어린 단종이 영월로 유배되어 자기의 억울한 처지를 노래한 자규사(子規詞)도, 모두가 접동새를 자신에 비유하고 있는 시다.

> 내님이 그리워서 울며 지내니
> 산에서 우는 저 접동새 나와 같구나
> 나를 모함하는 말들이 사실이 아니며 거짓인 줄을
> 아! 지는 달과 새벽 별은 알 것입니다.
> 넋이라도 임과 함께 살아가고 싶습니다.
> 아! 나 보고 헐뜯는 이 누구입니까?
> 잘못도 허물도 전혀 없습니다.
> 뭇사람들의 말은 다 참소입니다.
> 슬프고 슬프도다.
> 아! 임께서는 벌써 나를 잊었습니까?
> 마소서 임이시여! 부디부디 마음 돌려 사랑해 주소서.
>
> — 정서의 〈정과정〉

이러한 접동새의 이미지는 현대시에 그대로 이어지고 있다. 소월의 접동새나 미당의 귀촉도(歸蜀途)가 모두 그러하다.

눈물 아롱아롱
피리 불고 가신 님의 밟으신 길은

진달래 꽃비 오는 서역(西域) 삼만 리.
흰 옷깃 여며여며 가옵신 님의
다시 오진 못하는 파촉(巴蜀) 삼만 리.

신이나 삼아줄 걸 슬픈 사연의
올올이 아로새긴 육날 미투리.
은장도 푸른 날로 이냥 베어서
부질없은 이 머리털 엮어 드릴걸.

초롱에 불빛, 지친 밤하늘
구비구비 은하ㅅ물 목이 젖은 새,
참아 아니 솟는 가락 눈이 감겨서
제 피에 취한 새가 귀촉도 운다.
그대 하늘 끝 호올로 가신 님아
　　　　　　　　　—서정주의 〈귀촉도〉

그런데 이 새에 대하여 혼동하는 예를 많이 본다.

어느 어원사전에 접동새와 소쩍새는 같은 새이고, 접동새와 두견이는 다른 새라고 적혀 있는데, 그 설명은 과연 바른 것일까?

결론부터 말하면, '아니다'이다. 소쩍새와 접동새는 다른 새이다. 그리고 접동새는 두견이의 방언이다. 접동새는 뻐꾸기 비슷한데, 뻐꾸기처럼 딴 새의 둥지에 알을 낳아 생육을 떠맡기는 새다. 소쩍새는 올빼밋과에 속하는 부엉이 비슷한 여름 철새로 주로 높은 나무에서 산다. 표준국어대사전에도 그렇게 실려 있고, 두시언해나 훈몽자회에도 그렇게 적혀 있다.

그런데 소쩍새와 접동새를 혼동한 것은 어제오늘이 아니라, 오랜 옛날부터다. 시조(時鳥), 제결(鵜鴂), 주연(周燕) 등의 풀이를 보면 어떤 데는 소쩍새, 또 다른 곳에서는 접동새라 하고 있음에서 그것을 알 수 있다.

접동새는 잘 알다시피 촉나라 임금 망제(望帝)에 얽힌 애달픈 전설 때문에 그 이칭도 많다. 꾸꾸기, 두견(杜鵑), 두견이, 두견새, 망제, 망제혼, 두백(杜魄), 두우(杜宇), 불여귀(不如歸), 자규(子規), 촉백(蜀魄), 촉조(蜀鳥), 촉혼(蜀魂), 귀촉도(歸蜀道) 등이 그것이다.

소쩍새

접동새

자규는, 천성이 착한 어린 망제가 자기가 구해 준 별령이란 자에게 도리어 쫓김을 당하여 그 원통함을 가슴에 품고 죽어서 새가 되었다는 전설을 가졌다. 너무나 억울하여 밤새도록 피를 토하며 운다는 새다. 토해낸 붉은 피가 변하여 진달래가 되었다는 전설도 있다. 그러기에 쫓겨난 단종이 유배지에서 남긴 시도 자규사다.

달 밝은 밤 두견새 울 제	月白夜蜀魂啾(월백야촉혼추)
시름 못 잊어 누 머리에 기대어라.	舍愁情椅樓頭(함수정의누두)
네 울음 슬프니 내 듣기 괴롭구나.	爾啼悲我聞苦(이제비아문고)
네 소리 없었던들 내 시름 없을 것을	無爾聲無我愁(무이성무아수)
세상에 근심 많은 이들에게 이르노니	寄語世上苦勞人(기어세상고로인)
부디 춘삼월엔 자규루에 오르지 마오.	愼莫登春三月子規樓(신막등춘삼월자규루)

우리나라에도 접동새에 대한 애달픈 전설이 있다. 소월의 시 '접동새'에 얽힌 바로 그 전설이다.

"어머니를 잃은 열 남매가 새로 들어온 의붓어미 밑에서 살게 되었는데, 큰누이가 부잣집 도령과 혼약하자, 의붓어미가 이를 시기하여 그녀를 장롱에 가두었다가 끝내는 불에 태워 죽였다. 동생들이 슬퍼하며 타고 남은 재를 헤치자, 거기서 한 마리 새가 날아올랐는데, 그 새가 접동새다."

소쩍새는 그 이름에는 익숙해도, 실제 이 새를 본 사람은 그리 많지 않을 것이다. 왜냐하면, 소쩍새는 야행성의 새이기 때문이다. 소쩍새는 외양만 보면 부엉이와 비슷하다. 우리나라에는 4월쯤에 날아와서 10월까지 머문다. 낮에는 나뭇가지에 앉아 자고, 저녁 무렵부터 곤충이나 작은 새 따위를 잡아먹으며 활동한다. 이 새는 주로 해질녘부터 새벽까지 운다. 그 우는 소리가 너무나 처량하고 애처롭다. 그래서 그런지, 오래전부터 이 새에게는 슬픈 전설이 전해온다.

"옛날에 가난한 집안에서 자란 소화라는 소녀가 있었다. 소화는 성격이 착해서 부잣집에 시집을 가게 되었다. 그런데 시어머니는 밥을 많이 하면 찬밥이 생기니 꼭 한 번만 하라고 하였다. 시어머니가 시킨 밥솥은 매우 작아서 시부모님과 서방님, 시누이 것을 푸고 나면 밥이 떨어졌다. 늘 자기 밥은 없었다. 솥이 작아서 항상 다섯 공기밖에 할 수가 없었으나, 시어머니의 명을 어기고 밥을 두 번 할 수는 없었다.

소화는 부잣집에 시집보낸 부모님을 원망하며, 이불을 뒤집어쓰고 울다가 굶어 죽고 말았다. 한이 많은 소화는 죽어서도 저승에 가지 못하고 한 마리 새가 되어 솥이 적다고 '솥적 솥적' 하고 울고 다녔다. 그래서 그 새를 '솥적새'라 불렀다."

그런데 수많은 시의 소재로 등장한, 밤새워 슬픈 울음을 우는 새는, 실제로는 접동새가 아니라 소쩍새라는 사실이다. 쉬지 않고 온밤을 같은 소리로 목이 터지도록 우는 그 소리는 바로 '소쩍 소쩍'으로 들렸던 바로 그 소리인 것이다. 또 소쩍새가 그토록 목이 메어 우는 것은 무슨 한이 쌓여 그러는 것이 아니라, 수컷이 짝을 찾기 위해서, 또 어린 새끼와 먹이, 장소를 지키기 위해서 울어 대는 것이다. 이쯤 되면 왠지 맥이 빠지는 느낌이 든다.

앞에서 말했다시피 우리가 소쩍새와 접동새(두견이)를 혼동한 것은 오래 전의 일이다. 화원악보에 전하는 옛시조를 보면 이를 단적으로 알 수 있다.

산 밑에 살자하니 두견이도 부끄럽다.
내 집을 굽어보며 솥 적다 우는구나
저 새야 세사간(世事間) 보다가 그도 큰가 하노라

이처럼 소쩍소쩍 우는 새를 두견이라고 쓰고 있음을 본다. 그런데 중국 사람들은 소쩍새와 두견이를 구분하고 있었던 듯하다. 유몽인의 어우야담에 이런 기록이 있다.

"중국 사신 주지번이 왔을 때 마침 소쩍새가 울었다. 그때 같이 있던 사람이 저것이 무슨 새냐고 물어봤더니, '중국에도 저 새가 있는데, 이 새는 원금(怨禽)이지 두견이는 아니오. 소쩍새는 모습이 비둘기 같은데, 양 날개가 조금 붉습니다.' 하였다."

또 허균의 성수시화에도 이와 비슷한 이야기가 나온다.

"내가 관동지방을 자주 유람했는데, 그곳 사람들은 다 두견이와 소쩍새는 같은 종류라고 하였다. 그때 마침 절강 사람 왕자작과 사천 사람 상방기가 함께 강릉에 와 있어서, 내가 그들에게 물어보니 두 사람이 모두 두견이가 아니라고 했다. 소쩍새가 두견이와 다른데도 우리는 흥취를 거기에 기탁하여 시에다 끌어와 쓴 것이다."

그러니 중국 사람들은 소쩍새와 접동새를 분명히 구분하고 있었는데, 우리는 이를 혼동하고 있다는 이야기다. 그런데 우리나라에도 소쩍새는 밤에 울고, 두견이는 낮에 우는 새로 인식하고 있던 사람이 있었던 것으로 보인다. 승려 원경

충지와 서산 휴정의 시를 보면, 이를 알 수가 있다.

홀연 들려오는 두견이 소리에 창밖을 보니　忽聞杜宇啼窓外(홀문두우제창외
봄 빛 물든 온 산이 모두 고향이구나　滿眼春山盡故鄕(만안춘산진고향)

발을 걷으니 산빛 눈에 가득 들어오고　捲箔引山色(권박인산색)
홈을 타고 흐르는 물소리 귀를 흠뻑 적시는데　連筒分澗聲(연통분간성)
하루 종일 문 앞에는 사람 기척 하나 없고　終朝少人到(종조소인도)
접동새만 저 홀로 제 이름을 부르네　杜宇自呼名(두우자호명)

　이들은 다 같이 접동새(두견이)를 밤이 아닌, 낮에 우는 새로 알고 있음을 본
다. 그런데 우리가 이렇게, 소쩍새 소리를 접동새 소리로 오해하게 된 데는 그럴
만한 이유가 있다. 두 새는 서식지가 비슷하다. 다 같이 높은 나무 위에서 산다.
그런데 소쩍새는 야행성이라서 낮에는 잘 보이지 않는다. 낮에 보이는 것은 두
견이 즉 접동새뿐이다. 사람들은 낮에 두견이를 보았던 그 위치에서, 밤이 되면
울어대는 소쩍새 울음소리를 듣고, 이를 혼동하게 된 것이다. 즉 야행성인 소쩍
새는 낮에는 잘 발견되지 않는데, 낮에 보면 두견이가 그 자리에서 발견되므로,
사람들이 두견이가 '소쩍 소쩍' 하며 밤새워 우는 것으로 알게 된 것이다.
　그러니 우리는 소쩍새 소리를 들으면서, 접동새가 그토록 피나게 운다고 생각
하는 셈이다. 접동새는 뻐꾸기처럼 딴 새의 둥지에 알을 낳아 생육을 떠맡기는
얌치없는 새인데, 사람들도 이러한 접동새의 수법에 속아 넘어 간 것일까?

화냥년은 환향녀(還鄕女)에서 온 말일까

화냥년이라는 욕설이 있다. '화냥'은 서방질하는 여자를 가리킨다. '화냥'만 해도 바람난 여자를 지칭하는데, 이를 더욱 경멸하기 위하여 '년'을 덧붙여 나타낸 말이 화냥년이다. 화냥을 더욱 얕잡아 이르는 말로 화냥데기란 말도 있다. 절개 없이 이리저리 빌붙는 것을 야유하는, '화냥년 시집 다니듯'이란 속담도 있다. 여인의 정절을 최고의 가치로 여겼던 우리 문화 속에서, 화냥기 있는 여자는 가장 더럽고 저속한 여자로 취급되었다.

그러면 이 화냥년이라는 말의 뿌리는 무엇일까?

이에 대해서는 종래 여러 가지 주장들이 있어 왔는데, 첫째 병자호란과 관련한 환향녀(還鄕女)에서 왔다는 설, 둘째 신라 때 생긴 화랑(花郞)에서 유래했다는 설, 셋째 음란한 여자를 뜻하는 만주어 하얀(hayan)에서 왔다는 설, 넷째 유녀를 뜻하는 중국어 화냥(花娘 huāniág)에서 유래했다는 설 등이 있다.

그러면 이들 주장에 대하여 하나하나 살펴보기로 하자.

먼저 환향녀 설을 보기로 한다.

환향녀는 병자호란 때 청나라에 잡혀갔다가 다시 돌아온 여자를 말한다. 이때

끌려간 여인의 수가 50만 명에 달했는데, 당시의 인구가 1000만 명이었음을 감안하면 엄청난 숫자다. 여유 있는 사람들은 돈으로 몸값을 지불하고 돌아왔으나 돈이 없는 사람은 돌아올 수가 없었다. 또 중간에 브로커들이 날뛰면서 처음에 비하여 그 값이 몇 배나 오르기도 하여, 보통 사람들은 엄두를 내지 못하였다.

그런데 돌아온 이들도 이미 몸을 더럽혔다 하여 욕된 삶을 이어 갔는데, 많은 사람들이 이혼을 요구 받았다. 그런 치욕을 견디기 어려워 목숨을 끊는 일도 비일비재하였다. 남자들이 이혼을 청구할 경우에는 먼저 왕의 허락을 받아야 했다. 이혼 청구를 받은 조정에서는, 이혼을 요청한 상황은 충분히 이해할 수 있으나 절개를 잃은 것으로 볼 수 없기 때문에 허락할 수 없다고 하며 청구를 거절했다. 이 같은 방침에도 불구하고 남편들은 첩을 얻어 부인을 멀리했다.

이에 대한 변칙도 생겼다. 영의정 장유의 며느리는 실절했다는 이유로 시부모로부터 이혼청구를 당했으나, 허가를 받지 못하자 시부모에게 불손하다는 이유로 허락을 받아 이혼시켰다. 이처럼 암울한 역사의 산물인 돌아온 여인들은, 당시의 신분제도 아래에서는 더 이상 설 자리가 없었다.

사태가 이런 지경에 이르자, 조정에서는 궁여지책으로 그들을 홍제천(弘濟川) 물에 몸을 씻게 하고, 그것으로 그들의 정절을 회복시켜 주는 조치를 취하기도 했다.

화냥년이란 말은 이렇게 정조를 잃고 돌아온 환향녀(還鄕女)에서 유래되었다는 것이다.

다음으로 화랑설을 보자.

일반적으로 화랑도는 군사집단인 줄로만 알고 있다. 이것은 화랑 관창이나 사다함 등의 이야기에 견인된 듯하다. 그러나 화랑의 원래 성격은 그런 것이 아니다. 화랑은 불교가 들어오기 전, 토착신앙[風月道]을 섬기며 제사의식을 행한 일종의 종교집단이었다. 그들은 토착종교인 샤머니즘 곧 무(巫)적인 기능을 담당한 무리였다. 그래서 이름도 원화(源花)였고, 미녀들로 구성되었던 것이다. 삼국사기에는 "아름다운 사람을 가려 화장을 시키고 곱게 꾸몄다."고 하였고, 삼국유사에는 "인가의 낭자 중 아름답고 요염한 자를 가려 원화로 삼았다."고 하였다.

원화인 준정이 남모를 질투하여 죽인 사건이 발생한 후로, 구성원을 여자에서 미모의 남자로 대치하였는데, 그 역할은 변함이 없었다. 역사서를 보면, 화랑들이 '산수에 나가 놀았다'거나, '무리로 하여금 놀게 했다'는 기록이 나오는데, 이때 '놀았다[遊]'는 것은 화랑들이 단순히 자연을 즐기며 소풍 삼아 놀았다는 뜻이 아니다. 이것은 무격적인 산신숭배사상과 관련된 종교적 행사를 치른 것을 가리킨다. '놀 유(遊)'자가 그러한 뜻으로 쓰인 예가 옛 기록에 종종 보인다.

삼국유사에 흥륜사의 중 진자가 미륵상 앞에 가서, 미륵이 화랑으로 화현해 주기를 주야로 기도하여 마침내 이를 실현시켰다는 기록이 있다. 이는 화랑이 불교와 같은 종교적인 무리였음을 말하는 것이다.

이러한 화랑의 기능은 삼국통일 이후에 급속히 약화되어, 민간의 단순한 무당 신분으로 떨어졌다. 고려에 와서 화랑은 팔관회(八關會) 제의(祭儀)에 양가(良家)의 자제를 뽑아 노래를 부르고 춤을 추게 했다는 기록에서 겨우 그 유풍을 볼 수 있고, 조선시대에 이르러서는 남자 무당 곧 박쉬[覡]를 가리키게 되었다. 지금도 경상도에서는 무당을 화랭이라고 부른다. 시대의 흐름에 따라 화랑은 원래의 성격과는 완전히 다른 계층으로 전락하게 된 것이다.

이와 같이 하층신분으로 떨어진 화랭이들은 몸을 팔기도 하였다. 조선왕조실록 성종 20년 조에 "화랑과 유녀가 음란한 짓을 하여 이득을 꾀하고, 승려와 속인(俗人)이 서로 즐겨 괴이하게 여기지 아니한다."는 기록이 보인다.

화랑이 이와 같이 음녀로 떨어짐으로 해서, 음도 화랑과 유사한 화냥년이라는 말이 생겨났다는 것이다.

다음으로 화냥년이란 말이 만주어 하얀(hayan)에서 왔다고 하는 주장을 보기로 하자.

국립국어원의 표준국어대사전에도 이렇게 설명되어 있다. '하얀'이 음탕한 여자를 가리키는 말인데, 이 말이 곧 음란하다는 뜻의 화냥년이 되었다는 주장이다.

끝으로 중국어 화냥(花娘)에서 유래했다는 설을 살펴본다. 이 주장의 가장 강력한 근거는 음과 뜻에서, '화냥'과 매우 가깝다는 것이다. 음도 화냥[huāniág]이고 뜻도 기생이나 논다니를 가리키는 말이기 때문이다.

위에서 살펴본 바와 같이, 각각의 주장들은 모두가 그 나름대로의 일리가 있어 보인다. 그러나 이들 주장의 속을 자세히 들여다보면, 거기에는 다시 생각해야 할 문제점이 많음을 발견할 수가 있다.

첫째, 화냥년이 환향녀에서 왔다고 하는 데는 그렇게 보기 어려운 맹점이 숨어 있다. 그것은, '환향녀(還鄕女)'라는 한자어가 그 당시의 어떤 문헌에도 나오지 않는다는 것이다. 환향녀란 말 자체가 후대에 와서 호사가들의 입에서 지어진 말임을 알 수 있다. 그러니 화냥년이 환향녀에서 왔다는 것은 성립되지 않는다.

또 '화냥년'이란 말의 뿌리가 되는 말이 병자호란 이전에 이미 순우리말로 존재했다는 사실이다. 이수광의 지봉유설에서는 이기(李墍)가 쓴 송와잡설(松窩雜說)의 글을 인용하고 있는데, 거기에 우리가 잘 아는 청개구리 우화 같은 이야기가 나온다.

　"옛날에 어떤 사람의 아들이 매우 불순했는데, 동쪽을 물으면 서쪽을 가리키고, 북쪽을 물으면 남쪽을 가리켰다. 그 아버지가 병이 들어 죽으려 할 즈음에 아들에게 일러 말하기를, 내가 죽으면 반드시 높은 봉우리에 묻어 달라 하였다.
　평지에 묻히고 싶어서 일부러 아들에게 거꾸로 말한 것이었다. 그 아들이 이를 듣고, 죽음에 이르러 하는 말이니 따르지 않을 수 없다고 생각하고 그 말대로 따랐다. 아버지의 뜻을 변환시켰다 하여 그 산의 이름을 환야산(幻爺山)이라 하였는데, 지금 사람들이 남을 욕할 때 환야라 하는 것도 여기서 나온 듯하다."

　여기에 나오는 '환야(幻爺)'라는 표기는 우리말 '화냐'를 한자로 끌어다 쓴 것이다. 어원에 대한 풀이는 허황된 민간 어원설에 지나지 않지만, 고유어 '화냐'가 있었음은 틀림없는 사실이다. 내용으로 보아, '화냐'는 천하에 몹쓸 사람을 가리켜 욕할 때 쓰는 말임에 틀림이 없다. 다시 말하면 '화냐'는 아무짝에도 못쓸 망나니를 이르는 말이다.
　화냥년이란 말은 이 '화냐'에 접사 '년'이 합해져 된 말이라 볼 수 있다. 그 '화냐년'이 어조를 고르기 위해 중간에 'ㅇ'이 개입되어 '화냥년'이 된 것이다. 모음 사이에 'ㅇ'이 개입된 것은 '소+아지'가 송아지로, '말+아지'가 '망아지'로, 'ᄀᆞᄅ+비'가 가랑비로, '괴+이'가 고양이가 된 것과 같다.(이러한 언어 현상을 모음충돌회피 현상이라 한다.)
　송와잡설을 쓴 이기는 1522년에서 1600년까지 살았고, 이수광은 1614년에 지봉유설을 간행했다. 병자호란이 1636년에 일어났으니, 이 '화냥년'은 병자호란 전부터 이미 있었다는 증좌가 된다. 그러므로 화냥년은 병자호란 때 속전을 주고 돌아온 여인들과는 아무 관련이 없는 말이다.

둘째, 화랑이 화냥으로 변했다는 설이나, 만주어 'hayan'이 화냥으로 변했다는 설은 양자가 다 음탕한 여자와 관련을 보이는 의미상의 유사성은 있으나, 언어학적인 음운상의 변화를 설명할 수가 없다. 즉 화랑이 화냥으로 바뀐 과정을 어학적으로 설명할 수가 없는 것이다.

'하얀'도 마찬가지다. 이 단어가 병자호란 때 중국 심양에 끌려갔던 여자들이 돌아올 때 같이 들어와 우리나라에 퍼졌다는 것인데, 한마디로 전거가 없을 뿐만 아니라, 음운상으로도 '화냥'은 '하얀'과 너무나 거리가 멀다. 그렇게 말이 변했다는 논리를 아무래도 찾을 수 없으므로 믿기 어렵다.

셋째, 앞에서도 말했지만, 화냥(花娘, huāniág)은 음성으로나 의미로나 화냥과 매우 가까운 거리에 놓인 말이다. 그런데 여기에도 커다란 함정이 있다.

'화냥'이 최초로 등장하는 문헌은 '박통사언해'(1677)다. 박통사는 중국어 학습서다.

박통사언해(朴通事諺解)에서 중국어 '양한(養漢)'을 '화냥년'으로 번역했다. '양한'이란 여자가 남자와 눈이 맞아 혼외정사하는 것을 뜻한다. 그런데 여기서 중요한 사실은 박통사 번역자가 '양한養漢'을 번역하면서, 중국어 花娘 즉 huāniág을 차용하여 풀었다는 사실이다. 이는 상식적으로 생각해 보더라도 이치에 맞지 않는다. 왜냐하면, 중국어를 번역하면서 중국어로 번역할 리가 없기 때문이다. 사전에 비유하면, 박통사언해는 중한(中韓)사전이지, 중중(中中)사전은 아니기 때문이다.

박통사언해는 중국말을 우리나라 사람들에게 가르치기 위하여 만든 책이다. 그렇다면 중국말을 우리나라 사람들이 잘 아는 우리말을 사용하여 번역할 것이지, 중국말을 번역하는 데 우리말 아닌 중국말을 거듭 쓰지는 않았을 것이다. 앞에서 지적한 바와 같이 화냥년이라는 우리말이 이미 있었는데, 굳이 중국말을 끌어 사용할 리는 없다. 이로 볼 때, 중국어 양한을 푸는 데, 우리말 화냥년을 그대로 사용하여 푼 것으로 봄이 마땅하다.

그러므로 음이 유사하다 하여, 화냥년이 중국어 '화냥'에 우리말 '년'이 붙어서 된 말이라고 단정할 수가 없는 것이다. 음이 비슷하다 하여 우리말 '보리'가 영어 'barley'에서 왔고, 우리말 '많이'가 영어 'many'에서 왔다고 할 수 있겠는가?

다만 중국어 화냥(花娘)을 화냥(년)에 결부시킨 것은, 그 말이 우리의 화랑과 그 형태가 유사한데다가, 두 말이 다 유녀의 뜻을 함께 지니고 있다는, 공교로운 일치점을 보이기 때문에 견강부회된 것으로 보인다

요약하건대, 화냥년은 '환향녀'나 '화랑', 그리고 만주어 '하얀'이나 중국어 '화냥'에서 유래한 말이 아니라, 순 고유어 '화냐'를 말 뿌리로 하고 거기에 '년'이 결합되어 생긴 말이다.

높은 분을 칭하는데 왜 하(下)자를 붙일까

폐하는 황제를 칭하는 말이다. 폐(陛)는 섬돌 즉 높은 곳에 이르는 계단을 가리키는 말이니 폐하는 섬돌의 아래라는 뜻이다. 중국 자금성의 섬돌을 본 사람이면 다 알겠지만, 궁전의 섬돌이 엄청나게 길다. 신하는 섬돌 아래에 서고 황제는 섬돌 위쪽에 앉는다. 섬돌 위에 있는 황제에게 아뢸 때는 직접 임금에게 주상(奏上)하지 않고, 섬돌 아래에서 호위하는 근신(近臣)을 통하여 주상하였는데, 폐하란 말은 바로 이래서 생긴 말이다. 임금에게 직접 말하는 것은 공경에 어긋난다고 생각한 것이다.

옛날의 건물은 위로부터 전(殿), 당(堂), 합(閤), 각(閣), 재(齋), 헌(軒), 루(樓), 정(亭)의 8품계로 나뉘어졌는데, 이에 따라 전하, 당하, 합하, 각하란 말이 생기게 되었다.

우리나라 왕은 살았을 때 전하(殿下)라고 불리었다. 이는 중국 황제의 폐하(陛下)보다 한 단계 낮은 제후격의 호칭이다. 폐하는 궁전 뜰 저편 섬돌[陛] 아래서, 전하는 전각의 계단 아래서 부른다는 의미다. 높을수록 멀리 떨어져서 아뢴다는 뜻이 담겨 있다. 우리나라는 고종이 대한제국을 선포하고 황제가 된 후에 비로소 폐하라고 불렀다. 선조 때의 문장가요, 의협남(義俠男)인 임제(林悌)가 죽음에 이르러 주위 사람들이 슬퍼하자, "황제라고 칭하지도 못하는 소국에 태어나 죽는 것이 뭐 그리 슬픈 일인가."라고 토로한 이야기는 유명하다.

왕세자는 더 낮춰 저하(邸下)라고 했다. 각하(閣下)는 대신 즉 장관급을 부르던 호칭이었고, 합하(閤下)는 정일품 벼슬아치를 높여 부르던 호칭이다. 이러한 예에 비추어 보면, 오늘날 대통령에게 각하를 붙이는 것은 사실상 격에 맞지 않다고 하겠다.

어떻든 존칭에 하(下) 자가 들어간 것은 윗사람에게 직접 맞대는 것이 불공(不恭)스럽다 하여 이를 피함에서 유래한 것이다. 이러한 유습은 예하(猊下), 성하(聖下), 좌하(座下), 귀하(貴下), 궤하(机下), 안하(案下), 족하(足下) 등에 남아 있다. 예하는 고승의 경칭으로 쓰는 말인데 직명이나 법명 아래 쓴다. 불교에서 각 종파의 으뜸 되는 어른을 '종정(宗正) 예하'라 일컫는 것은 그 예이다. 예(猊)는 사자라는 뜻인데, 부처를 사자에 비긴 데서 유래한 것이다. 그래서 부처님의 설법을 사자후(獅子吼)라 하고, 부처님이 앉는 자리를 사자좌(獅子座)라 한다.

성하는 가톨릭에서 교황을 높이어 이르는 말이다. 궤하, 안하는 책상 아래란 뜻으로 상대편을 높이어 편지 겉봉 따위의 상대편 이름 밑에 쓴다. 좌하, 귀하도 같다. 족하는 비슷한 연배 사이에서 상대편을 높이어 쓰는 말이다.

신랑 집에서 사성(四星)을 보낼 때나 신부 집에서 연길(涓吉)단자를 보낼 때, 그 겉봉의 받는 사람 이름 밑에 하집사(下執事)라고 쓰는 것도 이와 같은 생각에서 나온 것이다. 상대방 사돈이 받는 것이 아니라, 사돈의 일을 도맡아 처리하는 아랫사람인 집사 곧 하집사에게 보낸다는 뜻이다.

오늘날은 이런 의식 절차가 모두 없어졌다. 다만 손님을 청하는 청첩장에만 예전의 절차가 남아 있다. 그런데 지금 통용되는 청첩장의 형식에 다시 생각해야 할 문제점이 있다.

과거에는 결혼 청첩장에 혼주 외에 청첩인이 별도로 있었다. 그 청첩장의 내용을 요약하여 보이면 이러하였다.

김갑동 씨의 장남   철수 군
이을서 씨의 차녀   영희 양
의 결혼식을 알려 드립니다.

청첩인 박병남 올림

양가의 혼주 이외의 제삼자가 손님을 청하는 형식이다. 타인 명의로 청첩을 하기 때문에 혼주의 이름 밑에 경칭인 '씨'를 붙였고 신랑, 신부의 이름 밑에도 '군, 양'을 붙여 적절하게 불렀다. 이와 같은 청첩장 형식은 언제부터인가 사라지고, 양가의 혼주가 청첩인이 되는 문틀로 바뀌더니, 요즈음은 신랑, 신부가 청첩인이 되는 형식으로 바뀌었다.

믿음의 촛불을 사랑으로 밝히며
저희 두 사람은 그 결실을 이루려 합니다.
부디 걸음하시어 따뜻한 축복을
보내 주시면 참으로 고맙겠습니다.

김갑동의 장남   철수
이을서의 차녀   영희

청첩장에는 지난날처럼 별도의 청첩인이 있는 것이 원칙이다. 그러나 시대의 변화에 따라, 그 형식도 바뀌는 것은 어쩔 수 없는 일이지만 여기에도 최소한의 격식은 맞아야 한다. 그런데 이 청첩장과 같은 경우에는 신랑과 신부가 그 부모들을 제치고, 자기네 부모의 친구들에게 청첩을 하는 셈이 되니, 예의에도 어긋나고 격식에도 맞지 않은 일이다. 청첩장을 받는 사람은 신랑, 신부의 아버지는 알지만, 신랑이나 신부는 알지 못한다. 그러니 이 청첩장은 모르는 사람을 보고 자기 잔치에 오라는 격이다.

또 신랑, 신부가 청첩을 하면서, 자기네들 부모 이름 아래에 씨(氏) 자도 붙이지 않았으니 이런 결례가 없다.

그러므로 이 청첩장의 형식을 살려 쓰자면, 최소한 '저희 두 사람은'을 '저희 양가의 자녀가'로 바꾸어, 혼주가 보내는 형식을 취해야 한다. 신랑, 신부가 알지도 못하는 자기 부모의 지인들에게 청첩장을 내는 것은 '귀하'를 잘못 찾는 일이다.

반가운 사람을 보고 왜 문둥이라 할까

경상도에서 반가운 사람을 오랜만에 만나면 "아이고 이 문둥아."라는 말을 쓴다.

이런 말을 쓰는 유래에 대하여 어떤 이는 이렇게 설명한다. 경상도는 선비의 고장이기 때문에 글 잘하는 문동(文童)이 많았는데, 반가운 사람을 만나면 상대방을 치켜세워서 문동이라 불렀다. 그런데 이 문동이란 말이 변해서 문둥이가 되었다는 것이다.

그러나 그것은 억지로 가져다 붙인 이야기에 지나지 않는다.

이는 고운 것에는 잡귀가 시기를 해서 괴롭힌다는 민간의 습속에서 생긴 표현이다. 잘생긴 것은 귀신이 질투하고 시기하여 해를 입히기 때문에, 일부러 못생겼다고 빗대어 말함으로써 그 위해를 피하고자 한 것이다. 생김새가 잘나고 귀염상인 아기를 보고, "그놈 참 밉상이구나." 하는 표현을 하는 것이나, 충실한 아이를 안으면서 무겁다는 말을 쓰지 못하게 하는 것도 다 그러한 습속에 기인한 표현이다. 잘생겼다고 하면 이를 귀신이 시기 하여 해를 입힐까 염려하고, 또 무겁다고 하면 아이의 충실함을 귀신이 시기하여 해를 끼칠까 염려한 까닭이다.

어린 아이를 보면서 부르는 우리 민요에, "둥글둥글 모과야 아무렇게나 크거라.”는 노래가 있다. 모과는 과일 중에서 가장 못생긴 과일로 일컬어지는 것인데, 이것을 아이에게 비유한 것도 바로 그러한 이유다. 못생겨야만 병마가 달라붙지 않고 아무 일 없이 건강하게 잘 자랄 수 있겠기 때문이다.

지난날, 아이의 무병장수를 기원하기 위하여 일부러 이름을 천하게 지은 것도 바로 그러한 이유에서다. 고종의 아명이 개똥이이고, 황희의 아명이 도야지(돼지)인 것은 다 그러한 연유로 지은 것이다. 이는 역(逆)으로 표현해서 귀신의 접근을 막자는 뜻이다. 더럽고 천하기 때문에 귀신도 가까이 오지 않을 것이라 믿은 것이다.

이러한 이유 때문에, 반갑고 아끼고 싶은 사람을 만나면 역으로 문둥이라 부르는 것이다. 너무 곱고 반가운 사람이기 때문에 그렇게 천하게 부르는 것이다.

미운 상대와 싸울 때, 인간이나 동물은 다 물고 때리고 꼬집는다. 그런데 이와는 반대로, 귀엽고 사랑스러울 때도 똑같이 물고 꼬집는 것은, 인간을 포함한 모든 동물의 가슴속 저변에 그러한, 역의 심리가 깔려 있기 때문일까?

여기서 인간의 심리와 결부된 주술(呪術)에 대하여 잠깐 살펴보자. 예로부터 사람들은 인간에게 해를 끼치는 두려운 존재에 대해서 양면적인 자세로 그것을 대해 왔다.

첫째는 달램의 수법이다. 두려운 상대를 잘 달래서 화가 나지 않도록 해, 위해를 덜 끼치도록 하는 방법이다. 호랑이를 산신령님이라 하고, 역신을 마마라고 부르는 것이 여기에 해당한다. 호랑이를 산신령이라고 높여 부르고, 무서운 천연두를 별성마마나 호구 별성마마 따위로 불러 높은 대접을 해줌으로써, 그것들의 화를 최소화시키고자 했다. 또 홍역에 걸려 나타난 붉은 발진을 가리켜 ‘꽃이 피었다’며 고운 말로 표현하는 것도 여기에 속한다.

둘째는 위협의 수법이다. 상대방을 협박해서 물러가게 하는 방법이다. 민간에서 병을 다스리기 위하여 물릴 때 칼을 들고 "억쇠 귀신아. 물러나라."고 외치는 것이 여기에 해당한다. 또 독한 감기를 가리켜, '개×부리' 혹은 '개×대가리'로 낮추어 부르는 것도 이에 속한다.

고려 처용가에 보면, 열병을 물리치기 위하여 처용의 이름을 빌려 위협하는 가사가 나오는데, "처용 아비가 보시면 열병신이야 횟감이로다."란 구절이 있다. 열병신을 보고 회를 쳐서 먹어버리겠다고 협박하고 있다. 바로 위협의 수법이다.

이와 같이 무서운 존재에 대하여 그 해를 줄이기 위하여, 때로는 달래고 때로는 위협하는 방법을 썼다. 전자를 백주술(白呪術)이라 하고, 후자를 흑주술(黑呪術)이라 한다. 그런데 귀한 사람을 문둥이로 낮추어 부르는 것은 백주술도 흑주술도 아니다. 대상을 낮추어 부름으로써 나쁜 기운이 아예 달라붙지 못하게 하는 제3의 방법이니, 굳이 이름을 붙이자면 회주술(灰呪術)이라고나 할까?

사투리는 무형문화재

방언은 그 지방에서 오래 익은 말이기 때문에 그 지방만의 어감이 담겨 있다. 다른 지방의 말로써는 표현할 수 없는 정감이 그 속에 배어 있다. 경상도 방언에는 경상도의 맛이 스며 있고, 경기 방언은 경기·서울 지방의 맛이 스며 있다.

경상도 방언이나 경기 방언은 똑같은 지위를 가진 방언이다. 다만, 서울은 사람들의 교류가 많고 문화의 중심지이기 때문에, 그곳 방언을 하나의 표준으로 삼아 쓰기로 약속하고 우리는 그것을 표준어로 정하였다.

표준어 이외의 방언을 사투리라고 명명한다. 이에서 보듯 하나의 편리성을 위해 인위적으로 표준을 정했을 뿐, 서울말이 지방말보다 우수하거나 기능면에서 뛰어나기 때문에 그러는 것은 아니다.

그러므로 사투리는 결코 하등(下等)의 말이 아니다. 엄밀히 말하면, 할매와 할머니는 같은 말이 아니다. 경상도 사람들의 머릿속에 그려지는 할매의 어감과, 할머니라는 어감은 똑같은 것이 아니다.

또 사투리에는, 표준어로는 도저히 그 느낌을 실어낼 수 없는 말도 너무나 많다. 대구 지방 사투리인 '훌빈하다, 아치럽다'와 같은 말은 표준어에는 없다. 훌빈하다는 말은 물건이 있어야 할 자리에 있지 않고 빠져서 텅 비어 있다는 뜻이고, 아처럽다는 말은 보기에 매우 애처럽고 안타까워 가슴이 아프다란 뜻이다. 그런데 이런 말은 표준어에는 없다.

시적 자유(poetic licence)라는 것도 바로 이런 데서 필요한 것이다. 시적 자유란 시적 허용이라고도 하는데, 시는 다양한 감정과 사상을 응축해서 표현하는 장르이기 때문에 그 예술적 효과를 높이기 위해서 정해진 문법이나 어법 등을 지키지 않고 벗어날 수 있다는 이론이다. '하얀'을 '하이얀'으로, '우리 어머니'를 '울엄매'로 표현하는 따위가 그에 속한다.

사투리를 적절하게 사용하여 시의 맛과 효과를 높이는 것도 여기에 해당한다. 소월의 진달래에 나오는 '즈려 밟고'나 접동새의 '누나라고 불러 보랴/ 오오 불설워', 지훈의 낙화에 나오는 '꽃 지는 그림자 뜰에 어리어/ 하이얀 미닫이가 우련 붉어라' 등에 나오는 사투리는, 그것이 아니면 시의 맛을 잃을 정도로 살가운 말이다.

이러한 시적 자유를 가장 많이 활용한 분은 박목월이 아닌가 싶다. 그는 사투리라는 시에서, 사투리는 '앞이 칵 막히도록 좋았다'고 읊고 있다.

우리 고장에서는
오빠를
오라베라 했다.
그 무뚝뚝하고 왁살스러운 악센트로
오오라베 부르면
나는 앞이 칵 막히도록 좋았다.

나는 머루처럼 투명한
밤하늘을 사랑했다.

그리고 오디가 샛까만
뽕나무를 사랑했다.
혹은 울타리 섶에 피는
이슬마꽃 같은 것을……
그런 것은
나무나 하늘이나 꽃이기보다
내 고장의 그 사투리라 싶었다.

참말로
경상도 사투리에는
약간 풀냄새가 난다.
약간 이슬냄새가 난다.
그리고 입안에 마르는
黃土흙 타는 냄새가 난다.

사투리를 그렇게 사랑했던 그는 실제로 사투리를 사용하여 많은 작품을 써서,
시의 맛을 한껏 올리는 데 성공하였다. 이제 그 몇 구절을 살펴보자.

고모요/ 막내 고모요
화천길 진달래는 지천으로 피는데
사람 평생/ 잘 살믄 별난기요
그렁/ 저렁/ 살믄 사는 보람도 서고
아들이 컸잖는기요/ 저 덩치 보이소   ―〈노래〉한 절

우얄꼬, 물감도 바래지는데

우얄꼬, 도포자라기는 헐어지는데
바람도 불고/ 지향없는 인연의 세상
　　　　　（중략）
아직도/ 펄럭거리는/ 저 도포 자라기
누가 꿈인 줄 알았을라꼬 　　　　　　　－〈도포 한 자락〉한 절

아배요 아배요
내 눈이 티눈인걸
아배도 알지러요
등잔불도 없는 제삿상에
축문이 당한기요.
늘러 늘러
소금에 밥이나마 많이 묵고 가이소.
윤사월 보릿고개
아배도 알지러요.
간고등어 한손이믄
아배 소원 풀어드리련만
저승길 배고플라요.
소금에 밥이나마 많이 묵고 묵고 가이소.

여보게 만술아비
니 정성이 엄첩다.
이승 저승 다 다녀도
인정보다 귀한 것 있을라꼬,
망령(亡靈)도 응감(應感)하여, 되돌아가는 저승길에
니 정성 느껴 느껴 세상에는 굵은 밤이슬이 온다. 　　　－〈만술 아비의 축문〉

길 잃은 송아지/ 구름만 보며
초저녁 별만 보며/ 밟고 갔나베
무찔레 밭 약초길/ 워어어임아 워어어임   ―〈산그늘〉한 절

　이처럼 박목월은 경상도 사투리를 써서 향토적 풍미를 물씬 풍기는, 시의 샘물을 길러내고 있다.
　'별난기요'나 '컸잖는기요'의 어미 '-기요'는 표준어 '-인가요?'에 해당한다. 그러나 이 의문형은 단순한 의문을 나타내는 것이 아니라, 그 속에 당연한 긍정의 의미를 끌어내고 있다. 곧 '별난 것이 아니다', '이미 컸다'는 뜻을 각각 나타낸다. '보이소'는 '보십시오'의 뜻이지만 그 말맛이 다르고, '우알꼬'는 '어떻게 할까'의 뜻으로 걱정을 가득 실을 때 쓰는 말이다. '당한기요'는 '처지에 맞는가요'의 뜻이지만, '당치도 않다'는 강한 부정의 뜻이 그 속에 배어 있다. 또 '알지러요'는 '알고 있지요'의 뜻으로 상대방에게 긍정을 유도하고 확인하는 끝 맛을 풍기고, '엄첩다'는 '매우 대견스럽다'의 뜻인데, 그 속에 사랑이 가득 담겨 있는 말이다. '갔나베'는 '갔는가 봐'의 뜻인데, 이 역시 인정이 묻어나는 추측의 어사다.
　언어의 기능은 말하는 이의 감정과 사상을 최대한 잘 전달하는 데 있다. 그러므로 그 방언권의 사람들끼리 대화할 때는 고유한 향기를 담고 있는 자기네들의 방언을 사용하는 것이 가장 효율적인 바른 언어생활이라고 할 수 있다.
　요컨대, 사투리는 버려야 할 것이 아니라 잘 쓰고 다듬고 발전시켜야 할 무형 문화재이다.

우리말의 뿌리 속에 담긴 세계관

언어학 용어에 기본어휘(basic vocabulary)라는 것이 있다. 기초어휘라고도 한다. 기본어휘는 일상생활에서 공통으로 쓰이는, 빈도가 가장 높은 어휘로서 한 국민이 정상적인 언어생활에 필요하다고 생각되는 기본적인 말이다. 예를 들면 하늘, 땅, 사람, 집, 물, 밥, 아버지, 어머니, 아들, 딸, 얼굴, 가슴, 배, 손, 발, 다리, 눈, 코, 입 등이 이에 속하는 어휘다.

곧 인체의 각부 명칭, 일상생활에 관계되는 단어, 평범한 자연계의 사물에 관계되는 단어들이 기본어휘에 속한다. 품사로는 수사(數詞) · 대명사 · 부사 · 접속사 등이 대개 여기에 속한다. 기본어휘는 밖에서 들어오는 문화에 관한 단어에 비하여, 시간이 가도 잘 변하지 않는다. 즉 차용어(借用語)는 시간이 감에 따라 빨리 변하거나 없어지기도 하지만, 기본어휘는 잘 변하거나 없어지지 않는다. 그만큼 일상생활에 밀착되어 있고 뿌리가 깊기 때문이다.

인간은 언어를 통해 사유하고 인식하기 때문에, 기본어휘를 살펴보면 그 언어를 사용하는 집단의 사고체계를 알 수 있다. 그러면 이런 바탕 위에서 우리말의 기본어휘를 통한 우리 민족의 사유체계를 더듬어 보자. 그곳에서 우리는 우리 문화의 원초적인 맨얼굴을 볼 수 있을 것이다.

그러면 기본어휘 중에서도 어떤 것이 가장 원초적일까? 그것은 사람마다 의견이 다를 수 있겠지만 우리를 둘러싸고 있는 시공간적 세계에 대한 어휘와, 원초적 개념이 배어 있는 성기에 대한 어휘가 그 일차적 대상이라 생각된다.

그럼 먼저 시간적 기본어휘인 계절을 나타내는 봄, 여름, 가을, 겨울의 어원부터 보기로 한다.

봄의 어원은 '볻'인데 신라어는 '볼'이다. ㄷ이 ㄹ로 유음화한 것이다. 이 '볼'은 일본어 봄의 어원인 [pal]과 같다. 이 '볻'은 '씨/씨앗'을 뜻하는 말이다. 이 '볻'에 명사를 만드는 접미사 '옴'이 붙어서 된 말이 '봄'이다. '그러니 봄이란 말은 '씨'를 뿌리는 계절이라는 의미다.

여름은 태양을 뜻하는 '낼[日]'과 같은 계열인 '널'에 명사화 접사 '음'이 결합된 것이다. 중세어로는 '녀름'이다. 그러니 원래는 태양과 관련된 '뜨겁다, 덥다'의 뜻을 지닌 말이다. 이 뜨거운 철에 농사와 관련이 있는 열매가 열리므로 '널다'가 생겨났고, 여기서 농사와 열매를 뜻하는 녈음>녀름>여름이란 말이 생겼다. 용비어천가 첫머리의 '곶 됴코 녀름 하느니'에 나오는 바로 그 말이다. 그러니 여름은 열매를 가꾸는(농사짓는) 계절이란 의미다.

가을은 '끊다'는 의미를 가진 'ㄱ다'의 어근 'ㄱ'에 접사 '올'이 붙어서 된 말이다. ㄱ슬>ㄱ술>ㄱ올>가을로 변해 왔다, 경상도에서는 아직까지도 '가실'이란 말을 쓰고 있다. 가을은 어원에서 보는 바와 같이, '곡식을 끊어 거둔다'는 의미다.

겨울은 '있다/계시다'의 뜻인 '겻'에 명사화 접사 '을'이 합친 '겨슬'에서 왔다. 경상도에서는 아직까지 '겨실'이 구개음화된 '져실'이란 말이 쓰이고 있다. 겨울은 농사 일이 끝나고 집에 '있다'는 뜻이다.

이에서 보듯, 우리말의 계절에 대한 기본어휘는 농사일과 관련되어 있다. 봄이면 씨 뿌리고, 여름에는 많은 결실을 거두기 위하여 힘쓰고, 가을이면 부지런히 낟알을 끊어 거두며, 겨울에는 일을 마치고 집에 있으면서 쉰다는 뜻을 공유하고 있다.

다음으로 공간을 나타내는 대표적인 어휘인 '하늘'에 대하여 알아본다. 하늘은 크다, 같다는 뜻인 '한'과 울타리의 뜻인 '울'이 합해서 이루어진 말인데, 한울>하눌>하늘로 변화했다. 그러니 하늘은 우리를 둘러싸고 있는 '큰 울타리'다.

'울'은 '울 넘어 길가', '울이 높은 물통'과 같이 쓰는 말이다. '우리(돼지우리)'란 말이나 '우리[we]'란 말도 '울'에서 나왔다. 이 말을 가만히 되씹어 보면, '우리[we]'는 '하늘'과 한 몸이란 것을 알 수 있다. 즉 한 울타리 안에 함께 있다. 하늘이 곧 사람이다. 동학의 인내천(人乃天) 사상이 그냥 나온 것이 아님을 알 수 있다.

우리는 일찍이 이를 알아서 하늘의 이치에 순응하고, 사람의 뜻이 곧 하늘의 뜻임을 알고 살았던 민족임을 이 말에서 꿰뚫어 볼 수가 있다.

다음으로 성기에 대한 기본어휘를 더듬어 보자.

성기에 대해서는 동서고금을 막론하고 말하기를 금기시했기 때문에, 어원에 대하여 널리 밝혀진 바가 없다. 그런데 이에 대한 이야기로, 퇴계 이황과 백사 이항복의 일화가 일찍부터 그럴 듯하게 전해 온다.

퇴계가 남대문 밖에 있을 때 소년 이항복이 찾아와 인사한 뒤에 이렇게 물었다.

"우리말에 여자의 소문을 '보지'라 하고, 남자의 양경을 '자지'라 하니, 그게 무슨 뜻이옵니까?"

이에 퇴계는 침착하게 다음과 같이 대답했다.

"여자의 소문은 걸을 때 감추어진다 하여 걸음 보(步), 감출 장(藏), 그것 지(之)의 세 글자를 음으로 하여 '보장지'라 하였는데, 말하기 쉽도록 '감출 장'은 빼고 '보지(步之)'라 하는 것이다. 그리고 남자의 양경은 앉아 있을 때 감추어진다 하여 앉을 좌(座), 감출 장(藏), 그것 지(之)의 세 글자 음을 따서 '좌장지'라 하였는데, 그 역시 말하기 쉽도록 '감출 장'은 빼고 좌지(座之)라 했는데, 이것이 변하여 '자지'가 된 것이다."

이항복이 연이어 물었다.

"여자의 보지를 '씹'이라고 하고, 남자의 자지를 '좆'이라고 하는데, 그것은 무슨 뜻이옵니까?"

퇴계는 말했다.

"자고로 여자는 음(陰)이요, 남자는 양(陽)이라 했다. 그래서 여자의 성기는 항상 습하므로 '젖을 습(濕)' 자를 따서 '습'이라 했는데, 우리말에는 되게 발음하는 말이 많으므로 '습' 자를 되게 하여 '씹'이라 발음하는 것이고, 남자는 양이라 항상 말라 있으므로 '마를 조(燥)' 자를 써서 '조'라 했는데, 그 역시 음을 되게 붙여 '좆'이라 하는 것이다."

이 이야기는 누군가 지어낸 이야기로 언어학적인 과학성이 없는, 이른바 민간 어원설(民間語源說 folk etymology)에 지나지 않는 것이다. 당대의 해학가인 백사(白沙 이항복의 호)와 최고 도학자인 퇴계를 대표 선수로 내세워 그럴듯하게 꾸민 이야기다.

또 어떤 이는 자지는 자지(子支)에서 유래했고, 보지는 보지(步舐, 寶池)에서 왔다고 한다. 심지어는 인도의 힌두교 사원 앞에 성행위를 하는 석조물이 있는데, 이와 관련지어 '씹'이란 말이 힌두교의 '시바' 신에서 유래한 것이라고 끌어 붙이기도 한다. 그러나 이런 주장은 말 그대로 억지춘향으로 꿰맞춘 이야기일 뿐이다.

또 자지와 보지란 말이 현대 중국어 '댜오즈(鳥子)와 바즈(八子)'에서 온 것이란 주장도 있다. 그러나 이러한 주장은 다음과 같은 두 가지 측면에서 그 근거가 약하다.

첫째, 이 두 말이 오래된 중국어가 아니라, 근대 중국어라는 사실이다. 서두에서 언급한 바와 같이, 자지와 보지는 기본어휘로서 아득한 옛날부터 써 오던 말인데 근대에 와서 어느 날 중국어 댜오즈와 바즈를 빌려와서 썼다는 주장은 무리가 있다. 만약 그렇다면 우리는 오랜 세월 동안 자지와 보지란 말이 없었고, 겨우 근대에 들어와서야 이 말을 썼다는 이야기가 되는데, 그런 가정은 있을 수 없다.

또 기본어휘는 근본적으로 다른 말에서 차용이 잘 안 되는 말인데, 기본어휘 중에서도 가장 기본어휘라 할 수 있는 '자지·보지'를 중국어에서 차용한 말이라고 하는 것은 성립되기 어렵다.

그러면 성기에 대한 우리말 '자지'와 '보지'의 어원에 대하여 살펴보자.

국어의 조어(祖語)는 단음절어였다는 것이 통설로 되어 있다. 파리[蠅]의 고어도 원래는 단음절인 '풀'이었다. 파리는 '풀'에 주격조사 '이'가 붙어 '풀이'가 되고, '풀이>팔이>파리'의 과정을 거쳐 이루어진 말이다.

이와 같이 성기의 명칭도 원래는 단음절어였다. 여성의 성기 보지도 원래는 단음절어 '봊'이었다. '봊'의 '·'가 ㅗ로 변하여 '봊'이 되고, 이 '봊'에 주격조사 '이'가 어우러져 '봊이'가 되었는데, '봊이'가 구개음화를 일으켜 '봊이>봊이>보지'의 과정을 밟아 이루어진 말이다. '·'는 시대를 내려오면서 'ㅏ, ㅓ, ㅗ, ㅜ, ㅡ' 등으로 음운이 변화되었다. '봊'은 제주도 방언 '보뎅이'에 그 흔적이 남아 있다.

또 '볻'의 '·'가 ㅜ로 변하여 '붇'이 되어 남성의 고환을 가리키는 말이 되었는데, 경상도 방언의 '붇두덩'에 그대로 남아 있다. '붇'의 ㄷ이 호전현상에 의하여 ㄹ로 바뀌어 '불'이 되고, 여기에 '알'이 붙어 '불알'이 되었다. 겁결에 소리를 지르며 뛰어가는 모양을 이르는 속담에, '불 차인 중놈 달아나듯'이란 것이 있는데, 이때의 '불'이 바로 그것이다. 그러니 남성의 '붇'과 여성의 '볻'은 상대적인 개념임을 알 수 있다.

남성의 성기 '자지' 역시 이러한 과정을 밟아 이루어졌다. 남성의 성기 자지는 '줏'에서 온 말이다. 이 '줏'에 주격조사 '이'가 어울려 '줏이'가 되고, 이것이 '줏이>잦이>자지'로 변한 것이다. 또 '줏'의 '·'가 ㅗ로 변한 것이 '좆'이며, ㅓ로 변한 것이 '젖'이다. 이로써 남성의 '좆'과 여성의 '젖'은 상대적인 개념임을 알 수 있다.

'볻'과 '붇', '줏'과 '젖/좆' 등의 대립은 모음교체(ablout) 현상에 의한 것이다. 모음교체란 원래의 모음이 두 개 이상의 다른 모음으로 갈라짐으로써, 비슷한 뜻을 지닌 두 개 이상의 말로 분화되는 것을 가리킨다. 예를 들면, '맛/멋, 가죽/거죽, 남다/넘다, 낡다/늙다, 깎다/꺾다' 등과 같은 것이 그 예다. 즉 같은 모음인 '뭇'에서 나온 말이 'ㅏ/ㅓ'로 갈라져, 비슷한 뜻의 '맛/멋'으로 분화된 것과 같은 것을 말한다.

김민정 시인의 '젖이라는 이름의 좆'이라는 작품이 있다. 시인은 이런 어학적인 이론을 알고 썼는지는 모르겠으나, 그의 예리한 시적 감각이 너무나 놀랍다.

　　네게 좆이 있다면
　　내겐 젖이 있다

그러니 과시하지 마라

유치하다면
시작은 다 너로부터 비롯함이니
(중략)
거기 침대 위 큼지막하게 던져진
두 짝의 가슴
두 짝의 불알

어머 착해

그러면 '볻'은 무슨 뜻일까? '볻'은 '씨[種]'를 뜻하는 말이다. 일본어 poto(ぽと)의 어근 [pot]도 '볻'에서 나온 것이다. 그러니 '보지'는 씨를 퍼뜨리는 곳이라는 의미와 관련된 말이다. 모음교체에 의한, 남성의 성기 '붇' 역시 그 말 뿌리와 뜻은 같다.

남성의 성기 '자지'의 뿌리 말인 '좆'도 역시 마찬가지다. '좆' 역시 '씨[種]'와 관련이 있다.

'좆'은 그 원형이 소멸되어 그대로 존재하는 말은 현재 찾을 수가 없고, 다만 동계어에서 그 흔적만을 찾을 수 있다. 그 말이 바로 '줏'이다. '좆'과 '줏'은 그 뿌리가 같다. '줏'은 중세어에 'ᄌᆞᄉ'로 남아 있다. 'ᄌᆞᄉ'는 씨 또는 핵(核)이란 뜻이다. 이 'ᄌᆞᄉ'는 우리말의 음운 변화 법칙인 ㅅ>△>ㅇ의 과정을 거쳤는데, 곧 ᄌᆞᄉ>ᄌᆞᅀ>ᄌᆞ의>자위로 변화하였다. 'ᄌᆞᅀ'는 눈동자를 뜻하는 '눈ᄌᆞᅀ' 대추씨를 뜻하는 '대촛ᄌᆞᅀ' 등에 보인다. 눈동자는 눈의 핵 곧 눈의 씨라 할 수 있다. 그리고 '자위'는 현대어의 '눈자위, 노른자위, 흰자위' 등에 남아 있고, 줄어져 노른자, 흰자 등에 흔적을 보인다.

이로써 보면 '자지' 역시 '씨'와 '핵'이라는 의미를 담고 있다. 그러니 자지·보지는 모두 '씨'를 퍼뜨리는 것과 관련이 있다.

그러면 '씹'은 무슨 뜻일까? 씹은 사전에 '장성한 여자의 보지'라고 풀이되어 있다. 어른의 보지는 '씨'를 생산한다는 뜻을 함축하고 있다. 이 '씨'에 '입'이 더해진 말이 '씹'이다. 그러므로 씹은 '씨+입' 곧 '씨의 입'이란 뜻이다. 그러니 '씹'은 '씨'를 생산하는 '입'이란 뜻이다.

동사 '씹다'는 말은 여기서 파생된 것 같다. 의미론(sementics)의 측면에서 보면, 명사에서 동사나 형용사가 파생되기 때문이다.

안 → 안다   신 → 신다   품 → 품다   발 → 밟다   불 → 붉다
풀 → 푸르다   물 → 무르다/맑다
발(팔의 고어) → 밟다(두 팔을 벌려 길이를 재다)

이렇게 볼 때, '보듬다(볻+읂다)'는 말은 여성 성기 '볻'에서 유래했고, '붇다/붓다'는 말 역시 남성 성기 '붇'에서 나온 것이 아닐까 한다. 왜냐하면, (아이를) '보듬는' 것은 일차적으로 여성의 '볻'과 관련이 있기 때문이다. 아이는 여성이 낳아서 '보듬고' 키운다.

또 '붇다'는 씨를 '불어나게' 하는 것이고, '붓다'는 씨를 늘리기 위해 '부어' 넣는 것이기에, 이것은 남성의 '붇'과 관련된다.

이상에서 우리말의 대표적인 기본어휘인 하늘과 계절 그리고 성기에 대한 속 뜻을 살펴보았다. 여기서 우리는 우리를 둘러싸고 있는 '하늘'을 하나의 큰 울타

리로 생각하고, 항상 하늘의 뜻을 존중하며 살아가는 삶의 자세를 엿볼 수 있었다.

그리고 시간적 의미를 담고 있는 계절어에서는 농경민족으로서의 에토스를 읽었고, 기본어휘인 성기어에서는 생산의 상징인 '씨'로 그것을 바라보는 파토스를 이해할 수 있었다. 다시 말하면, 우리의 기본어휘를 통하여 그 속에 깃든 농경민족의 인간간과 세계관을 함께 볼 수 있다.

속담의 생성 유래

　속담은 오랜 생명을 가지고, 우리 생활 속에서 뭇사람들의 지혜로 갈고 닦이어 온 언어의 정수(精髓)로서, 그 속에 인생 체험의 미묘한 기지와 신랄한 해학과 엄정한 교훈을 담고 있는 구비 문학의 한 갈래이다.

　촌철살인(寸鐵殺人)이란 말이 있다. 간단한 경구로 어떤 일의 급소를 찔러, 사람을 감동시키는 것을 비유할 때 쓰는 말이다. 이 말은 바로 속담의 기능과 쓰임을 단적으로 대변하는 말이라 할 수 있겠다. 천언만사(千言萬辭)의 장황한 설명보다는, 간결한 속담 한 마디가 강한 설득력을 발휘하는 경우를 우리는 흔히 본다.

　속담이란 용어는 우리나라와 일본에서 쓰이는 것으로 중국에서는 쓰이지 않는 말이다. 중국에서는 속어(俗語)라는 말을 쓰고 있다. 이 속담이란 말이 우리나라 문헌에 나타나기는 선조 때 유몽인이 쓴 어우야담(於于野談)이 처음이다. 그런데 이 속담이란 것은 앞에서도 지적했다시피, 뭇사람들 즉 집단을 전제로 하여 생성되고 통용되는 특성을 갖는 것이기 때문에, 속담에는 자연 그 집단의 사회성과 역사성이 담기게 된다.

　그러므로 어느 나라, 혹은 어느 민족의 속담을 이해하려면 먼저 그 나라나 민족의 사회적, 역사적 문화 형식을 이해하지 않으면 안 되는 것이다. 속담은 그러한 배경을 가지고 만들어진 것이다. 그러나 속담은 오랜 세월 동안 민중 속에 전해져 오면서, 그 생성 배경 즉 유래가 묻혀서 알지 못 하는 경우가 대부분이다. 많은 속담 중에서 유래를 알 수 있는 몇 가지를 적어 본다.

그러면 문헌에 나타난 우리나라 최초의 속담은 무엇일까?

그것은 삼국유사에 전하는 '내 일 바빠 한데 방아'라는 속담이다. 이 속담은 원래는 '내 일 바빠 한댁 방아'였는데, 후대로 내려오면서 지체 높은 대갓집[大家宅]을 뜻하는, '한댁'이 바깥을 뜻하는 '한데'로 바뀌어 전해지고 있다.

이 속담은 삼국유사 욱면비염불서승(郁面婢念佛西昇)조에 실려 있는데 그 개략은 이러하다.

"경덕왕 때 강주(康州)에 사는 아간(阿干) 귀진(貴珍)의 집에 욱면(郁面)이란 계집종이 있었다. 그녀는 미타사(彌陀寺)에 염불하러 가는 주인을 따라가, 마당에서 열심히 염불을 했다. 그런데 주인이 이를 못마땅히 여겨, 늘 곡식 두 섬을 주어 하룻저녁에 다 찧게 하였다. 염불을 못 하게 하기 위한 조치였다. 그러나 욱면은 그 일을 서둘러 끝내고 염불에 참여하곤 했다. 그녀는 더욱 정진하기 위하여 뜰의 좌우에 긴 말뚝을 꽂아 세운 뒤, 두 손바닥을 뚫어 노끈으로 꿰어 그 말뚝에 매어 두고 합장하였다.

그러던 어느 날, 하늘에서 "욱면 낭자는 당(堂) 안에 들어가서 염불하라."는 소리가 들리므로 중들이 그렇게 조처했는데, 그 후 얼마 되지 않아 욱면은 몸을 솟구쳐 법당의 천장을 뚫고 나가 부처로 화하였다.

'내 일 바빠 한댁 방아'라는 속담은 이래서 생긴 것이다."

이 속담은 '내 앞에 닥친 일이 매우 바쁜데, 그것을 해결하기 위해서, 내키지는 않지만 어쩔 수 없이 남의 일(방아)부터 먼저 해 주어야 한다.'는 뜻으로 쓰인다. 지금 우리가 쓰고 있는 '내 일 바빠 한데 방아'라는 속담은 여기서 유래한 것이다.

이어서 전해오는 속담의 생성 유래 몇 가지를 살펴본다.

꿩 대신 닭

'꿩 대신 닭'이란 속담의 유래는 여러 가지가 있다.

설날 아침에 떡국을 끓일 때 꿩고기를 우려 낸 국물을 육수로 사용했는데, 꿩이 귀해서 점차 구하기가 어려워져 이를 닭으로 대신하게 되어 이 속담이 생겨났다고 한다. 이와는 달리 우리의 전통 혼례에서 유래했다고 하는 이야기도 있다. 혼례식을 끝내고 신부가 신랑의 가족을 처음 대면하는 절차인 폐백 때, 신부는 시아버지께는 대추를, 시어머니께는 꿩을 드렸다.

그런데 꿩이 귀해 구할 수 없는 경우에는 그것을 닭으로 대신할 수밖에 없었다. 그래서 '꿩 대신 닭'이란 말이 생겨났다고도 한다.

같은 값이면 다홍치마

모든 속담이 다 그렇듯이, '같은 값이면 다홍치마'란 속담도 우리의 문화적 배경을 깔고 생성된 것이다. 이 속담의 배경담을 모르는 이는 '같은 값이면 흰 치마보다 붉은 물감을 들인 무색 치마가 낫다'라는 뜻으로 생각하겠지만 실상은 그렇지 않다.

우리나라 부녀자들의 전통적 의상 색깔을 보면, 양가집 규수는 녹의홍상(綠衣紅裳)이라 하여 녹색 저고리와 다홍색 치마를 입었고, 과부나 기생 등은 청상(靑

裳) 즉 푸른 치마를 입었다.

그러므로 이 속담은 '같은 값이면 과부를 데려오기보다는 처녀를 데려오는 것이 낫다'라는 뜻에서 유래한 속담임을 알게 된다.

쇠뿔도 단김에 빼라

'쇠뿔도 단김에 빼라'는 속담은, 일을 하려고 마음먹었으면, 주저하지 말고 당장에 해치우라는 뜻으로 쓰는 말이다. '단김에'란 부사는 '단+김+에', 즉 뜨겁게 '달아 있는 김에'가 줄어진 말이다. 그러니 쇠뿔을 뺄 때는 기술이 필요한데, 뜨겁게 달아 있을 때 빼야 잘 뺄 수 있다는 것이다.

그런데 여기서 쇠뿔 빼는 것을, 소머리에서 직접 쇠뿔을 달구어 빼는 것으로 아는 이가 많다. 그러나 쇠뿔 빼는 과정은 그런 것이 아니다. 쇠뿔은 속에 뼈가 있고 그 겉을 각질이 둘러싸고 있는 구조로 되어 있다. 쇠뿔에서 쓸모 있는 것은 속뼈가 아니라, 겉을 싸고 있는 각질 부분이다. 이것을 가공하여 나전칠기와 같은 세공품의 재료로 쓰는 것이다. 그래서 이 각질 부분과 속뼈를 분리할 때는, 쇠머리에서 잘라낸 쇠뿔을 뜨겁게 삶아서 그런 작업을 한다. 그래야 속뼈와 거죽이 잘 분리된다. 다시 말하면 거죽이 잘 빠진다.

쇠뿔을 단김에 뺀다는 것은 소머리에 달린 쇠뿔을 달구어 빼는 것이 아니라, 소머리에서 잘라낸 쇠뿔을 달구어 껍데기를 빼는(분리하는) 것을 가리킨다.

직성이 풀리다

홍석모의 동국세시기에, 민속에서 사람의 나이에 따라 운명을 맡아보는 아홉 별이 있는데, 9년 만에 한 번씩 돌아온다는 기록이 있다.

사람의 운수를 맡아본다는 제웅직성(直星)은, 남자는 열 살에, 여자는 열한 살에 각각 처음 들어, 그 후 9년 만에 한 번씩 든다고 한다. 이 직성이 든 사람은 액운이 따른다고 하여, 제웅을 만들어 액막이를 하였다.

제웅은 짚으로 사람의 형상을 만든 것을 이른다. 음력 정월 열 나흗날, 이 제웅 안에 돈을 넣어 길거리에 버리면, 사람들이 이것을 거두어 가는데, 이를 제웅 치기라 하였다. 이 제웅치기를 하면 액을 막을 수 있다고 생각하였다. 제웅은 신라 때의 벽사(辟邪) 행사인 처용에서 비롯된 것이다.

오늘날, 소원이나 욕망 따위가 뜻대로 이루어져, 마음이 흐뭇해진 것을 가리켜, '직성이 풀리다'란 말로 표현하는 것은 여기에서 유래한다. 제웅치기를 하여 액운을 가져오는 별 곧 직성의 위태한 피해에서 풀려난다는 뜻이다.

그런데 이러한 속담의 생성 유래가 잘못 전해지고 있는 것도 있는데, 그 몇 가지를 살펴보자.

말짱 도루묵

이 속담의 근원설화는, 흔히 선조가 피란 시절에 먹었다는 고기 이름에서 유래했다고 이야기 하는 사람들이 많다.

임진왜란 때 선조가 몽진하면서 '묵'이라는 고기를 먹어보니 너무나 맛이 좋아 고기이름을 물으니, '묵'이라 하였다. 선조가 그 말을 듣고, 고기의 좋은 맛에 비해 이름이 맞지 않다 하여 '은어'라고 해라 하였다. 전쟁이 끝나고 선조가 환궁하여 그 맛이 생각나서 다시 먹어 보니, 전번에 먹었던 맛이 나지 않아 '도로 묵이라 해라'고 하여, '도루묵'이란 새 이름이 생겼다는 것이다.

그러나 이것은 사람들이 그럴 듯하게 꾸며낸 이야기다. 도루묵은 옛 문헌에 '돌목'으로 나온다. 돌목은 함남 방언에 지금까지 남아 있는 말이다. 이 돌목이 돌묵으로 변하고, 돌묵이 다시 도루묵으로 변한 것이다. 돌목> 돌묵> 도루묵의 과정을 거친 것이다.

돌목의 '돌'은 질이 떨어지거나 모양이 좋지 않은 것에 붙는 접두사다. 돌배, 돌미나리, 돌팔이, 돌복숭아 등에 붙어 있는 그 '돌'이다. 그런데 고기 이름에도 돌가자미, 돌상어, 돌농어, 돌잉어, 돌돔, 돌고래와 같이 '돌'이 붙는 것이 많다. 돌목도 이와 같이 '목'이라는 고기에 '돌'이 붙어 된 말이다. '목'보다 맛이 떨어지는 고기 이름이다. 맛이 좋은 목은 안 잡히고, 맛도 값도 떨어지는 돌목 즉 도루묵만 가득 잡히니 기분이 좋을 리가 없을 것이다. 이와 같이 어떤 일이 하고자 하는 기대에 못 미치는 경우를 빗대어 그런 말이 생겨난 것이다.

그러므로 도루묵은 돌목의 다른 이름일 뿐, 도로 물린다는 뜻을 담고 있는 말이 아니다. 선조가 피란 시절에 먹던 것보다, 환궁하여 배부를 때 먹어 보니 영 맛이 없어 도루묵이란 이름이 생겼다는 것은 그저 꾸며 낸 이야기다.

십년공부 도로 아미타불

이 말은 오랫동안 기울여 왔던 노력이 수포로 돌아갔을 때 쓰는 속담이다. 이 속담에도 그런 듯한 민간어원설이 따라다닌다.

"옛날 어느 고을에 동냥을 하러 나갔던 중이, 한 아름다운 처녀를 만나 홀딱 반하여 청혼을 하게 되었는데, 처녀가 말하기를 십년 동안 동거하되 손도 잡지 않고 바라만 보며 공부에 열중하면 결혼하겠다고 하였다. 그런데 십년이 되기 하루 전날, 그만 이를 참지 못하고 처녀의 손을 잡으니, 처녀는 한 마리 파랑새가 되어 날아가 버렸다."

그러나 이 속담은 그런데서 생긴 것이 아니다.

원래는 이 말이 염불수행의 진수를 이르는 표현이었는데, 이를 잘못 이해하고 꾸민 데서 그런 속담이 생기게 되었다. 이 말의 뿌리가 되는 말은 본래 '십념공부 도로 아미타불(十念工夫 都盧 阿彌陀佛)'이다. 십념(十念)은 아미타불을 열 번 부른다는 뜻이다. 죽을 때 아미타불을 정성을 다하여 열 번을 외우면 극락왕생한다는 말이 경전에 나와 있다.

공부(工夫)는 원래 불교에서 유래된 말로 수행을 뜻하는 말이고, 도로(都盧)는 불교용어로 '단지, 다만'의 뜻이다. '십념공부 도로 아미타불'을 글자 그대로 해석하면, '열 번을 열심히 불러야 하는 수행은 단지 아미타불이다'란 뜻이 되는데, 이는 '아미타불을 다만 열 번만 외우면 극락간다'는 말이다. 그런데 이 '도로'를, 지금 쓰는 속담에서는 '다시(도로)'나 '도로(徒勞 헛수고)'란 뜻으로 바꾸어 끌어낸 것이다. 이와 같이 '십년공부 도로 아미타불'은 '십념공부 도로 아미타불'을 비틀어서 꾸며낸 이야기다.

속담은 인간의 삶이 지속되는 한 끊임없이 생성되고 소멸할 것이다. 사람들은 지혜를 계속하여 쌓아갈 것이기 때문이다. 지금도 속담은 생겨나고 있다. 현대에 와서 새로 생긴 속담과 그에 따른 유래를 보기로 한다.

호떡집에 불난 것 같다

주위가 갑작스럽게 소란해질 때 '호떡집에 불난 것 같다'란 속담을 쓴다. 호떡은 중국 음식점에서 만들어 파는 음식이다. 지금의 호빵이란 말에 그 흔적을 남기고 있다. 우리나라의 화교는 임오군란 때 파병으로 온 청나라 군사들을 따라 들어온 것이 처음이라고 하는데, 이들은 주로 호떡과 만두를 만들어 팔며 생활했다. 우리나라 사람들의 입에 맞는 짜장면을 개발한 것도 이때쯤이다.

그런데 이 속담이 생긴 것은 일제의 간악한 계교가 숨어 있는 만보산 사건과 관련되어 있다. 이 사건은 1931년 만주의 길림성 만보산 지역에서 한인과 중국인 사이에 수로 개설 문제로 충돌이 일어난 사건이다. 이 사건이 일어나자, 국내 주요 신문들이 이 사건은 만주에 있는 한인들에 대한 중국인의 조직적인 박해에 의하여 발생한 것이라고 보도하면서, 민족감정을 자극하자, 우리나라에 거류하는 중국인을 적대시하고 박해하는 사건이 벌어졌다.

평양에서는 대낮에 중국인 상점과 가옥을 파괴하고 구타 학살하는 사건이 며칠간 계속되는 등 잔인한 폭동으로 확산되었다. 그래서 말 그대로 호떡을 파는 중국집에 불이 나고 시끄럽게 된 정황이 벌어져 그런 속담까지 생겨나게 되었다.

그런데 이 사건의 본질은 일본이 만주에 진주하면서, 중국인과 한인들의 반일 투쟁을 분열시키기 위하여, 일제가 꾸민 치밀한 계교에 의한 것이었다. 양자 간의 충돌을 뒤에서 조종하여 그들의 만주침략을 쉽게 함과 더불어, 국제적으로 정당화하려는 술책으로 빚어진 사건이었다.

미역국 먹다

'미역국 먹다'란 말은 시험에 떨어졌다는 뜻으로 쓰는 말인데, 미역이 미끌미끌하다는 것에서 유래된 말이라고 아는 이가 많다. 그러나 이 말은 그런 데서 나온 것이 아니라, 그 연원이 매우 깊은 말이다.

이 말은 한말 일제가 국권 침탈의 일환으로 실시한 군대 해산과 관련하여 생긴 말이다.

통감 이토는 헤이그 밀사 파견을 구실로 삼아 고종을 퇴위시키고, 1907년 7

월 31일에는, 융희 황제로 하여금 군대 해산에 관한 칙어를 내리게 한 뒤, 8월 1일을 기하여 군대 해산식을 거행하였다. 이 날 참령 박성환이 자결로써 항거의 뜻을 보이자, 전국 각처에서 군인들이 무장 항쟁에 돌입하여 그 후 5년이나 계속되었다.

이와 같이 군대 해산은 엄청난 파장을 던져 준 사건이었다. 나라를 빼앗기는 위기감을 실감케 하는 일이 아닐 수 없었다. 그래서 사람들은 군대 해산(解散)이란 말의 해산을, 동음이의어인 아이를 낳는 산고의 해산(解産)이란 말을 따와서, 해산(解産)하면 먹는 미역국을 먹어야 할 일이라고 빗대면서 가슴을 아파하였다. 국권을 지키지 못하고 실패한 고통을, 해산(解産)의 고통으로 여기면서, 아울러 미역국을 떠올린 것이다.

묻지 마라 갑자생

'묻지 마라 갑자생'은 물어 볼 필요도 없이 틀림없다는 뜻으로 쓰고 있는 말이다. 그런데 여기에 나오는 갑자생은 보통 육십갑자를 말할 때 첫 번째로 나오는 말이기 때문에, 무의미하게 그냥 쓰인 것이라고 생각하기 쉽다.

그러나 여기에도 이유가 있다. 이 말에는 일제의 악랄한 강제 징용에 희생된 그 당시 청년들의 아픔이 배어 있다. 처음에는 지원병 제도로 모집하던 일제는, 전쟁 말기 즉 1944년경부터는 강제 징용으로 우리 젊은이를 붙잡아다가 그들의 총알받이로 내몰았다. 이때 20살이던 갑자생[1924년생] 청년들은, 심한 장애인이 아니면 무조건 신체검사에서 합격 판정을 내려, 전장으로 끌고 갔던 것이다. 그야말로 갑자생은 물어 볼 것도 없었다.

'묻지 마라 갑자생'이란 말은 이래서 생긴 슬픈 전설이다.

마산상고 나왔나

계산이 틀리거나 맡은 일을 제대로 정확하게 처리하지 못하는 사람을 가리켜, 흔히 "마산상고 나왔나?"라는 말을 쓰는 경우를 간간히 본다. 마산상고가 전국의 상고 실력 대회에서 꼴찌를 한 일이 있어서, 이런 말이 생겨났다고 하는 사람도 있다.

그러나 사실은 이와 전혀 다르다. 마산상고는 이 지역의 명문고인데, 어느 해에 큰 화재가 발생하여 졸업생들의 호적부라 할 수 있는 생활기록부가 전부 소실되었다.

그런데 세상인심은 고약한 것이어서, 마산상고 출신이 아닌 어중이떠중이 같은 못난이까지, 모두가 마산상고 출신이라고 우겨댔다. 호적부가 없어졌으니 모두가 일류가 되고 싶었던 것이다. 실제 마산상고 출신은 그렇지 않은데, 이 가짜 출신은 실력이 부족한 까닭에 매사에 실수 투성이었으므로, 이러한 말이 생겨나게 되었다.

삼천포로 빠지다

일을 하다가 도중에 실수하거나 실패할 경우에, '잘 나가다가 삼천포로 빠졌다'라는 말을 자주 쓴다. 이 말이 생긴 배경담에는 몇 가지가 있으나, 그 중 두어 가지를 소개하면 이러하다.

부산에서 진주로 가는 기차는, 처음에 출발할 때는 삼천포로 가는 손님과 진주로 가는 손님이 함께 타고 가다가, 차가 계양역에 닿으면 거기서 진주행과 삼천포행의 객차로 갈라져 타야 했다. 여기서 승객들은 반드시 진주행 차량과 삼천포행 차량으로 각각 옮겨 타야 하는데, 그때 잠이 들었거나 술에 취해서 제대로 갈아타지 못한 사람은 엉뚱한 방향으로 가게 되었기로 이 속담이 유래되었다는 것이다.

또 다른 유래담은 진해에 있는 해군 기지와 관련된 이야기다. 휴가를 나온 장병들이 경부선을 타고 부대로 돌아갈 때는, 삼랑진에서 내려 진해행 기차를 갈아타야 했는데, 그만 잘못하여 삼천포행 기차를 타 버려 늦게 귀대하는 경우가 종종 있었기로, 이런 말이 생겨났다는 것이다.

엿 먹어라

1964년 12월에 시행한 중학교 시험에, 엿을 만들 때 엿기름 대신에 사용해도 되는 것을 고르라는 문제가 출제되었는데, 디아스타제가 정답이었다. 그런데 그 문제의 선택지로 나온 무즙으로도 엿을 만들 수 있다고 하여, 무즙을 답으로 쓴 학생의 부형들이 무즙도 정답으로 처리해 달라고 주장하였다. 이때 어떤 학부모들은 실제로 무즙을 이용하여 엿을 만들어, 이것을 들고 교육청에 거세게 항의하였다.

이 사건이 연유가 되어 '엿 먹어라'는 욕설이 생기게 되었다고 한다. 그러나 이 이야기는 견강부회한 감이 없지 않다. 이 욕설은 무즙 사건보다 시대적으로 훨씬 앞선 남사당패의 은어에서 유래한다.

엿은 지난날 남사당패의 은어로서, 여자의 성기를 이르는 말이며, '엿 먹어라'는 남녀 간의 성관계를 가리키는 말이다. 욕설이 성과 관련된 말이 많듯이, 이 말도 그렇게 생긴 말이다.

그런데 속담은 오랫동안 여러 사람의 입을 거치면서, 원래의 쓰임과는 다른 의미로 변하기도 한다. 그런 속담 몇 가지를 살펴본다.

우리가 흔히 쓰는 속담에 '하룻강아지 범 무서운 줄 모른다'는 속담이 있다.

여기서 하룻강아지란 말은 예사로 써서 그렇지만, 자세히 들여다보면 그 됨됨이가 아무래도 이상한 말이다. 뭔가 제대로 된 말 같지가 않다. 하룻강아지란 말은 태어난 지 하루가 된 강아지란 뜻이겠는데, 이 말이 제값을 하려면 태어난 지 이틀이 된 강아지는 이틀강아지, 태어난 지 사흘이 된 소는 사흘송아지와 같은 말이 돼야 하는데, 그런 말은 있지도 않을뿐더러 되뇌어 봐도 어색하기 짝이 없다. 이것은 하룻강아지란 말의 만듦새가 자연스럽지 못한 억지춘향식 조어라는 증좌가 된다. 또 문맥적 의미로 보더라도 앞뒤가 잘 맞지 않고 매끄럽지 못하다. 태어난 지 하루가 된 강아지라면, 아직 눈도 떨어지지 않아 호랑이는 고사하고 아무것도 보지 못하는 상태인데, 그런 강아지가 범을 무서워한다는 것은 생각하기 어렵다. 지나친 비약이 아닐 수 없다.

그렇다면 하룻강아지란 말은 어디서 온 것일까?

우리말에는 사람의 나이와는 달리 가축의 나이를 세는 말이 따로 있었다. 태어난 지 1년이 되면 사람은 한 살이라 하고 가축은 하릅이라 하였다. 두 살은 두습·이듭이라 하고, 세 살은 세습·사습, 네 살은 나릅, 다섯 살과 여섯 살은 각각 다습·여습, 일곱 살과 여덟 살은 각각 이릅·여듭, 아홉 살은 아습·구릅, 열 살은 열릅·담불이라 한 것이 그것이다.

지금 쓰는 속담 속의 하룻강아지는 바로 이 하릅강아지가 바뀐 말이다. 이 속담을 오랜 기간 사용하는 과정에서 사람들이 하릅을 하루로 바꾸어 놓은 것이다.

또 우리 속담에 '중도 보고 소도 본다'는 것이 있다.

이 속담은 살다 보면 온갖 일을 다 겪는다는 뜻으로 쓰인다. 즉 모든 일이 마음먹은 대로만 되는 것이 아니라는 것이다. 이런 경우도 있고 저런 경우도 있으며, 좋은 것도 보고 나쁜 것도 본다는 교훈적인 의미를 띠고 있다.

또 '중도 아니고 소도 아니다'란 속담도 있다. '이것도 아니고 저것도 아니다'

란 뜻이다. 무엇을 배우다가 중도에서 그만 두어, 처음에 계획했던 일을 다 이루지 못한 사람, 즉 반거들충이를 가리킬 때 주로 쓴다.

그런데 이들 속담에서, 중과 소를 대비시킨 것은 무슨 이유일까? 언뜻 보기에도 중과 소가 긴밀한 상대적 의미를 가지고 있는 것 같지 않다.

이에 대한 해답의 단서는 이들 속담과 비슷한 다른 속담에서 찾을 수 있다. 그것은 '중도 보고 속(俗)도 본다'는 속담이 그것이다. 그러면 속(俗)은 무슨 뜻일까? 속은 속환이(俗還-)의 준말이다. 이것은 북한에서도 그런 뜻으로 쓰고 있다. 속환이는 중속환이의 줄어진 꼴인데, 중이 되었다가 다시 속인으로 돌아온 사람 즉 환속한 사람을 가리킨다.

그러니까 이 속담의 소는 짐승 이름인 소가 아니라, 속(俗)의 변음인 것이다. 중도 보고 속환이도 본다는 뜻이다. '중도 (아니고) 속환이도 아니다'란 속담이 별도로 존재하는 것을 봐도 이러한 사실을 확연히 알 수가 있다.

이기문도 그의 속담사전에서, 소는 백의(白衣)라는 설명을 덧붙이고 있다. 백의는 불교에서 속인을 가리키는 말이다. 인도에서는 중이 아닌 사람은 모두 흰 옷을 입었다는 데서 유래한 것이다.

요약컨대, 이들 속담의 소는 속(俗)의 변한 말이며 동물명이 아니다. '중도 보고 소도 본다'는 속담은 중도 보고 속인도 본다는 뜻으로, 이런 것도 보고 저런 것도 본다는 뜻이며, '중도 아니고 소도 아니다'는 속담은, 이런 것도 아니고 저런 것도 아닌 어중간하다는 뜻이다.

'강원도 삼척이다'란 속담도 역시 말이 변한 속담이다. '강원도 하면 삼척' 또는 '강원도 안 가도 삼척'으로도 쓰이는데, 방이 몹시 춥다는 뜻으로 쓰인다. 그런데 여기서의 삼척은 삼청(三廳)을 잘못 발음하여 굳어진 것이다. 삼청은 금군삼청(禁軍三廳)의 준말로, 조선(朝鮮) 때 왕실의 호위를 맡은 내금위(內禁衛)·겸

사복(兼司僕)·우림위(羽林衛)의 세 군영(軍營)을 가리킨다. 이들 세 군영에는 잠을 자지 않고 충실히 근무를 하기 위하여 겨울에도 불을 때지 않아 매우 추웠다. 추운 방을 가리켜 삼청냉돌이라고 하는 말도 여기서 유래한 말이다. 추운 방을 가리키는 '강원도 안 가도 삼척'이란 속담의 '삼척'은 바로 이 '삼청'이 변한 말이다.

'구렁이 제 몸 추듯'이란 속담이 있는데, 자기가 스스로 자신을 자랑하는 것을 이를 때 쓴다. 이 속담을 처음 대하는 이는 인도등지에서 코브라 뱀의 춤을 다루는 장면을 연상할 지도 모르겠다. 그러나 이것은 그런 데서 유래한 것이 아니다. 이 속담은 원래 '굴원(屈原)이 제 몸 추듯'이란 말이 바뀌어 이루어진 것이다. '추듯'이란 말은 '자랑하듯'이란 뜻이다. 그러니 이 속담을 말 그대로 풀이하면, '굴원이 제 스스로를 자랑하듯'이란 뜻이다.

그러면 이러한 속담이 왜 생겨났을까?

굴원은 초나라의 대부로, 직언을 하다가 정적들의 모함을 받아 쫓겨난 사람이다. 뒷날 나라가 망하자 그는 멱라수에 몸을 던져 자살하였다. 그가 지었다는 어부사에 이런 구절이 있다.

"어부가 굴원에게 왜 추방당했느냐고 물으니, 굴원이 대답하기를, '온 세상이 다 탁한데 나만 홀로 맑고, 뭇 사람이 다 취했는데 나만 홀로 깨어있는 까닭으로 추방을 당했소.'라 했다. 이에 어부가 말하기를, '성인(聖人)은 만물에 얽매이거나 막히지 않고, 능히 세상을 따라 옮겨 가는 것인데, 세상 사람들이 다 혼탁하면 왜 그 진흙을 휘저어 물결을 일으키지 않으며, 뭇사람이 다 취했으면 그 술지게미를 먹고 남은 탁주를 같이 마시지 않았소.' 하였다."

세상과 타협하지 못하고 자화자찬만 하는 굴원을 보고 어부가 탓하는 내용이다. 충언 때문에 죽은 그의 고결함을 너무 애석히 여긴 나머지, 거꾸로 그를 원망스러워 하고 있는 것이다. 너무 강직해서 아까운 사람이 죽고 말았다는 세인들의 안쓰러움을, 어부의 입을 빌려 나타내고 있는 것이다. 다시 말하면, 공연히 자기 혼자서만 절조를 지키려다 억울하게 죽은 그를 애처로이 여겨, 굴원이 자신을 믿고 너무 뽐내어 그렇게 되었다는 식의 역설적인 속담을 지어낸 것이다.

이래서 생긴 '굴원이 제 몸 추듯'이 시대를 내려오면서 '구렁이 제 몸 추듯'이란 말로 바뀐 것이다.

어처구니는 맷돌의 손잡이가 아니다

종래 '어처구니'의 의미를 잡상(雜像 궁전이나 전각의 지붕 위 네 귀에 얹은 여러 가지 신상(神像)이나 맷돌의 손잡이라고 주장하는 의견들이 있으나, 명확한 근거가 없다.

그와 같은 막연한 의미 부여의 방법에서 벗어나, 방언 자료를 밑바탕으로 한 어원 분석을 통하여 '어처구니'의 의미를 찾아보고자 한다.

언어연대학과 방언지리학의 발전은 언어 변화의 법칙 설명과 함께 방언의 중요성을 크게 일깨워 주었다. 언어의 변화는 방사(放射)의 중심지(centre de rayonn-ment)에서 시작되어 차차 주변으로 새 물결을 이루며 퍼져 나간다. 방사의 중심지는 물론 도시요, 그곳이 위치한 평야이다.

이 변화는 교류가 잘 되는 주민들 간에는 빠르게 이루어지지만, 교통이 불편해서 주민들의 교류가 어렵거나 불가능한 지역에 있어서는 언어의 전파가 느려지거나 정지된다.

그러므로 언어 장벽을 형성하는 벽지나, 방사의 중심지에서 먼 곳일수록 고어형의 잔존율이 높다. 신라 향가의 찬기파랑가에 나오는 '물시부리[汀理]'는 오늘날까지 경상 방언에 '물시불(이)'로 살아 있다. '언저리'를 뜻하는 '시불'은 시불>시불의 변화를 거쳐 중앙어에서는 '시울>술'로 정착되었다. ㅂ>ㅸ>ㅇ의 음운 변화를 거친 것이다. '입시불'은 중앙어에서는 이미 '입시봉, 입시울'을 거쳐 '입술'로 변하였다. 그러나 경상 방언에서는 아직도 입시불, 눈시불, 귀시불 등에 그대로 살아 있다.

이는 방언이 고어 연구에 얼마나 중요한가를 단적으로 보여 주는 예이다. 특히 경상 방언은 중앙어의 기반이 되었기 때문에 고어 연구에 더없이 중요하다. 이런 관점에서 여러 가지 설이 있는 '어처구니'의 어원도 방언에서 확연히 찾을 수 있다고 생각한다. 그러면 '어처구니'의 어원과 그 의미를 방언에서 찾아보자.

'어처구니'의 뜻을 지닌 방언(경상, 전남)에 '얼척'이란 낱말이 있다. '얼척'은 '얼'과 '척'이 결합된 복합어다. '얼'은 '덜된 또는 모자라는'의 뜻을 가진 접두사로, 얼개화, 얼요기 등의 어휘를 파생시킨다. '척'은 '그럴듯하게 꾸미는 거짓 태도나 모양'을 의미하는 낱말로, '애써 태연한 척을 하다'와 같이 쓰인다.

이 두 형태소의 의미를 종합해 보면, '얼척'이란 말은 '알맹이가 차지 못하고 불완전하다'라는 의미를 지닌 말임을 알게 된다.

이 '얼척'에 '없다'가 더해져 '얼척 없다'가 된다. 이 말은 중앙어의 '어처구니 없다'와 똑같은 뜻으로, 부실(不實), 미완(未完), 의외(意外)의 뜻을 지닌다. 얼척이란 말에 이미 알차지 못하다란 뜻이 있는데 또 '없다'란 말을 덧붙인 것은, 의미를 강화하기 위한 것이다. 이것은 '엉터리없다'란 말에서도 그 예를 볼 수 있다. '엉터리'란 말만 해도 '실속이 없다'란 뜻이 되는데도, 또 '없다'란 말을 덧붙여 그 뜻을 강화하고 있는 것이다.

그러면 '얼척'이란 말이 어떻게 '어처구니'로 변했을까? 그것은 '얼척'에 '구니'란 접사가 결합되어 생긴 것이다. 경남 방언에 '얼처구니'란 말이 있음이 이를 단적으로 증명한다. '얼척'이 '구니'와 결합되는 과정에서 ㄱ이 탈락하여 '얼처구니'가 된 것이다. 이 '얼처구니'가 후대로 내려오면서 발음의 간편화를 위하여 ㄹ이 또 탈락하여 '어처구니'로 변한 것이다.

다음으로 '얼척'에 결합된 접사 '구니'의 뜻을 생각해 보자. '구니'가 붙어서 된 말은 치룽구니, 발록구니, 사타구니, 더수구니, 조방구니 등이 있는 바, 그 뜻을 일별하면 다음과 같다.

치룽구니 : 어리석어서 쓸모가 적은 사람을 조롱하여 이르는 말
        ＊ 치룽 : 싸리를 채롱 비슷하게 결어 만든 그릇의 한 가지. 뚜껑이 없음
발록구니 : 하는 일 없이 놀면서 공연히 돌아다니는 사람
        ＊ 발록하다 : 틈이 조금 바라져 있다
사타구니 : 샅의 속된 말
        ＊ 샅 : 아랫배와 두 허벅다리가 이어진 어름
더수구니 : 뒷덜미의 낮춤말
        ＊ 더수기 : 뒷덜미의 옛말
조방구니 : 오입판에서 남녀 사이의 일을 주선하고 잔심부름 따위를 하는 사람
        ＊ 조방군(助幇-) : 조방구니의 북한어

이상에서 본 바와 같이 이 '구니'의 뜻을 보면 하나같이 '쓸모가 적거나 저속한 사물이나 사람'을 가리키는 말임을 알 수 있다. 그러고 보면 이 '구니' 또한 '얼척'이 내포하는, '알맹이가 없고 부실하다'는 의미에 가까운 명사화 접미사임을 알게 된다. 또한 '얼척'과 '구니'가 그 의미의 유사성이 있어서 쉽게 복합어로 결합되었음도 유추해 볼 수 있다.

이제까지 살펴본 바와 같이 '어처구니'는 '보잘것없고 알차지 못한 것'이라는 뜻이다. 또한 '어처구니없다'는 '알차지 못하고 부실한 것조차 없다'는 뜻이다. 의외로 부족하거나 전혀 없다는 뜻이다. 곧 어이없다는 말이다.

그런데 현대의 사전에는 이 '어처구니'의 뜻을 '생각 밖으로 엄청나게 큰 사람이나 물건'이라고 적고 있다. '보잘것없고 부실한 것'이 어떻게 이런 의미를 갖게 된 것일까? 이것은 한말로, 반어법에 의한 쓰임으로서 그 뜻이 변하여 굳어진 것이다.

'부족하다'를 '푸지다(풍족하다)'로, '못생긴 사람'을 '굉장한 미인'으로, '포기했다'를 '만세 불렀다'로 표현하는 것들이 다 그러한 종류이다. 우리는 의외로 적을 경우에 '푸지다, 푸져.' 하는 말을 종종 쓴다. 또 실수해서 잘못을 저질렀을 때, '잘 한다, 잘 해.'와 같은 말을 쓰고, 못 생긴 사람을 보고, '참 잘났더라, 잘 났어.'와 같은 말을 흔히 쓰는데, 이는 다 반어법을 사용한 것이다.

'어처구니'도 이와 같이 통시적인 쓰임을 거치면서, 원래의 뜻과는 정반대의 뜻을 획득하게 된 것이다.

이상에서 본 바와 같이, 어처구니가 세간에 떠도는 것처럼 추녀 위의 잡상이나 맷돌의 손잡이를 가리킨다는 말은 근거가 없는 것이다.

쪼다와 조달(調達)이

'쪼다'는 제 구실을 못하는 좀 어리석은 사람을 낮추어 일컫는 말이다. '이 쪼다 같은 놈을 보았나'와 같이 쓰는 말이다. 이 말은 '조달'의 변한 말이다. 일상에서는 주로 '조달이'의 형태로 쓰인다. 조달이의 '-이'는 자음으로 끝나는 일부 고유 명사에 붙어, 어조를 고르는 구실을 하는 접미사로서 '길동이, 갑순이' 등의 끝에 쓰인 그 '-이'다.

'조달이'는 경음화 된 '쪼달이'란 말과 함께 지금도 쓰이고 있는 말이다. 통상 바보 같은 사람이란 뜻으로 쓰인다. 그런데 이 말이 쓰이는 과정에서, 쪼달이를 소리 나는 대로의 '쪼다리'로 인식하게 되었고, 끝내는 끝음절 '리'를 떼어버리고 '쪼다'란 속어로 쓰게 된 것이다.

이 말의 밑동이 되는 조달은 석가의 제자 이름인데, 석가를 시해하고자 했던 못된 사람이다. 원명은 데바닷타인데 이를 한역(漢譯)하면서 축약하여 조달(調達)이라 했다. 그는 석가의 사촌동생으로 매우 똑똑한 사람이었지만, 야망이 지나쳐 스승인 석가가 이끌고 있던 교단(敎團)을 빼앗으려고 음모를 꾸몄다. 자기 아버지를 죽이고 왕위를 찬탈한 아사세 왕과 친하게 지내면서, 그의 도움을 받아 왕실의 검은 코끼리에게 술을 먹여 취하게 해, 걸식을 하러 나온 석가를 밟아 죽이려고 시도했던 인물이다. 조달은 머리는 명석하였지만, 헛된 욕심이 지나쳐 나쁜 짓을 일삼아 끝내는 지옥에 떨어졌다고 한다. 타고난 자질은 명민했지만, 그것을 잘못 써서 악인이 되었으니, 참으로 어리석은 사람이라 할 수 있다. 그야말로 바보 즉 '조달이'고 '쪼다'다.

인간은 그 본성이 선한 존재인가, 악한 존재인가?

맹자는 선하다고 하여 성선설을 주장하였고, 순자는 악하다 하여 성악설을 주장하였으며, 고자(告子)는 선하지도 악하지도 않고, 인간의 의지에 따라 행해진 행동에 의하여 결정될 뿐이라는 성무선악설(性無善惡說)을 주장하였다.

중생은 모두 불성을 갖고 있다고 말하는 불교는 성선설 쪽에 가깝고, 인간에게 원죄가 있다는 기독교는 성악설에 가깝다. 그리고 선이니 악이니 하는 것은 모두 인간이 인위적으로 만들어 낸 것이기 때문에, 무위자연(無爲自然)으로 돌아가는 것이 옳다는 노자의 사상은 성무선악설에 가깝다.

이리 보면 이것이 맞는 것 같고, 저리 보면 저것이 맞는 것 같다. 현자들이 그렇게 말한 연유도, 따지고 보면 사람들을 어떻게 하면 최고선에 도달시킬 수 있을까 하는 방법론을 찾기 위한 하나의 방편에서 그런 말을 한 것이니, 꼭 집어 어느 한쪽으로 단정할 수 없을 것 같기도 하다.

그래서 석가나 공자 그리고 예수, 소크라테스 같은 성인이 있는가 하면, 그들을 죽이려 한 인간들도 있었던 것이 아니겠는가. 석가를 죽이려 한 데바닷타, 은화 세 닢에 스승 예수를 팔아넘긴 가룟 유다, 공자를 모함하여 죽이려 한 환퇴(桓魋), 청년들의 영혼을 더럽힌다는 명목으로 소크라테스를 죽게 한 멜레토스도 있다. 다 같은 인간의 얼굴을 하고 있지만 이렇게 판이한 모습을 지닌 것이 인간이다.

아무렴 타고난 근기(根機)와 수행에 따라, 성인도 소인도 될 수 있는 것이 인간의 모습이다. 어떻든 하루아침에 성인은 되기 어렵지만, 망나니 같은 '쪼다'만은 되지 않아야 되겠다.

'쪼다'처럼 알게 모르게 불교에서 온 우리말이 매우 많다. 오랜 세월 동안 불교 문화 속에서 살아 왔기 때문에 빚어진 결과다. 고려가요 청산별곡에 이런 구절이 있다.

> 가다가 가다가 듣노라
> 정지에 가다가 듣노라
> 사슴이 장대에 올라서
> 해금을 켜는 것을 듣노라
> 얄리얄리 얄라셩 얄라리 얄라

여기에 나오는 정지는 부엌을 가리키는 말인데 경상도에서는 아직까지도 쓰는 말이다. 인도에서는 기온이 높아서 동냥해 온 음식이 상하기 쉽다. 그래서 승려들은 절에 돌아와 그것을 불에 지펴 다시 한 번 데쳤다. 변질을 막기 위해서였다. 이때 음식을 다시 조리하는 공간을 정지(淨地)라 했다.

동냥이라는 말도 승려들이 시주를 받으려 할 때, 그 집에 가서 요령을 흔들었기 때문에 생긴 말이다. 즉 요령을 흔든다는 동령(動鈴)에서 온 말이다.

요사이 '삭신'이 쑤신다는 말을 많이 쓰는데, 몸의 근육과 뼈마디를 가리키는 말이다. 이 말 역시 불교의 색신(色身)에서 유래한 말이다.

'시달림'이란 말은 인도에서 죽은 사람의 시신을 갖다 버리던 시다림(尸茶林)이란 지명에서 유래한 말이다. 승려들이 이곳에서 시달리면서 수행하였기 때문에 생긴 말이다. '포대기'도 승려들이 참선할 때 깔고 앉던 부들로 만든 방석인 포단(蒲團)에서 온 말이다. '현관'도 깊고 오묘한 이치에 들어가는 관문을 뜻하는데 선종에서 쓰던 말이다. '투기'란 말은 마음을 열기 위하여 자기 몸을 던져 깨달음을 얻고자 하는 것을 지칭하는 말이다.

'지사(知事)'는 절의 용무를 맡아 보는 것을 이르는 말이다. 도의 일을 맡아서 일을 처리하는 사람이 도지사(道知事)이고, 주의 일을 맡아서 처리하는 사람이 주지사(州知事)이다. '방편(方便)'이란 말은 원래 깨우침을 주기 위하여 상대에게 알맞은 편의적 수단을 제공하는 데서 온 것이다. 그리고 '대중'과 '장광설(長廣舌)'도 다 불교에서 온 말인데, 대중은 부처님께 귀의한 신도들을, 장광설은 훌륭한 부처님의 가르침을 말한다. 옥바라지, 뒷바라지 등에 보이는 '바라지'는 죽은 이의 극락왕생을 위하여 베푸는 불교의식인 시식(施食)에서 주관하는 법사가 경을 읽으면 다음 구절을 받아서 읽는 사람이나, 시식을 거들어 주는 사람을 가리키는 말이었다.

이처럼 우리가 일상생활에서 사용하는 많은 어휘가 불교에서 온 것인데, 이미 우리말에 귀화한 지가 오래되어 우리는 그 연원을 모른 채 쓰고 있다.

아무렴 아무것도 모르면서 한 도의 지사가 되기 위해 방편적인 장광설을 늘어놓는 쪼다 같은 사람이 아니라, 포대기를 걸치고 동냥한 음식을 정지에서 먹으며 사는, 어려운 국민들의 삶을 이해하고 그들의 쑤시는 삭신과 시달림을 쓰다듬고 바라지해 주는 선량이 많이 나오는 그런 나라가 되면 얼마나 좋겠는가?

찢어지게 가난하다

매우 가난하다는 것을 나타낼 때 '찢어지게 가난하다'고 한다. 왜 딴 말 다 제쳐두고 '찢어지게'란 말을 붙여서 표현할까? 이에는 그럴 만한 연유가 있다.

가장 험하고 넘기 어려운 고개는 보릿고개라고 한다. 먹는 것이 부족하던 시절에 배고픔을 참으며 넘어야 하는 보릿고개, 그것은 정녕 생사를 넘나드는 험하디 험한 고개였다. 5, 60년대만 하더라도 초근목피(草根木皮)로 연명한다는 말은 일상으로 듣던 것이었다. 말 그대로 풀뿌리와 나무껍질을 먹으며 명을 이어갔던 것이다.

그런데 그 초근목피 중에 대표적인 것이 칡뿌리와 소나무 껍질이었다. 그 중 소나무의 껍질은 겉껍질을 벗겨내고 속껍질을 이용했는데 이를 송기(松肌)라 한다. 이 송기는 절구나 디딜방아에 찧어 부드럽게 하여, 곡식 가루와 섞어 쪄서 먹거나 나물과 섞어 죽을 끓여 먹었다.

그런데 이 송기에는 타닌 성분이 많아서, 먹고 나면 변비가 생기기 마련이었다. 예부터 솔잎과 송기는 민간에서 설사를 멈추게 하는 약으로 써 왔는데, 그 근거가 바로 소나무의 이러한 효능 때문이었다. 어떻든 이 송기로 만든 음식을 먹고 나면 심한 변비가 생겨 변을 보기가 어려웠고, 또 어렵게 변을 보고 나면 항문이 찢어지게 되었다.

이렇게 항문이 찢어지게 된 근원적인 연유는 가난 때문에 생긴 것이다. 그래서 '똥구멍이 찢어지게 가난하다'는 말이 생기게 되었고, 이 말이 줄어져 '찢어지게 가난하다'는 말로 쓰이게 되었다.

우리는 지난날 '가난 구제는 나라도 못 한다'거나, '가난 구제는 지옥 늦(징조)이라'는 의식 속에서 살아왔다. 그러나 우리는 현대에 들어와 그러한 관념을 과감히 깨뜨렸다. 이른바 한강의 기적을 이루어 내면서 그 높던 보릿고개도 깎아 없앴다.

이제 우리는 찢어지게 가난하던 시대를 과거로 돌리게 되었다. 못 먹어서 탈이 나는 것이 아니라, 너무 잘 먹어서 병이 나는 시대를 살게 되었다. 이러한 풍요를 구가하게 된 데에는 허리띠를 졸라매고 일한 우리의 열정과 훌륭한 지도자가 있었기 때문이다.

여기에서 잠깐 생각할 일이 있다. 우리가 이렇게 되기까지 장밋빛만 있었던 것은 아니다. 그 뒷면에는 어두운 그림자도 함께 따랐다. 이제 우리는 지나온 역사에 대하여 이성적 눈을 가질 만큼 성숙해질 때가 되었다. 공은 공대로 평가하고, 과(過)는 과대로 평가할 줄 아는 성년의 나이가 되었다. 공만을 내세워 역사의 혜안을 잃어버려서도 안 되고, 과만을 내세워 공을 덮어버리는 어리석음도 범하지 않아야 한다.

그것은 누구를 편들어서 하는 말이 아니다. 한쪽으로 치우친 편을 들지 말자는 것이다. 역사가 주는 미래로의 추진력을 잃으면 안 되기 때문이다. 역사는 과거와 현재와의 끊임없는 대화라고 했던 E. H. 카의 말을 빌리지 않더라도

링컨은 자신의 전쟁 노선에 찬성하지 않는 사람에게 반역자 혐의를 부여하고 투옥했는데, 여기에는 비판적이고 저명한 신문의 편집장과 소유주들도 모두 포

함되었다. 링컨은 자신에 대한 비판에 대해 군사력을 앞세워 수십 개의 신문을 폐간시키고, 그 언론인들을 체포 구금했다. 뿐만 아니라, 미국 내의 모든 전신 내용을 검열하기도 했다.

1861년에는 전쟁에 반대하는 사설을 게재한 100여 개 북부 신문에 대하여, 체신장관에게 이 신문들의 우편배달을 거부하도록 명했다. 당시에는 거의 모든 신문 배달이 우편으로 이루어졌으므로, 이러한 조치는 신문의 보급을 아예 차단 하는 효과를 발휘하였다. 일부 신문들은 링컨 정부를 비판하지 않겠다고 서약한 뒤 다시 신문을 발간할 수 있었다. 또 남부에 동조하는 것으로 간주되면, 주 의 회 의원도 영장 없이 체포해 감옥에 쳐 넣었다.

그러나 지금의 링컨 기념관에는 오직 남북전쟁을 승리로 이끌어, 미국을 통합 시킨 영웅상과 흑인 노예를 해방시킨 인도주의자의 모습만이 높다랗게 솟아 있 다. 오늘도 수많은 미국 시민들이 그 앞에 머리를 숙이고 경외하며, 미국의 미래 와 힘을 기르고 있다. 과는 과대로 평가하고, 공은 공대로 평가한 것이다.

타산지석이란 말은 어느 시대나 어떤 나라에서도 필요한 잠언이다.

향가란 어떤 노래인가

　신라 향가 14수는 우리 시가의 원류이며 모태로서 더없이 귀중한 우리 문학의 유산으로, 삼국유사에 실려 전한다. 그런데 우리는 이 향가의 내용적 특질과 이들 작품이 실려 있는 기록의 형식적 특징을 간과하고 있는 경우가 많다.

　지금 전하는 작품만으로 그 장르의 내용적 특성을 한 마디로 정의하기는 어려운 일이지만, 대강의 얼개만은 추정할 수가 있다. 그러면 대표적인 몇 작품을 통해서 그 특성을 살펴보기로 한다. 먼저 우리가 잘 아는 처용가를 보자.

　"처용의 아내는 무척 예뻤다. 그래서 역신이 흠모해서 사람으로 변하여 밤에 그 집에 가서 몰래 동침했다. 처용이 밖에서 돌아와 두 사람이 누워 있는 것을 보자, 이에 노래를 부르고 춤을 추면서 물러나왔다.

　　동경 밝은 달에 밤들어 노니다가
　　들어와 자리를 보니 다리 가랑이가 넷일러라
　　둘은 내 해이고 둘은 뉘 해인고
　　본디 내 해지만 빼앗겼으니 어찌할꼬.

그때 역신이 본래의 모양을 나타내어 처용의 앞에 꿇어앉아 말했다. 내가 공의 아내를 사모하여 잘못을 저질렀으나, 공은 노여워하지 않으니 감동하였습니다. 맹세코 이젠 공의 모양을 그린 그림만 보아도 그 문 안에 들어가지 않겠습니다."

우리는 보통 이 처용가와 관련하여, 처용이 부인과의 동침 장면을 보고도 성을 내지 않고 잘 참았으므로 이에 역신이 감동하여 물러간 것으로 알고 있다. 그러나 사실은 그렇지 않다. 처용은 무당이다. 그것도 보통 무당이 아니고 벼슬하고 있는 국무(國巫)다. 그래서 그는 무당춤을 추면서 무당노래[巫歌]를 불러, 그 힘으로 역신을 물리친 것이다. 즐거워서 노래를 부르고 춤을 춘 것이 아니다. 말하자면 한 마당의 굿판을 벌인 것이다. 이처럼 처용가는 그냥 목적 없이 부른 노래가 아니다. 병마를 물리치기 위해 무당이 부른 주술적인 노래가 처용가다.

신라 향가가 실려 있는 삼국유사는 한 말로 말해서 신이한 것을 기록한 책이다. 향가 역시 그러한 여타의 기록들처럼, 신이한 힘의 기록이라는 범주의 영역 안에 존재한다. 다시 말하면, 향가는 단순한 감흥을 적은 시가가 아니다. 그 시가를 불러서, 원하는 일을 이루어 내고자 하는 신이성(神異性)을 지닌 노래인 것이다.

일연은 이러한 향가의 성격을 가리켜 불교의 주문(呪文)과도 같다고 하고, 왕왕 천지귀신을 감동시키는 노래라고도 하였다. 또 고려시대 향가를 기록한 균여전(均如傳)에도, 균여가 원왕가(願王歌)를 늘 읽어서 삼 년이나 된 나필급간(那必及干)의 고질병을 고쳤다고 하였다. 그만큼 향가는 주술력을 가진 노래다.

향가에는 고도의 서정성을 담은 노래도 있고, 종교적인 노래나 동요, 노동요도 있다. 그러나 그러한 향가의 외현적인 다양성 밑에는, 주술적(呪術的)인 요소가 그 저변에 흐르고 있는 것이다.

　서동이 마를 팔면서 서울의 아이들에게 서동요를 부르게 하여, 마침내 선화공
주와 결혼하게 되는 이야기는 유명하다. 서동요의 신이한 힘으로 서동의 원하는
바가 이루어지게 되었다. 이것은 향가가 가진 주술성에 힘입은 것이다.

　그러면 신라 향가의 기층을 관류하는 그러한 주술성을, 작품을 따라 살펴보기
로 하자. 먼저 우리가 잘 아는 헌화가를 보자.

　　자줏빛 바위 끝에 잡으온 암소 놓게 하시고
　　나를 아니 부끄러워하시면 꽃을 꺾어 받자오리다.

　강릉 태수 순정공(純貞公)이 행차하다가 점심을 먹으면서 보니, 동해변 석벽
위에 철쭉꽃이 만발하였다. 이를 본 그의 부인 수로(水路)가 꽃을 탐내니, 지나가
던 늙은이가 꽃을 꺾어 바치면서 불렀다는 노래다. 이것을 두고 노인이 수로 부
인을 사랑하여 위험을 무릅쓰고 꽃을 꺾어 바쳤을 것이라 생각하기도 한다. 그
러나 이 노래는 그러한 노래가 아니다. 노인과 젊은 유부녀의 사랑 이야기로 치
부하기에는 설정 자체가 너무나 어색하다.

　여기에 등장하는 노인은 큰무당이다. 무당이 되려면 반드시 큰무당에게 내림
굿을 받아야 하는데 <헌화가>는 수로 부인이 무당이 되는 과정을 나타낸 것이
다. 큰무당인 노인이 내림굿에서 수로부인에게 꽃을 주는 의식을 이렇게 표현하
고 있다. 오늘날의 무당과 당시 무당의 지위는 아주 다르다. 제정일치 시대에는
왕이 무당을 겸하고 있었다는 사실을 감안한다면 쉽게 이해가 갈 것이다. 어떻
든 <헌화가>는 수로 부인을 무당이 되게 하는 주술력을 발휘하고 있는 노래다.

월명사가 누이의 죽음을 슬퍼하며 제(祭)를 지내면서 불렀다는 <제망매가>(祭亡妹歌)도 그러한 신이한 영험을 발휘한 노래다.

생사로(生死路)가 여기 있으매 두려워
나는 간다는 말도 못다 하고 가버렸는가
어느 가을 이른바람에 여기 저기 떨어진 나뭇잎처럼
한 가지에 나고서도 가는 곳 모르온저
아, 극락에서 만날 나는 도 닦아 기다리련다.

월명이 이 노래를 부르자 종이돈이 서쪽으로 날아갔다고 한다. 이는 누이가 서방정토로 갔음을 뜻한다. 그러니 제망매가는 누이를 극락왕생케 하는 주술력을 발휘하고 있다.

한편 경덕왕 때 한기리에 사는 희명(希明)이라는 여인의 5세 된 딸이, 어느 날 갑자기 눈이 멀어, 분황사 천수대비(千手大悲)전에 나아가 노래를 불렀더니 마침내 눈이 밝아졌다. 이때 부른 노래가 도천수관음가(禱千手觀音歌) 또는 맹아득안가(盲兒得眼歌)라 불리는 노래다.

무릎을 곧추며 두 손바닥 모아서
천수관음(千手觀音) 전에 빌고 또 비나이다.
천 개의 손에 달린 천 개의 눈 중에 하나를 덜어서
둘 없는 나에게 하나를 내려주소서
아, 내게 끼쳐 주시면 그 자비 얼마나 클꼬

이 노래의 신이한 힘으로 5살 아이는 다시 밝음을 얻게 되었다.

또 신충(信忠)이 지은 원가(怨歌)를 보자. 효성왕이 잠저(潛邸) 시에 어진 선비 신충과 더불어 궁전 뜰의 잣나무 밑에서 바둑을 두면서 일찍이 말하기를, "뒷날 내가 그대를 잊는다면 저 잣나무가 증거가 될 것이다."하니 신충이 일어나 절을 하였다. 그런데 몇 달 뒤에 효성왕이 즉위하여 공신들에게 상을 주면서, 신충을 잊고 서열에 넣지 않았다. 신충이 원망하여 노래를 지어 잣나무에 붙이니 나무가 말라 죽었다.

> 뜰의 잣이 가을에도 시들지 않듯이
> 너를 어찌 잊어 하신, 우러르던 모습이 계시도다
> 달그림자 옛 못에 가는 물결 원망하듯이
> 얼굴은 바라보나 세상만사는 싫은지고.

왕이 이를 이상히 여겨 사람을 보내 살펴보게 했더니 노래를 떼어와 바쳤다. 왕은 크게 놀라면서, "정무가 바빠 그를 잊을 뻔했구나." 하고 신충을 불러 벼슬을 주니 잣나무가 다시 살아났다.

이처럼 향가는 죽은 잣나무를 다시 살리고, 벼슬을 내려주는 영험을 발휘하였다.

나아가 향가는 하늘에 나타난 별과 해의 괴이함도 바로잡았다.

진평왕 때 거열랑, 실처랑, 보동랑 세 화랑이 금강산에 놀러가려고 하는데, 혜성이 심대성(心大星 : 28수 중의 중심 별)을 범하였다. 낭도들은 이를 의아스럽게 생각하고 여행을 중지하려고 했다. 이때 융천사(融天師)가 노래를 지어 부르자 별의 괴변이 사라졌다. 이때 지어 부른 노래가 혜성가(彗星歌)란 향가다.

또 경덕왕 19년 4월 초하룻날 해가 둘이 나란히 나타나 열흘 동안이나 없어지지 않았다. 이에 월명사가 도솔가(兜率歌)를 지어 부르니 해의 변괴가 사라졌다. 그 노래는 이렇다.

> 오늘 여기에 산화가(散花歌)를 불러, 뿌린 꽃아 너는
> 곧은 마음의 명령을 부림이니, 미륵좌주(미륵보살)를 모셔라

이외의 향가들도 다 이러한 주술성을 그 밑바탕에 깔고 있다. 이처럼 향가는 그 노래를 불러 바라는 바의 목적을 달성시키는 힘을 발휘하는 노래들이다. 일연은 이러한 향가의 신이한 힘에 주목하여, 기이(紀異 : 신이한 것을 기록함)를 주로 삼은 향가를 삼국유사에 기록하고 있는 것이다.

허균은 홍길동전을 왜 한글로 썼을까

우리는 학창시절에 우리나라 최초의 소설은 김시습의 금오신화요, 최초의 한글 소설은 허균(許筠)의 홍길동전(洪吉童傳)이라 익히 배워 왔다. 그래서 허균 하면, 한글로만 소설을 쓴 사람으로 자칫 오해하기 쉽다. 그러나 허균은 한문으로 된 남궁선생전, 엄처사전, 손곡산인전, 장산인전, 장생전 등의 작품을 남긴 바, 그 문학성이 매우 뛰어나다.

뿐만 아니라, 한문으로 된 그의 문집인 성소부부고(惺所覆瓿藁)에 실려 전하는 성수시화(惺叟詩話)와 학산초담(鶴山樵談)은 그의 높은 문학적 식견을 보여주는 비평문이다. 그러므로 허균은 한글로만 소설을 쓴 작가는 아니다.

그러면 그는 왜 유독 홍길동전을 한글로 썼을까? 이에는 필연적인 연유가 숨어 있다. 그것은 바로 작품의 바탕에 깔려 있는 허균의 혁명사상이다. 그러면 그의 혁명사상은 어디에서 싹이 터서 어떻게 자랐을까?

허균은 조선 중기를 살다 간 문인으로서, 당시 학자요 문장가로 명망이 높았던 허엽(許曄)의 아들이며, 유명한 여류시인 난설헌의 동생이다. 어려서부터 총명하여 문장과 식견이 뛰어나 뭇사람의 칭찬을 받았다.

유몽인(柳夢寅)은 어우야담(於于野談)에서, "허균은 총명하고 재기가 뛰어났다."면서 어린 시절의 일화를 이렇게 적었다.

"9세에 능히 시를 지었는데, 작품이 아주 좋아서 여러 어른들의 칭찬을 받았으며, 이 아이는 나중에 마땅히 문장에 뛰어난 선비가 될 것이다라는 말을 들었다. 그러나 추연(秋淵)만은 그 시를 보고 후일 그가 비록 문장에 뛰어난 선비가 되더라도, 허씨 문중을 뒤엎을 자도 반드시 이 아이일 것이다라고 말했다."

그러면 그가 쓴 홍길동전의 첫머리를 한번 보자.

"조선국 세종 때에 한 재상이 있었다. 성은 홍이요 이름은 모(某)라. 대대로 명문거족으로 어려서 과거에 급제하여 물망이 조야에 으뜸이고, 충효가 겸비하기로 이름이 일국에 떨쳤다.

일찍이 두 아들을 두었으니 맏아들의 이름은 인형(仁衡)으로 정실부인 유씨의 소생이요, 둘째 아들의 이름은 길동(吉童)으로 시비 춘섬(春纖)의 소생이었다. …… 공(公)이 그 말을 짐작하나, 짐짓 책망한다. '네 무슨 말인고?' 길동이 재배하고, '소인이 평생 설운 바는, 대감 정기로 태어나, 당당하온 남자 되었사오매 부생모육지은(父生母育之恩)이 깊거늘, 그 부친을 부친이라 못 하옵고 그 형을 형이라 못하오니, 어찌 사람이라 하오리까?"

이에서 보듯이, 길동은 계집종 춘섬을 어머니로 하여 태어난 까닭, 그 아버지를 아버지라 부르지 못하고, 정실 태생인 형을 형이라 부르지 못하고 자란다. 또 그는 매우 총명하여 하나를 들으면 백을 통했지만, 서출이라는 신분의 차별 때문에 세상에 제대로 나서지 못하는 불운을 겪어야 했다.

허균은 이러한 차별과 불평등의 사회적 병폐를 반드시 개혁해야 한다고 생각하였다. 허균은 서자가 아니고 명문가의 자제였다. 그의 아버지 허엽은 동인을 대표하는 인물이었고, 그의 형 허성은 예조판서에 이어 이조판서를 거친 인물이었다. 그런 사대부가의 자제인 허균이 왜 첩의 자식인 서자들의 삶에 관심을 갖게 되었을까?

그것은 그의 스승인 손곡(蓀谷) 이달(李達)에게 영향을 받은 바가 컸다. 허균은 이달에게서 시의 묘체를 터득하였고, 나아가 인생관과 문학관에 많은 영향을 받았다. 이달은 허균의 형인 허봉의 친구였으며, 누나인 허난설헌의 스승이기도 한 사람으로, 양반 아버지와 관기 사이에서 태어난 서자였다. 어머니가 관청에 소속되어 있는 기생이니 이달이 출세를 하는 것은 아예 불가능하였다. 그는 당나라 시에 뛰어나 백광훈, 최경창과 삼당시인(三唐詩人)으로 이름을 나란히 할 만큼 뛰어난 재주를 지녔으나, 신분적 제약으로 인하여 세상에 나가 설 수 없는 비분을 삼킬 수밖에 없었다.

허균은 이러한 스승의 삶을 어릴 때부터 늘 안타깝게 생각했다. 저렇게 뛰어난 자질을 갖춘 자신의 스승이 그 능력을 발휘할 수 없다는 것은 너무나 잘못된 세상의 적폐라는 것을 뼈아프게 새겼다. 적서차별은 반드시 깨뜨려야 할 제도적 악습이라는 생각을 키우며 자랐기 때문에 허균은 이달이 죽은 후에 그를 애달피 여겨, 손곡산인전(蓀谷山人傳)이라는 글까지 지었다.

이런 생각을 가진 허균은 평소 서얼들을 가까이 하며 지냈을 뿐만 아니라, 이들을 규합하여 혁명의 뜻을 속으로 다졌다. 당시 서자들의 모임인, 이른바 강변칠우(江邊七友)들과도 어울려 지냈다.

강변칠우란 서자들의 모임으로, 영의정을 지낸 박순의 서자 응서, 심전의 서자 우영, 목사를 지낸 서익의 서자 양갑, 평난공신 박충간의 서자 치의, 북병사를 지낸 이제신의 서자 경준, 박유량의 서자 치인, 서자 허홍인 등인데, 이들은 허균, 이사호 및 김장생의 서제(庶弟) 경손 등과 깊이 사귀었다. 이들은 1608년 연명으로 서얼차별의 폐지 상소를 올렸으나 받아들여지지 않자, 이에 불만을 품고 경기도 여주 강변에 무륜당(無倫堂)이라는 집을 짓고 그곳을 근거지로 삼아 화적질을 하기도 하였다.

허균은 그들과 교류를 하며 친하게 지냈다.

서얼차별이라는 사회적 부조리 척결에 대한, 허균의 간절한 생각은 그의 글 유재론(遺才論)에 잘 나타나 있다. 유재론이란 글자 그대로 '재주 있는 자를 버리는 데 대한 논설'이란 뜻으로, 그의 문집 성소부부고에 실려 전한다. 성소(惺所)는 허균의 호이고, 부부고(覆瓿藁)는 '하찮은 글'이라는 의미로 자신을 낮추어 쓴 말이다. 그럼 그 전문을 보기로 하자.

"나랏일을 맡는 사람은 모두 인재라야만 한다. 하늘이 사람을 낼 때는 귀한 집 자식이라고 하여 그 재주를 더 많이 주고, 천한 집 자식이라 하여 인색하게 덜 주는 것도 아니다. 그래서 옛날의 어진 사람들은 이런 것을 분명히 알고, 인재를 초야(草野)에서 구하기도 하고, 하찮은 군사들 속에서도 구하였다. 또 더러는 항복한 오랑캐 장수 가운데서도 뽑았으며, 심지어 도둑이나 창고지기 중에서 등용하기도 하였다.

그렇게 뽑힌 사람들은 모두 그 일에 알맞았고, 각기 자신의 재주를 제대로 펼 수 있었다. 그러니 나라로서는 복됨이었고 다스림은 날로 새로워졌다. 이 것이 사람을 바로 쓰는 길이었다. …… 우리나라는 땅이 좁고 인재가 적은 것이 옛날부터 걱정하던 일이었다. 우리 조선에 들어와서, 인재를 쓰는 길이 고려 때보다 더욱 좁아졌다. 대대로 벼슬하던 높은 가문이 아니면 높은 벼슬에 오를 수가 없었고, 시골에 숨어 사는 사람은 비록 재주가 있더라도 막혀서 쓰이지 못하였다. …… 옛날부터 오늘날까지는 멀고 오래되었으며 세상은 넓다. 그렇지만 서자라고 해서 현명한데도 버리거나, 어머니가 다시 시집을 갔다고 해서 그 재주를 쓰지 않았다는 말은 듣지 못했다.

그런데 우리나라는, 어머니가 천하거나 다시 시집을 간 자손은 모두 벼슬길에 나아가지 못한다. 우리나라는 작은 나라로 두 오랑캐 사이에 끼어 있는데, 재주 있는 사람들이 나라를 위해 쓰이지 못하여, 나랏일을 그르칠까 더욱 걱정스럽다. 그런데도 스스로 그 길을 막고는 인재가 없다고 말한다. 이것은 남쪽으로 가려고 하면서 북쪽으로 수레를 모는 격이다. 차마 이것을 이웃 나라에서 들을까 부끄럽다. ……평범한 사람들도 원한을 품으면 하늘이 슬퍼한다. 우리나라는 원망을 품은 지아비와 홀어미가 나라의 반이나 된다. 그러니 어찌 나라가 편안하길 바라겠는가?

하늘이 보냈는데도 사람들이 그걸 버렸으니 이는 하늘의 도리를 어기는 것이다. 하늘의 도리를 어기면서 하늘의 뜻을 얻은 사람은 아무도 없었다. 나라를 다스리는 사람들이 하늘의 뜻을 받들어 행한다면 좋은 일을 맞이할 수 있을 것이다."

허균은 이와 같이 신분적 차별 때문에 세상에 쓰이지 못하는 서얼들을 늘 안타깝게 생각하였고, 이는 국가적인 큰 손실이라 생각하였다. 신분에 따라 사람을 차별하는 것은 하늘의 뜻을 어기는 것이라 하였다. 중국은 신분의 귀천을 가리지 않고 인재를 두루 쓰는 데 비해, 조선은 땅덩이도 좁고 인재가 날 가능성이 약한데도 첩이 낳은 자식이라 하여 인재를 쓰지 않으니, 이는 곧 하늘이 준 인재를 스스로 버리는 꼴이라고 비판하고 있다.

소설 속의 홍길동은 허균이 늘 가슴 아파하면서 가슴속에 묻어 놓고 키워 오던 바로 그 전형이다. 홍길동이 서자로 태어나 호부호형을 하지 못하고, 온갖 고난과 역경을 겪는 것은 바로 적서차별 때문에 생긴 폐단이라 비판하고 있는 것이다.

그래서 그는 평등한 세상을 만들기 위하여 혁명이 필요하다고 생각하였다. 그의 혁명사상은 문집에 실려 있는 호민론(豪民論)에 잘 나타나 있다. 그럼 그 요지를 일별해 보기로 하자.

나라를 다스리는 자들이 두려워할 대상은 오직 하나, 백성이다. 그런데도 위에서 다스리는 자들은 백성들을 업신여기고 가혹하게 부려먹는데, 그 연유는 무엇이며 해결책은 어디에 있는 것일까?

백성은 항민(恒民)·원민(怨民)·호민(豪民)으로 나누어 볼 수 있다.

항민은 자기의 권리나 이익을 주장해야 한다는 의식이 없이, 그저 법을 따르면서 윗사람에게 부림을 당하며 얽매여 살아가는 사람들이다. 원민은 수탈당하는 계급이라는 점에서는 항민과 같으나, 그것을 못마땅하게 여겨 윗사람을 탓하고 원망하는 백성들이다. 그리고 호민은 다스리는 자의 지배에 적개심을 갖고 기회를 엿보다가, 적절한 때가 오면 마침내 들고일어나는 사람들이다.

그러므로 항민과 원민은 속으로 원망만 품고 있을 뿐이므로 세상에 두려운 존재가 못 된다. 참으로 두려운 것은 호민이다. 호민은 자기가 받는 부당한 대우와 사회의 부조리에 도전하는 무리들이다. 호민이 반기를 들고 일어나면, 원민들이 소리만 듣고도 저절로 모여들고, 항민들도 또한 살기 위해서 호미나 고무레, 창 등을 들고, 무도한 위정자를 타도하기 위해 따라 일어서게 된다.

진(秦)나라가 망한 것은 진승(陳勝)·오광(吳廣)이 학정을 몰아내기 위해 일어섰기 때문이고, 한(漢)나라가 어지러워진 것은 황건적(黃巾賊)의 봉기가 그 원인이었다. 당(唐)나라의 멸망도 왕선지(王仙芝)와 황소(黃巢)가 틈을 타서 난을 일으켰기 때문이다. 그들 때문에 이들의 나라는 각각 망하고 말았다. 그들은 모두 호민들로서 학정의 틈을 노린 것이다.

우리 조선의 경우를 보면, 백성이 내는 세금의 대부분이 간사한 자에게 들어가기 때문에 일이 생기면 한 해에 두 번도 거둔다. 그래서 백성들의 원망은 고려 때보다 더 심하다.

그런데도 위에 있는 사람들은 그것을 두려워하지 않고, 이 나라에는 호민이 없다고 하면서 안도한다. 만약 지금 견훤(甄萱)·궁예(弓裔) 같은 호민이 나타나서 난을 일으킨다면, 백성들이 이에 동조하지 않는다고 어찌 장담할 수 있겠는가? 그렇게 된다면 위에 있는 사람들은 반드시 그 형세를 두렵게 여겨, 정치를 바로 하지 않을 수 없을 것이다."

이에서 보는 바와 같이, 허균은 기존의 잘못된 질서를 혁파하기 위해 호민을 따라 원민, 항민들이 모두 들고일어나야 한다는 개혁론을 내세우고 있다. 곧 혁명을 천명하고 있는 것이다. 홍길동이 도둑들을 규합하여 활빈당을 조직하고, 조선 팔도를 돌아다니면서 탐관오리들이 불의로 착취한 재물을 빼앗아, 가난한 양민들을 구제하는 의적이 된다는 내용은, 바로 호민론의 주장을 반영한 것이다.

홍길동전은 한글로 쓴 최초의 소설이다. 허균이 한글로 소설을 쓴 까닭은 바로 유재론과 호민론에 나타낸 그의 사상이, 한문을 모르는 일반 백성들 즉 원민, 항민들에게까지 널리 읽히길 바라는 마음이 있었기 때문이다. 한문을 모르는 서얼을 비롯한 하층민들에게까지, 부조리한 세상을 개혁하여 만민이 평등한 사회를 만들기 위한 혁명의 길로 나서게 하기 위해, 쉬운 한글로 쓴 소설이 바로 홍길동전이다.

작품 속에서 홍길동이 도둑들을 이끌고 경치가 수려하고 땅이 기름진 율도국에 이르러, 마침내 왕위에 올라 백성들을 잘 다스리는 것으로 소설의 대미를 장식한 것도, 바로 교산(蛟山) 허균이 꿈꾸던 이상향 곧 차별 없는 세상을 이룩하고자 하는 혁명사상을 총체적으로 담아 표현한 것이다. 당시의 소설들이 대개 중국을 무대로 하고 있는데 반하여, 홍길동전이 우리나라를 배경으로 창작되었다는 점도 바로 그러한 사상과 일맥상통하고 있는 것이다.

그러나 허균의 이러한 혁명사상은 당시 사회나 사대부들에게는 용납될 수 없는 이단적인 것이었다. 그래서 허균은 결국 그를 견제하던 이들에 의해 역모죄로 잡혀, 동료들과 함께 능지처참을 당하고 시신도 거두어지지 못하였으며, 조선이 멸망할 때까지 끝내 복권되지 못한 채 그가 꿈꾸던 혁명사상과 함께 잠들고 말았다. 그러나 소외되고 핍박받는 사람들에게 읽혀서, 부조리한 사회를 개혁하는 혁명에 그들을 참여시키기 위해 한글로 썼던 홍길동전만은 우리 문학사의 찬연한 빛으로 남아 있다.

모르고 쓰는 일본말

일제 강점기에서 벗어난 이후, 우리는 국어순화운동을 벌여 우리말에 스며든 일본말 찌꺼기를 걸러내는 데 많은 노력을 기울여 왔다. 꾸준히 기울여 온 그 노력에 힘입어 우리말은 많이 정화되었으나, 워낙 오랜 기간에 걸쳐 입은 상처 때문에 아직도 그 흉터가 완전히 지워지지 않고 있다.

단도리란 말을 우리말이나 사투리쯤으로 알고 쓰는 이가 더러 있다. 그러나 이 말은 일본말이다. 절차나 방도, 준비를 뜻하는 일본어 단도리(段取り, だんどり)를 그대로 옮긴 것이니 쓰지 않은 것이 좋다. 단도리는 채비란 말로 순화해서 써야 한다.

드라마에서 삐까번쩍이라는 말이 더러 나온다. 그러나 이 말 또한 순수한 우리말이 아니다. 일본말 삐까삐까(ぴかぴか)와 우리말 번쩍번쩍이 결합하여 만들어진 말이다. 마땅히 번쩍번쩍이라 해야 한다.

그런데 삐까번쩍이란 말을 쓰는 예를 보면, 주로 겉을 번지르르하게 꾸미고 자기를 과시하는 모양을 나타내는 데 쓰고 있음을 본다. 말을 보면 세태의 변화를 알 수가 있다. 세상이 물신주의로 변하고 있음을 삐까번쩍이란 말에서 읽을 수 있다.

춘희(椿姬)는 뒤마 피스가 쓴 명작의 이름이다. 그 한 구절을 인용해 본다.

"여주인공 마르그리트는 새로운 프로그램이 바뀔 때마다 극장에 나타난다. 그 자리 옆에는 언제나 동백꽃이 놓여 있었다. 그래서 그녀를 가리켜 춘희라는 이름으로 불렀다."

춘희는 원제인 동백부인(La Dame Aux Camelias)을 일본 사람이 번역한 것으로 우리가 그대로 사용하고 있는 작품의 이름이다. 그런데 이 이름은 다시 한 번 생각해야 할 점이 있다. 왜냐하면, 일본에서는 춘(椿) 자가 동백나무의 뜻으로 쓰이지만, 우리나라에서는 그러한 뜻은 전혀 없기 때문이다.

우리나라에서는 이 춘(椿) 자를 통상 '참죽나무 춘'으로 읽는다. 그러므로 춘희라 하면, 참죽나무 꽃을 꽂고 다니는 아가씨란 뜻이 되어, 동백꽃을 달고 다니는 작품 속의 주인공과는 동떨어지고 만다.

지난날에는 일본을 통하여 서양문물을 받아들이느라 어쩔 수 없이 그렇게 되었다손 치더라도, 이제는 일본 사람들이 번역한 것을 무조건 따라갈 것이 아니라, 우리 문화와 정서에 걸맞게 번역하고 또 지어 나가야 할 것이다. 만약에 춘희를 우리 이름으로 다시 짓는다면, '동백 아가씨'나 '동백꽃을 든 여인' 등이 될 것이다.

보조개는 볼과 조개가 합해져 생긴 말이다. 문세영의 조선어사전에도 볼조개가 실려 있다. 볼조개의 ㄹ이 탈락하여 보조개가 된 것이다. ㄷ, ㅈ 앞에서 ㄹ이 탈락하는 일반적인 현상이 적용된 것이다. 훈몽자회에도 頰(협) 자를 풀이하여 '보조개 협'이라 적고 있다.

그런데 언제부터인가 볼우물이란 말이 보조개보다 더 널리 쓰이고 있다. 볼우

물이 순수한 고유어로 되어 있고, 또 언어란 게 원래 세력을 얻으면 자리를 굳히기 마련이니, 쓰는 것을 굳이 나무랄 일은 아니지만, 이 볼우물이란 말은 일본어 에쿠보(えくぼ, 笑窪)의 직역으로, 근자에 생겨난 말임을 알고나 써야겠다. 에쿠보(笑窪)는 글자 그대로, 웃을 때 생기는 움푹 파인 곳이란 뜻이다. 이로 보면 보조개가 볼우물보다 더 참한 말이라 하겠다.

이와 같이 일본말을 우리말로 껍데기만 바꾼 말은 의외로 많다. '도토리 키재기'나 '원숭이도 나무에서 떨어질 때가 있다'는 속담도 그러한 예이다. 주식투자를 크게 하는 사람을 가리켜 '큰손'이라 하는 것이나, 젖을 가리키는 아이 말인 '찌찌'도 다 일본말을 가져와 형식만 바꾸어 쓰고 있는 것이다.

메아리는 '뫼사리 > 뫼ᅀᅳ리 > 뫼아리 > 메아리'로 변한 말이다. 국어 음운 변화 법칙인 ㅅ > ㅿ > ㅇ의 변화 과정을 적용하면, 뫼ᅀᅳ리의 이전 형태는 뫼사리로 재구할 수 있겠다. 뫼는 산의 고유어요, 사리는 사뢰다와 관련지을 수 있다.

옛 편지글에서 윗사람에게 사뢴다는 뜻으로 쓰인 상사리[上白是]란 말이 이를 뒷받침해 준다. 그러므로 메아리는 산이 사뢰는 소리라는 뜻을 머금고 있는 예쁜 우리말이다.

그런데 근자에는 메아리보다 산울림이라는 말이 더 널리 쓰이는 듯하다. '산울림'이라는 동아리나 상호를 주위에서 더 많이 볼 수 있기 때문이다. 산울림도 예쁜 말이기는 하지만, 이 말은 일본어를 직역한 말이라는 것쯤은 알고 써야겠다. 일본어의 야마나리(やまなり, 山鳴リ)를 글자 그대로 번역한 것이다. 이 말은 글자 그대로 산이 운다는 뜻인데 화산의 분화 따위로 인한 산울림을 말한다. 일본은 화산, 지진이 많아서 산이 울리는 소리가 잦아, 이를 산울림이라 하는 것이다.

여기에서 보듯, 우리말의 메아리와 일본어의 산울림은 전혀 다른 것이다. 종전에는 쓰이지 않던 이 말이, 일제침략기 때 나온 조선어사전에 실려 있음을 보아도 잘 알 수 있다. 그러니 메아리가 산울림보다는 더 결이 고운 말임을 알고 쓰는 것이 좋겠다.

능선(稜線)은 산등성이를 따라 죽 이어진 선을 말한다. 표준국어대사전에서는 이 말을 산등성, 산등성이로 순화하도록 권하고 있다. 그런데 이 능선의 지점을 가리키킬 때 칠부 능선, 팔부 능선, 구부 능선이란 말을 자주 쓰는 것을 본다. 이때의 '부'는 '분(分)'의 일본음이다. 하도 오래 입에 익어 무심코 쓰고 있으나, 이는 반드시 고쳐 써야 할 말이다.

분은 시간, 각도, 경위도 등의 단위로 1/60을 나타내거나, 1할의 1/10을 가리키는 수를 나타내는 말이다. 순 고유어로는 푼이다. 시간, 각도, 경위도 등의 단위로 쓸 때는 분으로 굳어져 쓰이며, 그 밖에는 분과 푼을 함께 쓸 수 있다.

그러므로 팔부 능선은 일본식 말이기에, 팔분 능선 혹은 팔 푼 능선으로 바꾸어 써야 한다. 칠부 바지, 3부 이자, 5부짜리 다이아몬드 등도 전부 일본식 말이므로 위와 같이 바꾸어 쓰는 것이 옳다.

땅을 파는데 쓰는 기계를 굴착기(掘鑿機)라 하는데, 언제부터인가 굴삭기(掘削機)란 말을 더 많이 사용하고 있는 것 같다. 굴삭기는 일본 사람들이 만들어 낸 말이다. 일본에서는 한자 '鑿(착)'과 '削(삭)'의 음이 사쿠サ丆로 같다. 그래서 굴삭기라 해도 되지만, 우리나라는 음이 엄연히 다르므로 일본을 본 따서 굴삭기라 하는 것은 이치에 맞지 않다. 굴삭기가 아니라 굴착기라 해야 한다.

일본식 한자어가 우리말에 끼어들어 널리 쓰이는 것은 무수히 많다. 일제 강점기를 거치고, 게다가 일본을 통하여 신문물을 받아들일 수밖에 없었던 당시의 사정을 고려하면 당연한 일이라고 볼 수 있다. 다만 우리가 그 후에 꾸준히 그 찌꺼기를 걷어내는 데 노력하여 그런 말들이 많이 순화된 것은 매우 다행스럽다.

일본식 한자어로 된 많은 말들은 이미 토착화되어 되돌릴 수 없는 처지에 놓여 있다. 그런 말들도 순화하면 좋겠지만, 굳이 애쓸 필요가 없을 성싶은 말도 더러 있다.

사정이 이렇더라도, 아무래도 고쳐야겠다는 생각이 드는 몇 개의 말을 들라면, 견적서(見積書), 할증료(割增料) 같은 말을 지적할 수 있다. 이미 굳어진 다른 말들을 보면 그래도 한자의 뜻이 우리가 지닌 의미와 엇비슷하여, 그런대로 그 맥락이 통한다. 그러나 이 두 말은 우리가 가진 한자의 의미로 갖다 대면, 아무리 맞추어 봐도 어색함을 면치 못한다. 견적서는 뜻을 풀어 보면 실적을 보는 문서가 되고, 할증료는 베어서 더한 요금이 된다. 무슨 뜻인지 전혀 이해가 되지 않는다. 견적서는 추산서, 할증료는 웃돈으로 바꾸는 것이 마땅하다.

한편 견학, 수당 같은 말도 일본식 한자어라 하여 다른 말로 다시 바꾸는 것은 다소 무리라는 생각이 든다. 그러나 그 의미가 우리가 생각하는 바와 동떨어진 일본식 한자어는 지금 널리 쓰인다 하더라도 반드시 바꾸어야 하겠다.

시가지의 인도를 걷다 보면 '제수변'이나 '이토변', '배수변'이라는 맨홀 뚜껑이 많이 있다. 제수변(制水弁)은 지수전(止水栓)이라고도 하는데 상수도 등의 물을 통제할 수 있는 기계장치를 설치한 곳이다. 각 가정에 수돗물을 내보내는 작은 관이 연결되어 있는 큰 관을 잠그거나 풀 수 있는 밸브가 설치되어 있다.

즉, 제수변은 가정으로 가는 작은 관이 중간에서 터지거나 관을 보수해야 하는 등의 문제가 있을 경우에, 그곳으로 물이 흐르지 못하도록 큰 관을 잠가야 할 필요가 있기 때문에 설치된 장치로서, 큰 수도꼭지 밸브라고 생각하면 되겠다. '이토변'은 수도관을 수리할 때 그 속에 들어간 흙 등의 이물질을 제거하기 위한 밸브가 설치되어 있는 곳이다. 그리고 배기변은 수도관을 수리하면서 들어간 공기를 빼내기 위한 밸브와 장치들이 들어 있는 곳이다.

그런데 이 말은 일본말을 그대로 가져와서 쓰고 있으므로 언뜻 들어서는 뜻이 잡히지 않는다. 이 말의 '변(弁)' 자는 '판(瓣)' 자를 써야 맞는 말이다. '판(瓣)'은 본래 '꽃잎'을 가리키는 글자인데, 판막(瓣膜) 즉 날름막을 뜻한다. 우리 몸의 심장이나 혈관에서 피 흐름을 제어하는 기관이 날름막이다. 일본 사람들이 이 '판(瓣)'자를 '변(弁)'자로 쓰는 것은 두 글자의 음이 벤(べん)으로 같기 때문이다. 그래서 그들은 획수가 복잡한 '판(瓣)'자 대신, 쓰기 편한 '변(弁)'자를 쓰는 것이다.

그러나 우리는 '판(瓣)/변(弁)'으로 두 글자의 음이 다를 뿐만 아니라 '판(瓣)'은 날름막을, '변(弁)'은 고깔을 뜻하기 때문에 두 글자의 뜻이 판연히 다르다. 그래서 이 두 글자를 바꾸어 쓸 수가 없다. 제수변이라 하면 우리말로는 '물을 제어하는 고깔'이 되므로 전혀 말이 안 된다. 이토변이나 배기변도 마찬가지다. 그러므로 제수변은 제수판이라 해야 한다. 이토변, 배기변도 이토판, 배기판으로 고쳐 불러야 한다. 일본 사람들이 쓴다고 해서 무조건 따라서 쓸 수 없는 까닭이 여기에 있다.

제 2 부

역사 · 유적

일연은 삼국유사를 왜 지었나

유사(遺事)라는 용어는 '빠진 일'이란 뜻으로, 기존의 역사서에 누락된 일을 적는다는 의미다. 그렇기에 삼국유사는 정사인 삼국사기가 빠뜨린 일을 적어 놓은 책이다. 그러면 삼국유사는 삼국사기의 어떤 유사(遺事)를 보충한 것일까?

삼국사기는 김부식이 유교적 합리주의와 교훈주의 사관에 의거하여 지은 책이다. 그가 지은 삼국사기를 임금에게 바치면서 쓴, 진삼국사표(進三國史表)에 그러한 생각이 잘 드러나 있다.

> "엎드려 생각하옵건대, 성상 폐하께서는 요(堯) 임금의 문사(文思 : 천지를 두루 살펴봄을 文, 도덕을 완비함을 思라 함)함을 본받으시고, 우(禹) 임금의 부지런함을 체득하사 정치하는 여가에 과거의 서적과 역사책을 널리 보시고……고기(古記)는 문장이 엉성하고 사적이 누락되어 임금의 선악과 신하의 충성과 간사함, 나라의 안위와 인민의 다스림과 어지러움 등이 모두 드러나 있지 못하여 교훈으로 남길 수 없다."

무릇 역사서는 올바른 정치와 교훈을 담아야 한다는 주장이다. 그러므로 삼국사기에서 유교적 교훈을 줄 수 없거나 합리적으로 이해할 수 없는 것은 서술 대상에서 제외되었다. 그래서 신화와 전설, 민담 등의 설화는 버리거나 축소했다. 그는 또 세계의 중심인 중국의 선진문화를 도입하여 우리나라를 중국과 같은 문화국으로 변화시켜야 한다고 생각했다. 그래서 삼국시대의 역사 가운데 우리 고유의 문화적 전통을 보여 주는 것들은 그리 중요하게 생각하지 않았다. 그의 사대주의 사관은 어쩌면 당연한 것이었다.

이와 관련하여 이규보의 서사시 동명왕편(東明王篇)의 서문을 읽어 보자.

"세상 사람들은 동명왕의 신기하고 기이한 일들에 대해서 많이들 말하기 때문에, 비록 어리석은 남녀들까지도 그 일에 대해서 말한다. 내가 일찍이 그 이야기를 듣고 웃으면서 말하기를, 선사(先師) 중니(仲尼 : 공자)께서는 괴이한 힘을 쓰거나 어지러운 신의 이야기는 말하지 않으셨다. 동명왕의 일 또한 실로 황당하고 기괴하므로, 우리 같은 선비가 얘기할 거리가 못 된다 하였다.

그 뒤에 위서(魏書)와 통전(通典 : 당나라 두우가 쓴 역사서)을 읽어 보니, 역시 동명왕의 일을 실었으나 간략하여 자세하지 못했으니, 이는 자기 나라 일은 자세히 기록하고 외국의 일은 소략하게 기록하려는 의도 때문이 아닌가 싶다. …… (동명왕의 일은) 처음에는 역시 믿지 못하고 귀(鬼)나 환(幻)이라고 생각하였는데, 세 번 반복하여 읽으면서 점점 그 근원을 따져보니, 그것은 환(幻)이 아니고 성(聖)이며, 귀(鬼)가 아니고 신(神)이었다.

국사는 사실을 사실대로 쓴 글이니 어찌 허황한 것을 전하겠는가. 김부식이 삼국사기를 다시 편찬할 때에 그 일을 크게 생략해 버렸는데, 아마도 그가 국사는 세상을 바로 잡는 책이므로 크게 괴이한 일을 후세에 보일 수는 없다고 생각하여 생략했을 것이다."

이규보는 대 서사시 동명왕편을 쓰면서, 주몽이 강가에 이르렀을 때 물고기와 자라 떼들이 나와 다리를 놓아 주어 물을 건넜다는 등의 괴이한 일들이 처음에는 도깨비 같은 허황된 일로 보였으나, 다시 보니 그것은 환상이 아니라 성스러운 것이었다고 이야기한다. 그런데 삼국사기는 세상을 바로 잡는 책이므로 이런 괴이한 일들을 생략했을 것이라 평하고 있다.

그러면 이에 대한 일연의 생각을 더듬어 보자. 일연은 삼국유사의 서문이라 할 수 있는 기이편(紀異篇)의 첫머리에서 다음과 같이 적고 있다.

"무릇 옛날 성인들은 바야흐로 예악(禮樂)으로 나라를 일으키고, 인(仁)과 의(義)로 교화했으니, 괴력난신(怪力亂神)에 대해서는 말하지 않았다.

그러나 제왕이 장차 일어날 때는 하늘의 명령과 예언서를 받게 된다는 점에서, 반드시 보통 사람과는 다른 일이 일어났고 그런 일이 있은 후에야 큰 변화를 타고 제왕의 자리에 올라 큰일을 이룰 수가 있었다. 그러므로 황하에서는 그림이 나오고, 낙수(洛水)에서는 글이 나오면서 성인들이 일어났다. 무지개가 신모(神母)를 둘러싸서 복희씨(伏羲氏)를 낳았고, 용이 여등(女登)이란 여인과 관계를 맺고 신농씨(神農氏)를 낳았다. 황아(皇娥)가 궁상(窮桑)의 들판에서 노닐 때, 자칭 백제(白帝)의 아들이라는 신동과 관계를 맺고서 소호씨(小昊氏)를 낳았고, 간적(簡狄)이 알을 삼키고 설(契)을 낳았다. 강원(姜嫄)은 거인의 발자국을 밟고 기(棄)를 낳았고, 요(堯)의 어머니는 임신한 지 14달 만에 요를 낳았으며, 큰 연못에서 용과 교합하여 패공(沛公)을 낳았다. 누대의 역사에서 이와 같은 일들을 어찌 다 기록할 수 있겠는가?

그러한즉 삼국의 시조가 모두 다 신비스럽고 기이한 데서 났다고 하여 어찌 괴이하다 하겠는가? 이것이 기이편을 모든 편의 첫머리로 삼는 까닭이요 주된 의도다."

일연 역시 괴력난신(怪力亂神)을 말하지 않는다는 공자의 이야기를 인용하고 있다. 그렇지만 보통 사람이 아닌 신이한 인물이 탄생할 때는 언제나 기이한 일이 반드시 먼저 일어났다는 이야기를 중국의 예를 들어 설명하고, 이어서 우리나라도 중국과 같이 신이한 일들이 일어났다는 이야기를 강조하고 있다.

이와 같이 일연은 합리적으로 이해할 수 없는 신이한 일이 얼마든지 일어날 수 있다고 언급하고, 또 이러한 일은 중국의 제왕뿐 아니라 우리나라 제왕도 마찬가지라고 말함으로써, 중국과 우리나라가 대등하다는 주체의식 즉 주체적 사관을 나타내고 있다.

이에서 보듯 삼국유사는 한말로 삼국사기가 빠뜨린 괴이한 일을 기록함으로써, 유교적 합리주의에 어긋난 괴이한 사실을 배척하고자 한 삼국사기의 유사(遺事)를 보충하는 데 그 목적이 있다.

그러면 일연은 왜 이러한 유사들을 기록하려 했을까?

일연이 삼국유사를 쓰던 시대는 몽고의 침입으로 우리의 온 국토가 폐허화되었을 때다. 그는 임금을 모시고 피란하면서 나라의 피폐함을 두루 살폈던 사람이다. 황룡사와 대장경의 소실을 직접 보면서 불자로서의 엄청난 아픔도 맛보았다. 힘없는 백성의 고달픔을 가슴으로 품으면서, 꺼져가는 이 민족의 수난을 아파했던 사람이다. 그래서 그는 민족의 정체성을 확인하고, 우리 민족은 신이한 힘을 지닌 위대한 민족임을 다시 한 번 불어 넣고 싶었다. 풍전등화 같은 나라의 위난 앞에서 민족혼을 고취하고 싶었다. 이것이 바로 그가 신이한 이야기를 유사의 첫머리부터 담고자 했던 가장 큰 이유다.

그 신이와 주체적 사관의 단적인 예가 바로 단군신화와 향가의 기록이다.

단군신화는 따지고 보면 괴이하기 짝이 없는 이야기다. 환인의 아들 환웅이 이 땅에 내려오는 것도, 곰이 삼칠일 만에 사람이 되는 것도 다 기이하다. 그러나 우리는 이 이야기를 통하여, 우리 민족이 중국과 대등한 하늘의 자손이며 홍익인간의 위대한 이념을 가진 뿌리 깊은 민족이라는 자부심을 갖게 되었다. 기이하고 허탄하다 하여 이것을 버렸다면, 우리는 민족의 뿌리와 정신적 고향을 어디서 찾을 수 있겠는가?

향가 역시 마찬가지다. 우리가 잘 아는 처용가는 황탄하기 그지없는 이야기를 배경설화로 하는 향가다. 헌강왕이 개운포를 순행하다가 얻은 용왕의 아들이 처용인데, 왕은 그를 서울로 데려와 급간(級干)이란 벼슬을 주어 정사를 돕게 하였다. 그러던 어느 날 역신(疫神)이 사람으로 화하여 처용의 아내를 범하므로 처용이 노래를 불러 역신을 물리쳤는데, 이 때 부른 노래가 바로 처용가다. 이 또한 허탄하고 기이한 이야기지만 그 속에 역신을 물리치는 신이한 힘이 있다.

유사가 없었다면 우리는 우리 시가의 모태가 되었던 향가라는 문화유산을 가지지 못했을 것이다. 중국은 아득한 옛날의 노래 300여 수를 시경에 담아 가지고 있고, 일본은 고사기, 일본서기, 만엽집 등에서 4,530수의 노래를 갖고 있다. 우리는 일연이 쓴 삼국유사 덕분에 14수나마 아쉬운 대로 고귀한 시가(詩歌)를 갖게 되었다. 삼국유사가 없었다면 어쩔 뻔했을까, 생각만 해도 아찔하다.

일연의 이와 같은 주체적 사관은 왕의 죽음을 기록한 사실에서도 확연히 드러난다. 통상 천자의 죽음을 붕(崩)이라 하고, 제후의 죽음을 훙(薨)이라 한다. 그래서 중국의 왕이 죽은 사실은 붕으로 기록하고, 우리나라의 임금이 죽은 사실은 훙으로 적었다. 그러나 일연은 이러한 틀을 과감히 내던지고, 유사에서 우리나라 왕들의 죽음을 붕으로 적었다. 중국과 우리나라가 대등하다는 생각이다.

일연은 또 유교적 사관을 지닌 김부식이 소홀히 다루었던 불교 관계 기록도 보충하여, 당시 고승들의 수행과 불경의 전래 및 포교, 그리고 사찰의 모습 등을 실증을 통해 소상히 기록하고 있다. 유사가 없었다면 우리는 당시의 찬란했던 불교 문화를 어디서 찾을 수 있겠는가?

유사는 일연이 발로 뛰면서 자료를 찾고 직접 고증하여 지은 책이다. 그러기에 그는 일반 서민들에 대한 기록이 엉성한 삼국사기의 단점을 기워 보탰다. 유사가 없었다면, 홀로 된 어머니를 봉양하는 데 방해가 된다 하여 자기의 아이를 묻으려 한 효자 손순(孫順)의 이야기나, 남의집살이를 하면서도 눈이 먼 어머니를 지극정성으로 봉양하는 효녀 빈녀(貧女) 이야기를 우리는 어디서 들을 수 있겠는가?

또 삼국유사에는 삼국 외에 우리나라 고대 국가에 대한 여러 가지 사실(史實)들을 싣고 있다. 즉 삼국사기에는 없는 고조선, 위만조선, 마한, 변한, 진한, 낙랑, 북대방, 남대방, 말갈, 발해, 이서국, 오가야, 북부여, 동부여, 가락국 등이 그것이다. 특히 왕력(王歷)편에는 신라, 고구려, 백제와 함께 가락국의 연표까지 나란히 싣고 있다.

이상에서, 일연이 삼국사기가 빠뜨린 사실을 어떻게 인지했으며, 이를 삼국유사에서 어떻게 보충하려 했는지를 단편적이나마 살펴보았다.

삼국유사는 역사서요 문화사다. 사관이 기록한 삼국사기에 비해 체재가 다소 허술하지만, 이는 승려 한 사람의 힘으로 저술한 책이기에 오히려 애정으로 덮어야 할 사항이다. 그렇기에 삼국유사는 우리 모두가 애정을 가지고 읽어야 할 필독서다.

김부식은 삼국사기를 지어 올리면서 아뢰기를, "오늘날의 학사(學士) 대부들은 오경(五經)이나 제자백가(諸子百家)의 책들과 진한(秦漢) 역대의 역사에 대해서는 널리 통달하여 상세히 알고 있다. 그러나 정작 자기 나라의 역사에 대해서는 도리어 그 시말(始末)을 알지 못하니 심히 탄식할 일이다."라고 하였다. 이 말은 삼국유사를 대하는 오늘의 우리에게 진실로 유효한 말이라 생각된다.

서동과 선화공주의 결혼은 사실일까

우리나라 역사에서 가장 극적인 국제결혼은 아마도 백제의 서동과 신라 선화 공주와의 결혼이 아닐까 싶다. 이 두 사람의 이야기는 삼국유사 기이편의 무왕 (武王)조에 다음과 같이 실려 전한다.

"무왕의 어릴 적 이름은 장(璋)인데, 과부인 그의 어머니가 못 속의 용과 관 계하여 그를 낳았다. 집이 가난하여 마를 캐어 팔아 생업을 이었으므로, 사람 들이 서동(薯童)이라 불렀다. 신라 진평왕의 셋째 공주 선화(善花)가 아름답다 는 말을 듣고, 서울로 가서 아이들에게 마를 나누어 주면서 친해진 후, 동요 를 지어 아이들에게 부르게 했다.

선화 공주님은
남 몰래 정 통해 놓고
밤마다 서동을 안고
사랑을 나눈다네

노래가 장안에 가득 퍼져, 마침내 임금의 귀에까지 들어가게 되어 공주를 멀리 내쫓았다. 도중에 서동이 나와 공주를 모시고 가다가, 정을 통하고 백제로 와서 살았다. 서동이 마를 캐다가 발견한 금이 많아서 신라의 부왕에게도 보냈다. 서동은 그 후 민심을 얻어 왕이 되었다.

어느 날 무왕이 부인과 함께 사자사(師子寺)에 가려고 용화산 밑 큰 못가에 이르니, 미륵삼존(彌勒三尊)이 나타나므로 경배하였다. 부인이 말하기를, 여기에 절을 지어 달라 하니 왕은 이에 응하여 지명법사(知明法師)에게 청하여, 법력으로 그 못을 메우고 미륵사를 지었다."

한 편의 드라마틱한 설화다. 서동이 용의 아들이란 것도 이상하고, 게다가 마를 캐다 팔며 근근이 살아가던 미천한 신분의 서동이 고귀한 공주와 결혼하는 과정이나 훗날 왕이 되었다는 것도 기이하며, 또 마를 판 구덩이에서 금을 파내어 흙더미같이 쌓아두었다는 것도 일상을 뛰어넘는 이상한 이야기다.

그러면 이 같은 이야깃거리들은 단순히 지어낸 이야기일까, 아니면 어떠한 역사적 사실을 머금고 있는 이야기일까? 서동이 지룡(地龍)의 아들이란 것은 무엇을 말함일까?

이것은 당시 백제의 정치적 상황과 관련되어 있다. 관산성 전투가 참패로 끝난 창왕 이후, 왕권은 날로 약화되고 조정의 실권은 귀족들의 손에 넘어갔다. 재위 내내 귀족 세력에 눌려 지냈던 창왕이 죽은 후, 새로 즉위한 혜왕과 그 다음의 법왕 즉 서동의 아버지도 모두 재위 1년 만에 죽었다. 2년 사이에 세 사람의 왕이 잇달아 죽은 것이다. 이는 귀족 세력의 정변에 의한 암살임을 암시하고 있다. 그만큼 왕권은 귀족들의 손에 의하여 좌지우지되었다.

그 뒤를 이어 등극한 왕이 서동 곧 무왕이다. 서동은 과부와 못의 용이 관계하여 태어나, 마를 캐며 살아가는 한미한 집의 출신이다. 그런 그가 어느 날 갑자기 왕이 된 것이다. 어찌된 일인가.

용의 아들이란 왕족임을 뜻한다. 그러나 그는 마를 캐며 살아가는 가난한 왕족이었다. 궁에서 호화로운 대우를 받으며 자라난 왕자가 아니라, 산야에 내팽개쳐진 왕족의 후예다. 말하자면 그는 몰락한 왕족으로, 백제의 강화도령이었던 셈이다.

권력을 독점하고 있던 귀족들은 이처럼 아무런 힘이나 배경 세력이 없는 서동을 가려 왕으로 옹립하였다. 귀족들이 조정을 전횡하기 위해서는 날개가 꺾인 허수아비 왕이 필요했기 때문이다. 익산에서 홀어머니와 함께 마를 캐며 살아가는 서동이야말로, 자기들의 구미에 맞는 안성맞춤의 인물이었던 셈이다.

그러나 왕위에 오른 무왕은 만만치 않았다. 귀족들의 끊임없는 견제를 받았지만, 그는 자기가 자란 익산 지방을 경영함으로써 왕권 강화를 줄기차게 시도하였다. 신라 정벌의 실패에 따른 책임문제를 기화로 일어난, 강한 귀족들의 세력을 무력화하기 위하여 그는 먼저 익산으로 천도하는 계획을 세웠다. 이 일환으로 나타난 것이 미륵사 창건이다. 천도에 대한 귀족들의 반발을 누르기 위한 수단으로 그는 미륵신앙을 이용했다.

미륵사는 말 그대로 미륵불을 모시는 절이다. 미륵불은 미래불이다. 석가모니 부처의 시대가 가면, 미륵불이 도솔천으로부터 인간 세상에 내려와 용화수(龍華樹) 밑에서 성불하고, 삼회의 설법[三回說法]을 통하여 석가불이 구제하지 못한 중생을 구제한다는 부처다. 미륵이 하생(下生)하는 세계는 투쟁이나 재난이 없으며, 기후가 순조로워 풍년이 들고, 집집이 문을 닫지 않고 산다는 낙원의 정토다. 무왕은 익산으로의 천도가, 그러한 지상의 미륵정토를 구현시키기 위한 것이라는 명분을 앞세워, 용화삼회를 상징하는 삼탑(三塔) 삼금당(三金堂)의 거대한 미륵사를 창건하였다.

미륵불이 하생하는 세계는 위대한 전륜성왕(轉輪聖王)이 세상을 다스린다고 한다. 무왕은 미륵신앙에 바탕하여 태평성대를 가져오기 위한다는 명분을 앞세워 익산 경영을 꾀하였다. 그리하여 그는 안으로는 귀족들을 억누르고, 밖으로는 강력한 왕권을 되찾은 전륜성왕이 되고자 하였다. 이에 선화공주는 새로운 통치 질서를 세우려는 왕을 도와 미륵사 창건을 주도하였다.

그리고 설화에서는 마를 파는 서동이 선화공주를 꾀어내 결혼한 것으로 되어 있으나, 실제 둘의 결혼은 왕이 된 후에 이루어진 것으로 보인다. 왜냐하면, 이 국제결혼은 이 시기의 무왕과 진평왕의 정치적 판단에 따른 정략결혼이기 때문이다.

무왕은 왕권을 강화하기 위하여 귀족이나 외척 세력을 배제할 필요성이 있었을 뿐만 아니라, 몰락왕족이 지니는 콤플렉스에서 벗어나 자신의 권위를 상승시킬 필요에서 외국 공주와의 결혼은 더없는 호재였다.

한편, 이때의 진평왕은 고구려의 침입으로 매우 어려운 상황에 처해 있었고, 백제의 압박도 물리쳐야 하는 이중고를 겪고 있었다. 그래서 신라는 백제와 우호관계를 맺어 백제의 적대행위를 막고, 겸하여 고구려와의 싸움에도 도움을 얻을 수 있는 외교정책이 필요하였다. 이러한 서로간의 정치적 요구가 맞아떨어져, 무왕과 선화공주와의 결혼이 이루어지게 되었던 것이다.

그러므로 이 서동 이야기는 허황된 설화가 아니다. 이른바 역사의 설화화다. 역사적 사실을 모태로 하여 윤색된 설화다. 미륵사와 사자사 발굴 결과가 설화의 내용과 일치할 뿐만 아니라, 서동이 금을 산더미처럼 쌓아 놓았다는 것도 익산 주변의 사정과 상당 부분 들어맞기 때문이다.

미륵사는 중앙에 목탑과 중금당을, 동쪽에 석탑과 동금당을, 서쪽에 석탑과 서금당을 둔, 삼탑 삼금당의 구조임이 발굴 결과 밝혀졌다. 이러한 가람 배치는 미륵사만이 갖는 독특한 구조인데, 이는 미륵삼존을 예경하였다는 설화 내용을 뒷받침한다.

또 선화공주가 모후에게 받은 금을 꺼내어 서동에게 보여주며, 이것으로 우리는 백년의 부를 누릴 수 있다는 말을 하자 서동이 마를 캐던 곳에 이런 것을 흙덩이처럼 쌓아 두었다고 하는 장면이 설화에 나오는데, 이 또한 익산 지방의 지세와 일치한다. 익산 지역 인근에는 김제, 금구, 금마 등의 금과 관련된 지명이 많을 뿐만 아니라, 실제로 여러 곳에 금광이 있었다. 익산과 그 주변 지역은 풍부한 금 생산지였다.

그런데 여기에 하나의 문제가 생겼다. 2009년 1월, 복원을 위해 해체 중이던 미륵사지 서탑 화강석제 사리공 안에서 사리봉안기가 발견되었기 때문이다.

그 기록에 "우리 백제 왕후는 좌평 사탁적덕(沙乇積德)의 따님으로, 오랜 세월에 착한 인연을 심어 금생에 뛰어난 과보를 받아, 만민을 어루만져 기르시고 삼보의 동량이 되었다. 그 까닭으로 삼가 깨끗한 재물을 희사하여 가람을 세우고, 기해년 정월 19일에 사리를 받들어 모셨다."는 내용이 나와 세간의 이목을 집중시켰다.

이 기록에 의하면 미륵사의 창건에 관련된 사람은 사탁적덕의 따님으로 선화공주와는 아무 관련이 없다. 이렇게 되면 선화공주는 허구적 존재에 지나지 않는다. 그러나 이것은 일면만으로 판단할 일이 아니며, 여전히 선화공주의 존재는 지울 수가 없다. 선화공주의 존재를 쉽게 부정할 수 없는 것은 다음의 두 가지 이유 때문이다.

첫째는 고대 왕들의 왕비가 한 사람뿐이 아니라는 것이다. 신라, 고구려, 고려시대에 복수의 왕비를 취한 왕들의 예가 흔히 있기 때문이다. 이러한 예에 비추어 볼 때, 무왕의 경우도 복수의 왕비가 있을 수 있으므로, 선화공주와 사탁적덕의 딸은 둘 다 왕비일 수 있다. 또 무왕은 재위 기간이 길었기 때문에 처음 맞이했던 왕비가 죽고, 다시 왕비를 맞이했을 수도 있다. 어쩌면 선화공주가 선비(先妃)이고 사탁씨의 딸이 후비(後妃)일 수도 있다. 그러므로 선화공주가 창도했던 미륵사 창건 작업을 사탁 후비가 계승했을 수도 있다.

전북 익산시 석왕동에는 일찍부터 백제 무왕과 선화 왕비의 무덤으로 추정되어 온 쌍릉이 있다. 쌍릉은 두 개의 무덤이 남북으로 조금 떨어져 있는데, 북쪽의 큰 대왕릉과 남쪽의 작은 소왕릉으로 되어 있다. 이 중에 대왕릉은 무왕, 남쪽의 작은 소왕릉은 선화 공주의 무덤으로 추정되어 왔다.

고려사에도 이 무덤은 "후조선 무왕 및 비의 능인데, 왕릉은 속칭 말통대왕릉(末通大王陵)이라 불린다. 백제 무왕의 어릴 때 이름이 서동인데, 말통은 서동의 변한 음이다"란 기록이 있다. 김정호의 대동지지에도 무왕과 그 비의 무덤이란 기록이 보인다.

그런데 최근 국립중앙박물관이 소왕묘에서 출토된 '금동 밑동쇠'를 연구·분석한 결과, 이 무덤이 사탁적덕 비의 무덤이 아니라 7세기 전반에 죽은 인물의 무덤으로서, 무왕의 또 다른 왕비였던 선화공주가 묻혀 있을 것이란 추정이 나와 무왕과 선화공주의 결혼설을 뒷받침해 주고 있다.

서동 설화는 우리가 지닌 아름다운 로맨스 이야기다. 그것은 단순히 지어낸 황당한 설화가 아니다. 이야기 속에 역사가 있고, 그 이야기 뒤에 정치가 있다. 그 안에 한 제왕의 야망이 숨어 있고, 그 밖에 뭇사람들의 애환이 서려 있다.

신라 토기에는 왜 뱀과 개구리가 붙어 있나

인간의 욕망은 한이 없다. 가지면 가질수록 더 가지려 한다. 이러한 인간 욕망의 극을 보여 주는 것이 순장이라는 풍습이다. 살아서 누리던 영화를 저 세상에 가서도 누리겠다는 욕심으로, 이승에서 가지고 있던 물건이나 말 등은 물론이고 곁에서 돌보던 사람들의 산목숨까지도 빼앗았다.

이러한 풍습은 세계적으로 분포한다. 우리나라도 삼국시대 이전에는 광범하게 순장이 이루어졌다. 고령의 가야 고분이나 경산 임당동 고분에서도 순장자 및 부장품을 볼 수 있다. 경남 김해시 대성동 1호분에는 주인공 주변에 다섯 명의 순장자가 함께 묻혀 있는 것을 볼 수 있고, 경주 황남동 미추왕릉지구의 황남대총에서는 무덤의 주인공인 60대 남자와 20대 여성이 같이 순장되었다.

이러한 순장의 풍습은 점차 고착되어, 주인이 죽으면 자발적으로 따라 죽는 일까지 생기게 되었다. 고구려 동천왕이 죽었을 때에, 나라 사람들이 왕의 죽음을 슬퍼하여 왕을 따라 죽어 함께 묻히려는 자가 많았다는 기록이 삼국사기에 나온다.

이와는 반대로 살아 있는 사람을 강제로 죽여 함께 묻는 참혹함을 빚기도 하였다. 경북 경산시 임당동 고분군의 순장자들은, 모두 둔기에 맞아 죽은 후에 순장되었다. 그러나 이러한 순장의 풍습도, 노예의 노동력이 부족해지고 처첩의 인격이 점차 중시되면서 약화되어 지증왕 때 와서는 마침내 폐지되었다.

순장 폐지에 따라 함께 묻었던 사람이나 동물은 대용물이 그 자리를 대신하게 되었다. 이에 신라 사람들은 그 대용물로서 주로 흙으로 빚은 토우(土偶)를 만들어 사용하였다.

신라 토우에서 특히 주목할 것은, 남녀의 성기를 크게 만든 것과 거북, 개구리, 뱀 등을 소조한 것이다. 경주 노동동 제11호분에서 출토된 높이 40㎝의 항아리에는, 긴 지팡이를 가진 남자가 한 쪽 손으로 크게 과장된 성기를 붙들고 서 있고, 그와 더불어 뱀, 개구리, 새, 오리, 거북 등이 붙어 있다.

그러면 신라인들은 왜 이러한 모습의 토우를 만들었을까?

거북은 우주적 심상을 지닌 신성한 동물로서, 김수로왕의 강림신화에도 등장한다. 무엇보다도 십장생의 하나로서, 수천 년을 산다는 장수의 의미를 갖고 있다. 저승으로 간 자나 이승에 남아 있는 자가 모두 바라는 영생의 기원을 담고 있다. 동양에서는 거북이, 신과 인간을 연결해 주는 매개자의 역할을 담당하기도 한다.

새, 오리 또한 이러한 매개자의 기능을 지닌다. 새는 하늘과 땅 사이를 연결하는 매개자다. 솟대는 바로 그러한 역할의 상징이다. 또 사람들은 이승과 저승 사이에는 큰 강이 있다고 생각해 왔다. 죽은 자는 반드시 그 강을 건너서 저승으로 간다. 그래서 차안(此岸)과 피안(彼岸)이란 말도 생겨났다. 이 언덕에서 저 언덕으로 건너가는 데 오리는 큰 역할을 담당한다. 새와 오리는 그래서 토우로 만들어졌다.

토우 장식 항아리(경주국립박물관 제공)

성행위 자세의 남녀상(부분)

　남녀의 성기를 두드러지게 크게 나타낸 것은, 풍요와 다산(多産)을 꿈꾼 것이다. 성(性)은 생산을 의미한다. 보리 씨앗을 뿌린 논밭으로 가서, 남녀가 벌거벗고 함께 뒹군 풍습이 일제강점기까지 남아 있었다. 풍년을 기원한 유습이다. 유방이나 엉덩이를 과장하거나, 임신한 상태의 여인 토우도 다 그런 이유에서 만들어진 것이다.

　신라의 목 긴 항아리[長頸壺]는 다양한 형상의 토우를 부착하여 최대의 장식 효과를 낸 대표적인 토우장식 토기이다. 항아리의 목과 어깨부분에는 개구리의 뒷다리를 물고 있는 뱀과 오리모양 토우를 세 곳에 일정한 간격으로 배치하고, 그 사이사이에 성기(性器)가 강조된 남자, 신라금(新羅琴)을 타고 있는 사람, 성행위 자세의 남녀상, 물고기·새·거북 등의 토우를 장식하였다. 이러한 토우장식들은 모두 다산(多産)과 풍요를 기원하는 조형물로서 신라인의 생활상뿐만 아니라 자연과 조화된 당시 사람들의 정신세계를 보여주고 있다.

또 뱀과 개구리는 재생과 살아나는 힘을 상징한다. 한말로 영생을 상징한다. 뱀은 허물을 벗고 새롭게 태어난다. 이와 마찬가지로 인간도 죽음이라는 허물을 벗고 재생하기를 바라는 것이다. 개구리 역시 마찬가지다. 개구리는 겨울잠을 자고 다시 깨어난다. 겨울잠이라는 죽음의 과정을 거치고 다시 살아나는 것이다.

뱀과 개구리는 대표적인 달동물(lunar animal)이다. 달동물이란 달과 같은 동물이란 뜻에서 생긴 용어다. 달은 초승에 태어나 보름 때 커졌다가, 그믐이 되면 죽었다가 또 다시 살아난다. 이와 같이 죽었다가 다시 살아나는 모습을 지닌 동물을 달동물이라 부른다.

뱀과 개구리가 고대 신화에 자주 등장하는 것은 달동물이 지니는 이러한 생산성과 재생의 상징 때문이다. 지렁이가 신화나 민담에 등장하는 이유도 같다. 지렁이는 땅 위로 나왔다가는 또 땅속으로 사라지는 달동물이기 때문이다.

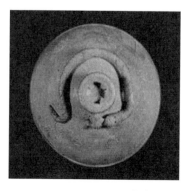

토우장식 뚜껑(국립경주박물관 소장)

지렁이가 밤에 몰래 와서 여인과 사통하는 이야기는 너무나 많다. 백제의 무왕이나 견훤의 아버지도 지렁이였다. 또 지렁이 고기를 먹고 눈 뜬 시어머니 개안설화(開眼說話)도 이로부터 나온 것이다. 가난한 며느리가 남편의 출타 중, 장님인 시어머니에게 드릴 것이 없어 지렁이를 잡아 국을 끓여 드렸는데, 아들이 오자 이 시어머니는 아들에게 '며느리가 매일 이 고깃국을 대접해 줘 내가 살이 이렇게 쪘다'며 삿자리 밑에 숨겨 놓았던 고기를 자랑삼아 꺼내 보였다. 아들이 보니 지렁이라서 깜짝 놀라 소리를 지르니, 그 소리에 놀라 장님 어머니가 눈을 떴다는 이야기다. 달동물인 지렁이의 생생력(生生力)을 여실히 드러낸 이야기다.

이와 같이 신라 토우와 토기는 사후의 풍요와 재생을 바라는 상징물들이 많다. 그들은 뱀이나 개구리처럼 영원히 살기를 바랐다. 인간의 욕망은 실로 한이 없다.

에밀레종은 봉덕이를 넣어 만들었을까

에밀레종은 봉덕사종, 성덕대왕신종이라고도 하는 종으로 상원사 동종과 함께 통일 신라 시대 범종의 대표인 국보다. 에밀레종은 주조(鑄造) 시에 봉덕이라는 아이를 넣었다는 애달픈 전설을 지니고 있어, 그 아름다운 소리와 함께 우리 민족의 가슴에 아련한 정서를 울리고 있다. 그 유장한 종소리는 자기를 주조물에 넣도록 시주로 던져 준 어미를 원망하면서, "(저런 여인도) 에밀레"라고 외치는 봉덕이의 간절한 울음소리 같다.

봉덕이 전설은 신라인들이 이 종을 만들 때, 얼마나 많은 어려움을 겪으며 고뇌했던가를 보여 주는 이야기라 생각된다. 경덕왕이 선왕(先王) 성덕왕을 위하여 이 거종의 주조를 시작해서 당대에 완성하지 못하고, 그 아들 혜공왕 때 완성한 것만 보아도 어려웠던 당시의 사정을 살필 수가 있다.

에밀레종을 분석한 결과 인체의 징표가 되는 인[P] 성분은 검출되지 않았다. 그러니 제작과정에 사람을 집어넣었다는 것은 사실이 아니다. 종의 주조과정에 사람을 넣었다는 전설은 아마도 이 종을 만들면서 수많은 고생과 희생이 따른 것을 우회적으로 표현한 것이라 생각된다. 34년이란 긴 기간에 여러 번의 실패를 거치면서, 그에 따른 백성들의 고통은 실로 컸으리라 짐작된다. 구리 12만근을 동원해 엄청난 불사를 추진하면서 수많은 백성들이 시주와 노동으로 희생됐을 것이다. 이러한 민중들의 고뇌와 희생이, 바로 봉덕이가 희생된 이야기로 나타났을 것이다.

에밀레종이라 하면, 보통 긴 여운이 감도는 우렁찬 소리와 아름다운 비천상(飛天像) 무늬를 떠올린다. 그러나 그에 못지않게 중요한 것은 이 종에 새겨진 명문(銘文)이다. 오대산 상원사 동종의 명문이 정상부인 천판(天板)에 명기되어 있는 것과는 달리, 에밀레종에는 종신에 장문의 명문이 양각되어 있다. 이는 다른 신라 동종에서 볼 수 없는 특징이다. 특히 이 동종의 명문은 종명의 효시일 뿐만 아니라 문장에 있어서도 뛰어나다.

종명(鐘銘)은 630자로 된 서문과 200자로 된 명(銘)으로 되어 있다. 종명의 주제는 성덕대왕의 공덕을 종에 담아서 대왕의 공덕을 기리고, 종소리를 통해서 그 공덕이 널리 그리고 영원히 온 백성들에게 퍼져, 국태민안(國泰民安)이 지속되기를 발원하는 것이다. 그런데 물건을 주조할 때에 사람 몸의 일부를 넣는 이야기는 먼 옛날부터 있었던 것으로 보인다. 순자 성악편에 나오는 명검 간장막야(干將莫耶)의 고사가 그 예다.

"오(吳)나라에 유명한 대장장이 간장(干將)이 그의 아내 막야(莫耶)와 살고 있었다. 어느 날 왕인 합려(闔閭)가 간장을 불러 명검 두 자루를 만들라고 명령했다. 그런데 칼의 재료인 청동이 아무리 해도 녹지 않았다. 간장이 고심하기 시작한 지 3년이 지난 어느 날, 그의 아내 막야가 부부의 머리카락과 손톱을 용광로에 넣고, 소녀 3백 명으로 하여금 풀무질을 하게 하였더니, 마침내 청동이 녹아 칼을 만들 수 있었다."

그 후 명검을 간장막야라고 부르는 것은 이에서 비롯되었다는 고사다.

배흘림기둥은 착시를 보정할까

우리나라 건축물에 나타난 가장 큰 특징의 하나는 그랭이 기법이다.

그랭이는 우리나라 고유의 건축 기법의 하나인데, 사전에도 올려져 있지 않은 단어다. 그랭이는 자연석 기단 위에 다른 구조물을 놓을 때, 자연석의 곡면에 맞추어 위에 놓는 구조물의 표면을 정교하게 깎아 접합부를 밀착시키는 방법이다. 즉 울퉁불퉁한 자연석의 주춧돌 위에 기둥을 세울 때, 주춧돌의 표면을 기둥에 맞춰 평평하게 깎는 것이 아니라, 주춧돌의 요철에 맞추어 기둥의 아랫면을 깎아내는 기법이다. 울퉁불퉁한 주춧돌의 자연미를 그대로 살리는 방법이다.

이 기법은 우리나라 건축물의 전반에 적용되었다. 불국사의 석축 하부와 석가탑의 기단부도 이 기법이 사용되었다. 쉽게 말하면 그랭이는, 아래 부분의 자연미를 살려 윗부분을 거기에 맞게 다듬는 것으로, 이렇게 함으로써 자연미도 살리고, 아래에서 떠받치는 안정감도 획득할 수 있다. 불국사의 석축이 그간의 지진에도 크게 훼손되지 않은 것은 이 그랭이 기법 때문이다.

그리고 고창의 고인돌이 수천 년 동안 지탱할 수 있었던 것도 바로 이 그랭이 때문이라 한다. 자연의 질서에 맞게 다듬는 것이 오랜 생명을 가질 수 있는 방법이라는 것을 우리 조상들은 일찍이 알고 있었다.

병산서원 만대루 기둥
주춧돌의 요철에 따라 기둥의 밑면을 깎았다.

불국사 석축
아랫돌의 곡면에 맞추어 윗돌을 깎아 맞추었다.

분황사 모전탑 석축

석가탑 기단부

　또한 우리나라 건축물에는 미감을 더하기 위하여 여러 가지 기법이 도입되었는데, 흘림, 귀솟음, 안쏠림 등이 그것이다.

　흘림이란 기둥의 굵기를 밑동에서 꼭대기까지 조금씩 달라지게 하는 것으로, 민흘림, 배흘림 등이 있다. 민흘림은 기둥의 위쪽이 아래쪽보다 작게 마름된 기둥으로, 원통형 기둥에 주로 사용하는데, 해인사 응진전, 화엄사 각황전 등이 그 예이다.

통도사 대광명전 민흘림기둥　　　　　부석사 무량수전 배흘림기둥(영주시청 제공)

사각기둥에서도 민흘림을 볼 수 있는데, 이는 석탑에서 뚜렷이 나타난다. 정림사지 5층 석탑, 익산의 미륵사지 석탑이 그 예이다. 이 민흘림기둥은 상승감과 안정감을 주게 하는 시각적인 효과가 있다.

배흘림기둥은 부석사 무량수전의 기둥이 그 대표적인 것인데, 기둥의 중간 부분이나 아래에서 1/3 지점이 다른 부분보다 볼록하게 흘려져 있는 기둥이다. 배흘림도 주로 원통형 기둥에 쓰인다. 이 배흘림 기법은 고려 때 성행하다가 후대로 내려오면서 점차 약화된 것으로 보인다. 종묘는 임란 때 소실된 이후 여러 차례에 걸쳐 나누어 지어졌는데, 먼저 지어진 부분의 기둥에는 배흘림 기법이 보이나, 뒤에 지어진 부분에는 전부 민흘림 기법으로 된 기둥만 보인다.

이 배흘림 기법은 기둥의 아래 위를 같은 굵기로 하였을 때, 기둥의 중간 부분이 윗부분이나 아래보다 가늘어 보이는 착시현상을 교정해 주는 효과를 거둔다. 배흘림은 그리스의 파르테논 신전에도 보이는데 이를 엔타시스(entasis)라 한다. 그래서 우리의 배흘림 기법이 엔타시스의 영향이라고 하는 이도 있다.

그런데 배흘림기둥의 착시현상 교정은 파르테논 신전처럼 칸막이가 없는 개방형 건축물에서만 적용된다고 한다. 그래서 칸막이가 없는 종묘의 배흘림기둥은 단번에 보는 이의 눈에 들어오는 시각적인 효과가 있지만, 부석사 무량수전의 배흘림기둥은 양옆이 벽면으로 채워져 있는 폐쇄형구조이기 때문에, 실제의 보정효과는 기대만큼 거둘 수 없는 아쉬움이 있다.

또 전통 건축물에서 이러한 착시 보정효과를 거두기 위해 적용된 기법으로 귀솟음과 안쏠림이 있다.

귀솟음은 전각의 중앙에서 바깥쪽으로 갈수록 기둥의 높이를 조금씩 높여 지붕의 귀퉁이가 솟아오르게 한 기법이다. 기둥의 높이를 똑같이 할 경우, 떨어져서 보면 양 추녀가 아래로 쳐져 보인다. 양쪽 끝이 중심보다 낮게 보이는 착시현상을 일으키게 되는 것이다. 귀솟음은 이러한 착시현상을 바로잡아 건물의 구조적 안정감을 돋보이게 하는 효과가 있다.

안쏠림은 안오금이라고도 하는데 중앙을 제외한 양쪽의 기둥 끝머리를 조금씩 안쪽으로 모이게 하는 기법이다. 즉 안쪽으로 쏠리게, 안쪽으로 오그렸다고 해서 붙여진 이름이다. 이는 기둥을 똑같이 나란하게 세웠을 경우, 건물이 옆으로 퍼져 보이게 되는 착시현상을 교정하기 위해 적용된 매우 세심한 기술이다.

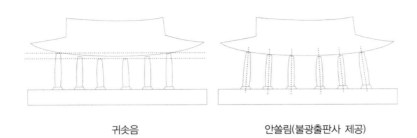

| 귀솟음 | 안쏠림(불광출판사 제공) |

 이처럼 우리나라 건축물에는 정교한 기법들이 적용되었다. 그 중에는 그랭이처럼 고유한 것도 있고, 배흘림처럼 외부에서 차용한 것도 있다. 배흘림기둥은 폐쇄형의 우리나라 건축에서는 착시의 보정 효과를 나타내지는 못하지만, 그것이 지니는 아름다움에서 우리 조상들이 가꾸려 했던 장인 정신을 찾을 수 있다. 우리 조상들은 그랭이, 배흘림, 귀솟음, 안쏠림 등의 다양한 기법들을 조화롭게 사용하여 건축물의 안정감과 미감을 한결 드높이고자 하였다.

세종대왕은 한글 전용을 주장했을까

　훈민정음 곧 한글은 세종대왕이 만든 위대한 문자다. 이제 그 누가 새로운 문자를 만든다 하더라도, 이보다 앞서는 문자는 만들 수 없을 것이다. 발음기관을 본뜬 자음과 천지인으로 요약되는, 철학을 바탕으로 한 모음의 아우름은 단순한 언어학적 이론을 훨씬 뛰어넘기 때문이다.

　그런 깊은 사상적 배경을 가지고 있으면서도, 이보다 더 쉽고 편리한 글자가 또 있을 수 있을까? 정인지는 그것을 일러 슬기로운 사람은 하루아침에 깨우치고, 어리석은 자라도 열흘이면 배울 수 있으며, 그 쓰임 또한 무궁무진해서 바람 소리, 학 울음소리, 개 짖는 소리까지도 나타낼 수가 있다고 하였다.

　우리가 지금 세계 속의 강국으로 힘찬 행진을 할 수 있는 저력도, 알고 보면 그 밑바탕에 한글이 떠받치고 있음을 알 수 있다. 외국인들이 우리나라를 방문하고 매우 놀라는 것 중 하나가 바로 우리만의 훌륭한 문자를 가지고 있다는 것이다. 그들은 지도상의 작디작은 코리아는, 아마도 중국이나 일본의 말과 문자를 쓰고 있을 것이라 생각하고 왔는데, 예상과는 달리 높은 문화적 자산을 갖고 있다는 사실에 크게 놀란다.

　이 글자를 만들기 위해 세종대왕은 얼마나 힘들었을까? 또 세종대왕이 없었다면 오늘 우리는 어떻게 되었을까? 그 고마움은 이루 말로 다할 수 없다.

그런데 우리는 정작 훈민정음의 창제정신과 그 이면에 담긴 뜻을 정확히 모르는 경우가 많다. 비근한 예로 세종을 한글 전용론자로 알고 있는 경우도 있고, 세종이 사대와는 거리가 먼 주체사상으로만 물들어 있는 사람으로 알고 있는 경우도 더러 있다. 또 훈민정음 창제를 반대한 최만리는 모화사대사상에만 찌든 못난이로 취급하기도 한다.

훈민정음 창제에 대한 대왕의 거룩한 뜻은 그 머리말에 잘 나타나 있다.

"우리나라 말이 중국말과 달라서, 한자와는 그 뜻이 서로 통하지 아니하므로 제대로 나타낼 수가 없다. 그래서 어리석은 백성들이 말하고자 할 바가 있어도 자기의 뜻을 글로 써서 나타내지 못하는 이가 많다. 내가 이를 딱하게 여겨 새로 스물여덟 글자를 만들어 내놓으니, 모든 사람들이 이를 쉽게 익혀서, 날마다 쓰는 데 편안하게 하고자 할 따름이니라."

백성을 사랑하는 대왕의 마음이 절절이 녹아 있다. 어려운 한자를 알지 못하여 자기의 생각을 글로 표현할 수 없는 어리석은 백성들의 답답한 마음을 같이 아파하고 있는 성군의 모습이 눈앞에 선하다.

그런데 우리는 이 글에 나타난 표면적 사실은 잘 알지만, 그 뒤에 숨은 대왕의 고뇌는 잘 이해하지 못한다. 그것은 당시의 시대적 상황을 깊이 헤아리지 않고 지나친 데서 오는 결과다. 당시의 중국과 오늘 우리가 생각하는 중국은 그 위상이 전혀 다르다. 오늘의 중국은 우리와 대등한 하나의 국가이지만, 당시의 중국은 우리가 본받아야 할 지구상의 유일한 선진국이요 문화국이었다.

나아가 국가로서의 인정을 받을 수 있는 오늘날의 유엔과 같은 대상이기도 하였다. 그러기에 사대(事大)는 주변 국가들이 지향하는 최대의 이념이었다. 사대는 지금 우리가 생각하는 것처럼 단순히 큰 나라에 아부하는 개념이 아니라, 오늘날 우리가 외치는 선진화, 세계화, 민주화와 같은 가치를 지니는 용어였다. 그러니 사대는 아무나 거스를 수 있는 담론의 대상이 아니었다. 그래서 세종도 사대라는 말을 가장 많이 사용하였다. 그만큼 중국은 우리에게 중요한 나라였고 영향력 있는 나라였다.

한 나라가 문자를 만든다는 것은 보통 일이 아니다. 당시의 사정으로 보아 당연히 그 문제는 중국과의 정치적 관계를 생각하지 않을 수 없는 사안이었다. 천문기구 하나도 중국의 허가 없이는 마음대로 설치할 수 없는 것이 그 시대의 상황임을 생각한다면, 문자 창제가 지니는 사안의 중대성은 엄청나다 하겠다. 그래서 훈민정음 서문에는 그에 대한 세종의 고뇌가 군데군데 배어 있다.

서문의 첫머리에, '국어가 중국어와 달라서 한자로는 맞지 않다'는 점을 내세운 것도 그러한 고민의 일단을 조심스럽게 드러낸 것이다. 겉으로 보면 '한자 대신에 우리말을 적을 수 있는 글자를 만든다'는 의미지만, 실상 그것은 중국과의 문자 창제에 따른 마찰을 방지하기 위한 외교적 조치며 수사(修辭)라 할 수 있다. 중국의 뜻에 반하는 별다른 의도가 있어서 새로운 글자를 만드는 것이 아니라는 사실을 천명한 것이다.

이어서, 어리석은 하층 백성들의 어려움을 들어주기 위하여 글자를 만들 뿐, 상층의 선비들까지 이 글자를 쓰게 하기 위해 새 문자를 만드는 것은 아니라는 사실도 넌지시 나타내 보이고 있다. 그러한 의도는 서문 끝머리의 '따름이다'란 말에 단적으로 나타난다. 날마다 편리하게 쓰도록 한다고 하면 될 것을, 왜 하필이면 '편안하게 하고자 할 따름'이라 했을까? 이는 자신이 만든 글자를 나라 전체가 전용하려는 것이 아니라, 어리석은 백성들에게만 쓰도록 할 '따름'이라는 것이다. 치자의 고뇌가 서려 있는 대목이다.

세종은 실제로 훈민정음을 전용(專用)하고자 하지는 않았다. 왜냐하면 그것은 문화선진국으로 나아가는 데 도움이 되지 않는다고 생각했기 때문이고, 다른 말로 하면 사대에 맞지 않다고 생각됐기 때문이다. 그래서 훈민정음 반포를 전후하여 지은 용비어천가, 석보상절, 월인천강지곡, 언해본 훈민정음 등도 하나같이 국한문혼용으로 지어졌으며, 훈민정음을 전용한 것은 하나도 없다.

나아가 세종은 한글을 당시의 흐트러진 한자음을 정리하는 데 원용함으로써 문화의 수준을 높이고자 하였다. 훈민정음을 창제한 후 제일 먼저 시행한 작업은 혼란 상태에 있던 우리나라 한자음을 정리하고자 한 것이다. 세종은 1443년 12월에 훈민정음을 완성하고, 그 이듬해 2월 14일에 첫 사업으로 의사청(議事聽)에 물어 훈민정음으로써 한자음 정리 사업을 시작하였는데, 그 결과로 나온 것이 바로 동국정운(東國正韻)이라는 책이다. 훈민정음 창제 후 제일 먼저 한 일이 한자음 정리 사업이었다는 사실은 무엇을 말하는가? 이는 훈민정음을 한자의 용이한 학습에 활용하려는 의도였다.

이때까지의 한자음은 반절법(半切法)이란 것을 이용하여 적었다. 즉 한자음을 적을 때, 알기 쉬운 다른 한자의 음을 이용하여 적은 것이다. 예를 들면, '東' 자를 '德紅切'로 표기하는 따위다. 즉 덕(德) 자의 첫소리 'ㄷ'과 홍(紅) 자의 중성과 끝소리인 'ㅗ, ㅇ'을 합하여 '동'을 표기하는 방식이다. 조금은 불편한 방법이지만 그때는 이 방법밖에 없었으니 어쩔 수 없는 일이었다. 그런데 세종대왕은 한글을 발명하여 '東'을 '동'으로 바로 적어 내었다. 한자를 이용할 필요가 없어진 것이다. 그만큼 한자음을 쉽게 적을 수 있게 된 것이다. 다시 말하면, 세종대왕은 한자를 쉽게 익힐 수 있는 발음기호를 창안해 낸 것이다. 그래서 어떤 이는 이것을 앞세워, 세종이 한글을 만든 주된 목적은 한자를 바로 익히고 쉽게 활용하기 위한 것이라는 주장을 하기도 한다.

어떻든 세종이 훈민정음 전용을 주장하지 않은 것은 명백하다. 선진문화를 받아들이기 위한 사대에 어긋나서는 안 되기 때문이었다.

우리는 흔히 한글 창제를 반대했던 최만리를 사대에 찌들었던 주체성 없는 인물로 평가한다. 이것 또한 사대에 대한 정확한 개념 위에서 최만리의 생각을 다시 살펴볼 필요가 있다.

최만리의 상소문은 6개 항으로 되어 있는데, 그 중 첫머리 부분의 3개 항을 보자.

1. 우리나라는 조종 이래로 지성껏 중국 문화를 섬기어, 오로지 중국 제도를 따라왔습니다. 그런데 이제 바야흐로 중국과 문물제도가 같아지려고 하는 때를 맞이하여 언문을 창제하시면, 이를 보고 듣는 사람들 가운데 이상히 여길 사람이 있을 것입니다. 중화를 섬김에 있어 어찌 부끄럽지 않다고 하겠습니까?

1. 예로부터 9개 지역으로 나뉜 중국 안에서 기후나 지리가 비록 다르더라도 아직 방언으로 인해서 따로 글자를 만든 일이 없고, 오직 몽고, 서하, 여진, 일본, 서번과 같은 무리들만이 각각 제 글자를 가지고 있는데, 이는 모두 오랑캐들만의 일이라 더 말할 가치도 없습니다. 전해 오는 고전에 의하면, 중국의 영향을 입어서 오랑캐가 변했다는 이야기는 있어도, 오랑캐의 영향을 입어 중국이 변했다는 이야기는 듣지 못했습니다.

1. 만약에 언문만을 사용한다면 관리들은 오로지 언문만을 습득하려 할 것입니다. 진실로 관리들이 28자의 언문만으로도 족히 세상에 입신할 수 있다

면, 무엇 때문에 노심초사하여 성리의 학문을 궁리하려 하겠습니까?

이에서 보듯이 최만리는 당시의 시대정신인 사대에 입각하여 한글 창제를 반대하고 있다. 한글 창제가 선진국인 중국의 문물제도를 받아들여 선진문명국이 되고자 하는 데 지장을 줄까 염려한 것이다. 한자 배우기에 소홀함을 가져오는 것은, 지금 영어를 가르치지 말자는 것과는 비교도 안 될 만큼, 당시로서는 중대한 국가적 문제였음을 고려한다면, 최만리의 상소는 어쩌면 당연하다 하겠다.

그래서 세종도 신하들의 비판을 막기 위해 비록 그를 하옥시키긴 하였지만, 하루 만에 그를 석방한 것이다. 이러한 최만리의 뜻을 간파한 세종의 반박도, 훈민정음 자체가 아닌 한자의 음과 관련한 운서(韻書) 문제에 치중하였음을 주목할 필요가 있다. 아래와 같이 말한 것이 그것이다.

"그대가 운서를 아느냐? 사성(四聲)과 칠음(七音)을 알며, 자모(字母)가 몇인지 아느냐? 만일에 내가 저 운서를 바로잡지 않는다면, 그 누가 이를 바로잡겠느냐?"

훈민정음을 통한 한자음 정리가 시급하다는 자신의 생각을 내비친 것이고, 그만큼 훈민정음이 한자음 정리를 위하여 긴요하다는 생각이다.

최만리는 1419년(세종 1) 증광문과(增廣文科)에 급제하여 그 이듬해 집현전 박사로 임명되고, 그 뒤 집현전 학사를 거쳐 부제학에까지 올랐다. 대제학은 명예직이었고 부제학이 집현전의 사실상 책임자였다. 요즘으로 치면 그는 학술원 원장이나 서울대학교 총장과 같은 최고의 지식인이다. 그런 그가 어찌 매국노 같은 단순한 생각으로 훈민정음 창제를 반대했겠는가?

이상에서 본 바와 같이 세종은 백성들의 문자 생활의 불편을 덜어주기 위하여 훈민정음을 창제하였다. 그러나 세종은 훈민정음을 전용하려는 목적은 없었으며, 나아가 훈민정음을, 운서를 통한 한자음 정리에 활용함으로써 선진문화를 받아들임에 힘을 쏟았다. 최만리도 단순히 훈민정음 창제를 반대한 것이 아니라, 문화선진국으로 나아가는 사대에 어긋날까를 두려워한 것이다. 시쳇말로 하면 세종도 최만리도 세계화를 염두에 둔 인물이라 하겠다.

족보는 언제부터 쓰였을까

  족보(族譜)는 관향(貫鄕)을 단위로 하여 같은 씨족의 세계(世系)를 수록한 책으로, 한 가문의 역사를 표시하고 한 씨족의 계통도와 사적(事蹟)을 기록한 것이다.

  족보(族譜)는 다른 말로 보첩(譜牒)이라고도 하며 그 효시는 중국의 한나라 때부터 시작되어, 북송의 대문장가인 삼소(三蘇 : 蘇軾과 그 아들 蘇洵 蘇轍 형제를 함께 일컬음) 집안에서 우수한 족보가 만들어져 이것이 족보의 전래가 되었다고 한다.

  우리나라는 고려 왕실의 계통을 기록하기 위하여 의종(毅宗)때 김관의(金寬毅)가 작성한 왕대종록(王代宗錄)과 임경숙(任景肅)이 작성한 선원록(璿源錄)이 그 효시라고 할 수 있다.

  일반 사가(私家)의 족보로 체계적인 형태를 갖춘 최초의 것은, 조선 세종 5년 (1423) 류영(柳穎)이 편찬한 문화류씨영락보(文化柳氏永樂譜)인데, 영락보는 현전하지 않고 그 서문만이 142년 뒤에 류희잠(柳希潛)이 편찬한 문화류씨가정보(嘉靖譜)에 실려 전해 온다. 그런데 이 영락보가 간행본인지 필사본인지는 명확하지 않다.

  현존하는 최고(最古)의 족보는 그 53년 뒤인 성종 7년(1476)에 편찬된 안동권

씨성화보(安東權氏成化譜)인데, 지금 서울대학교 도서관인 규장각에 보관되어 있다. 이후 명종17년(1565)에 문화류씨 두 번째 족보인 가정보(嘉靖譜)가 간행되었는데, 그 원본 10권이 국립중앙도서관에 소장되어 있다.

이 밖에 조선 초기에 발간된 족보는 남양홍씨(1454), 전의이씨(1476), 여흥민씨(1478), 창녕성씨(1493) 등이다.

요약하면, 우리나라 최초의 족보는 문화류씨 영락보이며, 현존하는 최초의 족보는 성종 때(1476) 발간된 안동권씨 성화보(安東權氏成化譜)다. 그리고 혈족(血族) 전부를 망라한 족보는 조선 명종(明宗)때 편찬된 문화류씨 가정보(文化柳氏嘉靖譜)다.

족보의 대강을 이해하기 위하여, 그와 관련된 용어들을 살펴보면 대략 아래와 같다.

대동보(大同譜)

보통 본관이 같은 종족 전부를 조상의 순서대로 파를 구분해서 기재한 족보를 가리킨다.

또 같은 시조(始祖) 아래에 있으나, 중시조마다 각각 다른 본관(本貫)을 가지고 있는 씨족 간에 종합 편찬된 족보를 가리키기도 한다. 다시 말해서 본관은 서로 다르지만, 시조가 같은 여러 종족이 함께 통합해서 편찬한 보첩을 말한다.

대동보는 대종보, 대동세보, 대동종보, 대보라고도 하는데, 실제로는 파보를 의미하기도 한다. 김해김씨대동보, 전주최씨문영공대동보 등이 그 예이다.

파보(派譜)

시조로부터 시작하여 어느 한 파(派)만의 계보와 사적(事蹟)을 기록하여 편찬한 보첩이다.

가승보(家乘譜)

본인을 중심으로 시조로부터 시작하여 자기의 직계존속(直系尊屬)과 비속(卑屬)에 이르기까지 이름자와 사적(事蹟)을 기록한 것으로 보첩 편찬의 기본이 되는 문헌이다.

만성보(萬姓譜)

만성대동보(萬姓大同譜)라고도 하며, 모든 성씨의 족보에서 큰 줄기를 추려 내어 집성(集成)한 책으로, 족보의 사전(辭典) 구실을 하는 것이다.

조선시대의 지식인은 자기 족보뿐만 아니라, 남의 족보에 대해서도 잘 알고 있어야만 했다. 조선시대에는 가문배경에 관한 요건이 사회생활을 하는 데 있어서 매우 중요하였으며, 양반의 자격을 결정하는 기준이 되었기 때문이다. 이와 같은 족보에 대한 지식을 통틀어 보학(譜學)이라 하였는데, 이는 양반의 필수 교양으로 작용하였다.

그래서 조선의 지식인들은 보학에 대한 폭 넓은 지식을 가지고 있었다.

비조(鼻祖)

비조는 시조 이전의 선계조상(先系祖上) 중 가장 높은 사람을 말한다. 대개 고증이 없는 경우가 많다. 이 비조라는 말은, 사람이 처음 배태될 때는 코[鼻]가 제일 먼저 생긴다고 옛사람들이 생각했기 때문에 생긴 말이다.

중시조(中始祖)

시조 이하에서, 쇠퇴한 가문을 일으켜 세운 조상으로서 모든 종중(宗中)의 공론에 따라 추대된 조상이다.

파조(派祖)

후손의 계통을 분명하게 밝히고 촌수를 명확하게 하기 위하여 가까운 자손끼리 별도로 분파조를 만들어 확인, 단합하는데 추존된 조상이다.

현조(顯祖)

학행, 공신, 절신(節臣), 청백리 등의 훌륭한 공적을 남긴 조상이다.

세(世)와 대(代)

세와 대에 대해서는 뒤에서 자세히 언급하겠지만, 시조를 1세(世)로 하여 아래로 내려갈 경우에는 세(世)라 하고, 자신을 빼고 아버지를 1대(代)로 하여 올라가거나, 아들을 1대로 하여 아래로 내려가며 계산하는 것을 대(代)라 한다. 대를 셀 때는 대불급신(代不及身)이라 하여, 자신을 거기에 넣어 계산하지 않는다.

즉 세를 셀 때에는 시조를 넣어 세지만, 자기를 기준으로 한 대를 말할 때는 자기를 넣어 세지 않는다. 그래서 대는 세에서 1을 뺀 것이라는 말이 나온 것이다.

자(字)와 호(號)

지금은 이름을 하나로 부르지만 옛날에는 여러 가지로 불렸는데, 어렸을 때 부르는 이름을 아명(兒名)이라 하고, 16세가 되어 관례를 행하면 성인으로 대우하여, 윗사람이 다시 자(字)를 지어 주었다. 호(號)는 낮은 사람이나 또는 허물없이 부르기 위하여 별도로 지어 불렀는데, 자신이 짓거나 남이 지어 준다.

호에는 존칭을 붙일 수 있지만 자에는 존칭은 쓰지 않는다. 또 호는 누구나 부를 수 있지만, 자는 동료지간이나 아랫사람에게만 쓴다.

함(銜)과 휘(諱)

살아 계신 분의 이름을 높여서 부를 때 함자(銜字)라고 하며, 극존칭으로서 존함이라고 한다. 그리고 돌아가신 분에 대하여는 휘(諱)라고 한다. 함자나 휘를 부를 때는 이름자 사이에 글자를 뜻하는 '자(字)'를 넣어서 부르는데, 성에는 붙이지 않는다. 곧 돌아가신 아버지의 함자가 홍길동(洪吉童)이면, '홍(洪) 길(吉)자 동(童)자입니다.' 라고 말한다.

묘비명(墓碑銘)과 묘갈명(墓碣銘)

족보에 묘비명 혹은 묘갈명이라는 말이 나온다.

비석은 비와 갈로 나눈다. 비(碑)는 빗돌의 머리가 있는 것을 가리키고, 갈(碣)은 비 머리가 없는 것을 말하는데 주로 둥글게 다듬는다. 자연석으로 된 빗돌도 갈이다.

비는 보통 비 머리[碑頭(비두)], 비 몸체[碑身(비신)], 비 받침[趺(부)]으로 나누고, 비 머리를 용트림한 것으로 꾸민 것을 이수(螭首)라 하고, 비 받침을 자라 혹은 거북으로 만든 것을 귀부(龜趺)라 한다.

그리고 비에 새긴 글을 비명(碑銘)이라 하고, 묘에 있는 비명이면 묘비명(墓碑銘)이라 한다. 마찬가지로 갈에 새긴 글을 갈명(碣銘), 묘에 있는 갈명이면 묘갈명(墓碣銘)이라 한다. 그런데 원칙적으로 비(碑)는 종2품 이상인 자에게 세울 수 있고, 갈(碣)은 품계에 관계없이 세울 수 있다.

시호(諡號)

시호는 죽은 뒤에 그 생전의 공덕을 기리어 임금이 추증하던 이름이다. 시호를 내릴 때는 아무렇게나 내리는 것이 아니라, 시호로 쓸 수 있는 글자와 각 글자가 담고 있는 의미를 규정해 놓은 시법(諡法)에 따라 엄정히 행하였다.

조선시대에 시호로 사용하던 글자는 처음에는 사기(史記)에서 추출한 194자였는데, 이후 추가로 107자를 확대하여 301자까지 늘어났다. 그 중 활용 빈도가 높았던 글자는 약 120자 정도였는데, 文(문), 忠(충), 貞(정), 恭(공), 襄(양), 靖(정), 良(양), 孝(효), 壯(장), 安(안), 景(경), 武(무) 등이 그것이다. 시호 중에 문충이나 충무 등을 익히 볼 수 있는 것은 이런 연유 때문이다.

그리고 이들 글자에도 여러 가지 덕목을 두었는바, 몇 가지 예를 보이면 다음과 같다.

문(文)
經天緯地(경천위지) : 천하를 경륜하여 다스린다
道德博聞(도덕박문) : 도덕이 있고 널리 들은 것이 많다
道德博文(도덕박문) : 도덕이 있고 글을 널리 읽는다
博學好文(박학호문) : 널리 배운 것이 많고 글 읽기를 좋아한다
博學多聞(박학다문) : 널리 배운 것이 많고 남에게 들은 것이 많다

충(忠)
危身奉上(위신봉상) : 자기 몸이 위태로우면서도 임금을 받든다

事君盡節(사군진절) : 임금을 섬김에 충절을 다한다

盛衰純固(성쇠순고) : 번성하거나 쇠퇴함에 상관없이 충절을 지킨다

慮國忘家(여국망가) : 나라를 걱정하여 집안일을 잊는다

推賢盡忠(추현진충) : 어진 사람을 추대하고 충성을 다한다

정(貞)

淸白守節(청백수절) : 맑고 곧으며 절개를 지킨다

淸白自守(청백자수) : 맑고 곧으며 자기를 지킨다

直道不撓(직도불요) : 곧게 도를 지키고 마음이 흔들리지 않는다

不隱無屈(불은무굴) : 숨은 생각이 없고 비굴함이 없다

大慮克就(대려극취) : 크게 헤아려 능히 이룬다

공(恭)

敬事供上(경사공상) : 일을 공경스럽게 하고 임금에게 이바지한다

敬事奉上(경사봉상) : 일을 공경스럽게 하고 임금을 받든다

敬順事上(경순사상) : 일을 공손하게 하고 임금을 섬긴다

尊賢貴義(존현귀의) : 어진 사람을 존경하고 의리를 귀하게 여긴다

執心堅固(집심견고) : 마음가짐이 굳고 단단하다

그러면 문충이란 시호에 대하여 알아보자.

이들 중 시법에서 누구나 가장 받고 싶어 하는 시호가 바로 '文'이었다. 그래서 시호 중에서는 文이 가장 으뜸인데, 위에서 보는 바와 같이 '文'을 풀이하는 구절에는 경천위지(經天緯地)와 도덕박문(道德博聞) 등이 있다. 전자는 천하를 두

루 경영했다는 뜻이고, 후자는 도덕이 깊고 견문이 넓다는 뜻이다. 앞엣것은 공자에게만 쓸 수 있는 말이고, 동방의 현자들에게는 주로 뒤엣것을 썼다.

그 뜻은 도덕심이 있고 널리 들은 것이 많다는 뜻이다. 그런데 도덕박문(道德博聞)의 聞은 問으로 쓴 예도 있어서, 견문으로 풀이하지 않고, 학문으로 해석하기도 한다. 그러니 바른 도덕의 길을 가고 학문이 넓다는 뜻이 된다. 이러한 공덕을 쌓은 사람이라야, 시호에 '문'자를 붙일 수 있다는 것이다.

그리고 충은 주로 위신봉상(危身奉上)이란 덕목을 썼는데, 몸이 위태함을 무릅쓰고 임금을 잘 받든다는 뜻이다. 그래서 문충이란 시호를 받은 사람은 도덕의 길을 가고 학문이 넓으며, 몸이 위태함에 처해서도 임금을 잘 받들어 모신 인품이 있다는 뜻이다. 즉 그러한 공적을 쌓은 사람이라야 문충이란 시호를 받을 수 있다.

다른 시호 역시 이 시법에 따라 주어진다.

면앙정(俛仰亭)은 바른 이름일까

면앙정(俛仰亭)은 전라남도 담양군 봉산면 제월리에 있는 정자 이름이다. 전남 기념물 제6호로 지정되어 있는 정자로, 조선 중종 때의 학자 송순(宋純)이 만년에 벼슬을 떠나 후학들을 가르치며 한가롭게 여생을 보냈던 곳이다. 그가 41세 되던 해에 고향인 이곳으로 내려와 지었다고 하는데, 면앙정 삼언가(三言歌)를 지어 정자 이름과 아울러 자신의 호로 삼았다. 그는 이 정자의 풍취를 시조로 이렇게 나타내었다.

> 십년을 경영하여 초당삼간 지어내니
> 반간은 청풍이요 반간은 명월이라
> 강산은 들일 데 없으니 둘려두고 보리라

그는 또 면앙정과 관련하여 자연탄상(自然歎賞)의 명작 가사 면앙정가를 지었는데 뒷날 송강의 성산별곡(星山別曲)에 많은 영향을 끼쳤다. 정감의 표현이나, 국어의 자유자재한 묘사가 뛰어나 일찍이 조선 선비들의 많은 찬사를 받았다. 그 첫머리와 끄트머리를 보면 이러하다.

무등산(无等山) 한 줄기가 동쪽으로 뻗어 와서

멀리 떨쳐 와 제월봉(霽月峯)이 되었거늘

무변대야(無邊大野)에 무슨 생각 하느라고

일곱 굽이 한데 움츠려 우뚝우뚝 벌였는고

가운데 굽이는 구멍에 든 늙은 용이

선잠을 갓 깨어 머리를 얹은 듯이

너럭바위 송죽(松竹) 헤쳐 정자를 앉혔으니

구름 탄 청학(靑鶴)이 천 리를 날으려고

두 날개를 벌린 듯이

    (중략)

천지도 넓디넓고 세월도 한가하다

복희씨 태평성대 모르고 지냈더니

지금이 바로 그때

신선이 누구던가 이 몸이 그로구나.

강산풍월(江山風月) 거느리고 내 평생을 다 누리면

악양루(岳陽樓) 저 위의 이태백이 살아온들

호탕(浩蕩)한 정회(情懷)야 이보다 더할쏘냐

이 몸이 이렇게 지내는 것도 임금의 은혜로다

그런데 송순이 세운 이 정자의 면앙정이란 이름에 대하여 다시 한 번 생각해 볼 필요가 있다. 이때까지 부른 면앙정이란 이름은 글자를 잘못 읽은 것이기 때문이다. 뜻을 모르고 붙인 이름을 그대로 답습하여 써 온 잘못된 이름이다. 결론부터 말하면, 면앙정이 아니라 부앙정이라 해야 맞다.

그러면 부앙(俛仰)이란 무슨 뜻인가를 살펴보자.

부앙(俛仰)은 부앙(俯仰)과 같은 말로서 '(아래를)내려다보고, (위를)우러러본다'

는 뜻이다. 맹자는 군자가 지니는 세 가지 즐거움 중 하나를 '우러러 하늘을 쳐다보아 부끄러움이 없고, 내려다보아 땅에 부끄럽지 않은 것'이라 하였다.[仰不愧於天 俯不怍於人] 이는 내려다보고 쳐다본다는 부앙(俯仰)의 몸가짐을 강조한 말이다. 하늘과 땅에 부끄러움이 없이 살겠다는 의미를 드러낸 것이다.

'俛'자는 '숙일 부, 힘쓸 면'으로 읽는 글자다. 머리를 숙인다는 뜻으로 쓰일 때는 '면'이 아닌 '부'로 독음해야 하는 글자다. '俛仰'은 고개를 숙여 땅을 내려다보고, 고개를 들어 하늘을 우러러 본다는 뜻이니, 이때의 俛자는 분명히 '면'이 아닌 '부'로 읽어야 하는 것이다. 다시 말하거니와, 俛仰(부앙)은 俯仰(부앙)과 같은 말이다. 즉 俛(부)는 俯(부)와 음도 같고, '숙인다'는 뜻도 같은 글자다. 만약이 '부앙'을 '면앙'이라 읽으면, '힘써 우러러 본다'는 뜻이 되어 무슨 말인지 종잡을 수가 없을 뿐만 아니라, 그런 말 자체가 없다.

면앙정 현판

송순은 바로 맹자에 나오는 俯仰(부앙) 즉 俛仰(부앙)을 따서 俛仰亭(부앙정) 이란 정자를 짓고 겸하여 호로 삼았다. 그래서 '부앙'의 정신을 기리고 펴려 하였으며, 俛仰亭歌(부앙정가)라는 가사도 지었다. 그의 그러한 뜻은 앞에서 말한 삼언가(三言歌)에도 잘 나타나 있다. 이 삼언가는 지금 부앙정에 편액으로 걸려 있다.

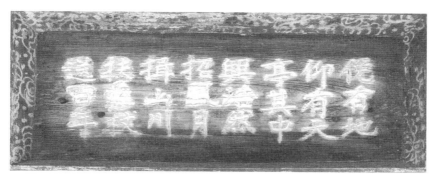

삼언가 편액

굽어보면 땅이요	俛有地
우러르면 하늘이라	仰有天
그 사이에 정자 세우니	亭其中
호연한 흥취 일어나네	興浩然
바람과 달을 부르고	招風月
산과 내를 옆에 끼고	揖山川
명아주지팡이 의지하여	扶藜杖
한평생을 보내려네	送百年

"굽어보면[俛] 땅이요 우러르면[仰] 하늘이라."는 이 삼언가의 내용은 정자에 붙어 있는 부앙정기(俛仰亭記)에도 쓰여 있다. 즉 "숙이면 땅이 있고, 우러르면

땅이 있다.[俛焉而有地也 仰焉而有天也]"는 구절이 그것이다. 이로 보아 俛仰(부앙)이 俯仰(부앙)의 뜻임은 분명하다.

한서(漢書)에도 이러한 뜻의 부앙(俛仰)이란 말이 있고, 또 한신(韓信)이 젊었을 때 굴욕을 참고 불량배들이 시키는 대로, 그들의 사타구니 아래로 기어 나왔다는 고사의 부출과하(俛出胯下)도 바로 이런 뜻으로 쓰인 글자다.

그러므로 '俛仰亭'은 면앙정이 아니라 부앙정이라 해야 옳다. 이렇게 읽어야 이 정자의 주인공 송순이 생시에 뜻한 바와도 일치한다. 곧 하늘과 땅에 부끄럽지 않은 삶을 살고자 했던 그분의 뜻과 합치된다.

언어는 사회성이 있어서 어느 날 갑자기 한 사람의 힘으로 바꾸기는 힘들겠지만, 틀린 것은 언젠가 바르게 고쳐야 한다.

이계복의 사명감

삼국유사는 5권 2책 9편목으로 되어 있는데, 편목은 왕력(王歷)·기이(紀異)·흥법(興法)·탑상(塔像)·의해(義解)·신주(神呪)·감통(感通)·피은(避隱)·효선(孝善)으로, 고대 한국의 역사, 지리, 문학, 종교, 언어, 민속, 미술, 신화 등에 대한 총제적인 자료가 담겨 있는 보고다.

그러나 삼국유사의 진면목을 아는 사람은 그리 많지 않다. 삼국유사는 저작 연대와 찬술자의 이름도 정확히 나와 있지 않은 책이다. 또 삼국유사는 역대 일반 사람들의 관심도 크게 받지 못한 책이다.

인각사의 일연 비명에 그의 저술들이 자세하게 기록되어 있으나, 어쩐 일인지 유사에 대한 언급은 없다. 삼국유사를 일연이 지었다고 단정하는 유일한 근거는 유사 제5권 첫머리에 국존 조계종 가지산하 인각사 주지 원경충조대선사 일연 찬(國尊 曹溪宗 迦智山下 麟角寺住持 圓鏡沖照大禪師 一然 撰)이라는 기록이 유일하다. 가지산하는 가지산파를 가리키는 말인데, 이는 전라남도 장흥군에 있는 가지산 보림사를 중심으로 하여 일어난 선종의 한 유파를 가가리킨다. 일연은 그 가지산파에 속한 승려다. 원경충조는 충렬왕이 1283년 3월에 그를 국존으로 봉하고 내린 호다.

어떻든 1권부터 4권까지는 아무 말이 없다가, 5권에만 불쑥 찬자를 밝히고 있어 의아스러움을 자아낸다. 이에 대해 최남선은 처음에는 권마다 찬자의 이름을 나타냈지만, 간행 과정에서 점차 이름이 빠지고 5권에만 남았을 것이라 하였으나 명확하지 않다.

이에 더하여 의문을 일으키게 하는 것은, 유사의 두 군데에 '무극이 기록한다[無極 記]'는 기록이 보이기 때문이다. 즉 전후소장사리(前後所藏舍利)조와 관동풍악발연수석기(關東楓岳鉢淵藪石記)조에 나타난 기록이 그것이다.

유사의 이러한 기록은 찬술자에 대한 혼란을 불러일으킨다. 그래서 삼국유사는 단독 저술이 아니라는 주장이 일찍이 대두되었다. 동사강목에는 고려 중엽의 승려 무극(無極)과 일연(一然)이 지었다고도 하고, 무극일연이 지었다고 하여 일연과 무극을 동일인으로 적기도 하였다. 또 증보문헌비고에는 아예 작자 미상이라 하였다.

무극은 일연의 제자다. 무극은 스승이 찬술한 원문에 약간의 평을 달거나 가필한 것으로 보인다. 그는 스승의 저서를 간행하면서 겸손의 표시로 그 사실을 밝힌 것이라 생각된다. 그리고 일연이 지었다는 사실을 5권 첫머리에만 붙인 것은, 제일 마지막 편에서 저자의 이름을 적은 것 같다.

승려 신분인 그는 세속에서 벼슬살이를 하는 선비들처럼 자신의 직위나 직급을 밝힐 필요를 느끼지 않았을 것이다. 그래서 간략히 마지막 권에 이름을 적어 넣은 것으로 보인다. 원래는 권마다 자기 이름을 적었는데, 후대에 오면서 그것이 빠졌을 것이라는 육당의 의견은 아무래도 과해 보인다.

이러한 사실은 조선시대까지 삼국유사에 대한 일반인의 관심이 별로 높지 않았음을 말해 준다. 고려 시대에 삼국유사가 인용된 사례가 단 한 군데밖에 보이지 않는 것만 봐도 그것을 알 수 있다. 더구나 조선의 선비들은 유사의 기록들이 황탄(荒誕)하다 하여 취할 바 못된다고 평하였다. 유교의 합리주의적 사고에 바탕을 두었던 조선 사회의 사조는, 유사의 기이하고 괴기한 사실들을 받아들일 수 없었던 것이다.

이후 우리는 20세기 초까지 삼국유사를 까맣게 잊고 있었다. 삼국유사가 우리에게 관심의 대상이 된 것은, 부끄럽지만 일본 사람들의 힘이 크다. 그들이 임진왜란 때 이 책을 가져가 도쿠가와 이에야스가 잘 보관하고 있다가 1904년에 도쿄제국대학에서 출판한 것을, 유학중이던 최남선이 이를 보고 1927년에 계명 18호에 전문을 실음으로써 알게 되었다. 일본은 일찌감치 그 가치를 알고 있었지만, 정작 주인인 우리는 까마득히 모르고 있었던 것이다.

삼국유사의 최초 간행은 조선 초에 와서야 이루어진 것으로 보인다. 고려 때 제자 무극이 간행했을 것이란 의견이 있으나 확실하지 않다. 공민왕 때 작성된 경주사수호장행안서(慶州司首戶長行案序)에 삼국유사 '신라시조 혁거세'조의 내용 일부가 인용된 예가 있지만, 이때의 삼국유사가 간본(刊本)인지 필사본인지는 알 수가 없다. 그런데 이 선초(鮮初)본도 여러 군데 부분부분이 남아 전하지만 완전한 전질본은 보이지 않는다.

오늘날 우리가 삼국유사를 쉽게 볼 수 있는 것은 경주 부윤(府尹) 이계복(李繼福)이 중종 7년(1512) 임신년(壬申年)에 복간한 덕분이다. 그는 한 지방 관리로서 민족의 역사를 후대에 알려야겠다는 뛰어난 사명감으로, 여러 가지 어려움을 극복하고 삼국사기와 함께 삼국유사를 간행하였다. 한꺼번에 새롭게 판각을 할 수 없어서 구각판(舊刻板)을 사용하기도 하고, 한 곳에서 전부를 새길 수 없어서 여러 읍에 나누어 일을 진행하였다. 그래서 오자, 탈자, 중복, 전도(顚倒) 등의 교정 미비가 발생하여 상처 많은 책이 되기도 하였다. 그러나 이것은 국가 기관에서 엄정히 시행된 것이 아닌, 재정이나 인력이 부족한 일개 지방 관서에서 진행한 일임을 고려할 때 어쩔 수 없는 일이라 생각된다.

만약 이계복이 삼국유사 임신본을 간행하지 않았다면, 삼국유사는 오늘날 전해지지 않았을 것이다. 그가 없었다면 우리 역사의 반을 잃었을 것이기에 그래서 우리 문화사에 끼친 이계복의 공로는 매우 중요하다. 그런데 이렇듯 민족 앞에 바친 그의 큰 공로를 아는 사람은 많지 않다.

오늘을 살아가는 우리 모두는 그가 지녔던 공복으로서의 사명감을 돌아보고 이 시대에도 그와 같은 방백이 많이 나오기를 바라는 뜻에서, 삼국유사 발문에서 했던 그의 숭고한 말을 다시 한 번 읽어 보자.

"우리 동방 삼국의 본사나 유사 두 책이 딴 곳에서는 간행된 것이 없고 오직 본부(本府 : 경주)에만 있었다. 세월이 오래 됨에 목판이 닳아 한 줄에 알아볼 수 있는 것이 겨우 4, 5자 밖에 되지 않는다. 내가 생각건대, 선비가 이 세상에 나서 여러 역사책을 두루 보고 천하의 치란(治亂)과 흥망, 그리고 모든 이상한 사적에 대해서 그 견식을 넓히려 하는 것인데, 하물며 이 나라에 살면서 그 나라의 일을 알지 못해서야 되겠는가?

이에 이 책을 다시 간행하려 하여 완본(完本)을 널리 구하려 했으나, 몇 해가 지나도 이를 얻지 못했다. 그것은 일찍이 이 책이 세상에 드물게 유포되어, 사람들이 쉽게 책을 얻어 보지 못했다는 것을 알 수 있다. 만일 지금 이것을 다시 간행하지 않는다면, 장차 실전(失傳)되어 동방의 지나간 역사를 후학들이 마침내 들어 알 수가 없게 될 것이니 실로 탄식할 일이다.

다행히 학사 성주목사 권공(權公) 주(輳)가, 내가 이 책을 구한다는 말을 듣고 완본을 구해 얻어서 나에게 보냈다. 나는 이것을 기쁘게 받아 감사 안상국(安相國) 당(瑭)과 도사(都事) 박후(朴侯) 전(佺)에게 이 소식을 자세히 알렸더니, 이들은 모두 좋다고 했다.

아! 물건이란 오래 되면 반드시 폐해지고, 폐해지면 반드시 일어나게 마련이다. 이렇게 일어났다가는 폐해지고, 폐해졌다가는 다시 일어나게 되는 것이 바로 이치의 떳떳한 바이다. 이치의 떳떳함으로 일어날 때가 있는 것을 알고, 그 전하는 것을 영구하게 해서 후세의 배우는 자들에게 배움이 되기를 바라는 바이다.”

경포대의 편액 제일강산(第一江山)은 몇 사람이 썼나

    강릉 경포대는 경치가 아름답고 전망이 좋아, 예부터 갖가지 전설과 일화가 깃들인 명승지다. 그런데 경포대의 누대 안으로 들어가면 천정에 제일강산(第一江山)이란 편액이 달려 있어서 눈길을 끈다. '第一江山'이란 네 글자 중, 앞의 두 자 '第一'과 뒤의 두 자 '江山'의 글씨체가 서로 다른데, 앞의 두 글자는 초서체로 씌어 있고, 뒤의 두 글자는 해서체로 씌어 있기 때문이다.

    아래의 사진이 바로 그 편액이다.

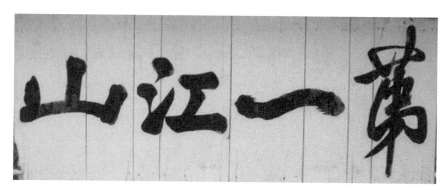

강릉 경포대 제일강산 편액

이에서 보는 바와 같이, '第一'과 '江山'의 글씨체가 다르다. 그곳의 문화 해설사를 비롯한 모든 분들이, '第一'과 '江山'의 글씨체가 다른 연유를 이렇게 설명하고 있다.

원래 주지번(朱之番)이 같은 글씨체로 넉 자를 썼는데, 중간에 어떤 일이 생겨, 끄트머리 두 글자 즉 '江山'을 잃어버려, 후세에 다른 사람이 '江山' 두 자를 새로 써 넣었기 때문에 그렇게 되었다고 말한다. 앞의 두 자는 초서체로 쓰고, 뒤의 두 글자는 해서체로 씌어 있는 것을 그렇게 설명하고 있다.

그러나 이러한 설명에는 상당한 의문점이 있다. 이런 주장을 하게 된 이유는, 이 편액이 여러 조각의 판자를 이어 붙인 것에 착안한 것 같다. 즉 원래 하나로 된 현판이 중간에 동강나서, 이를 보수하면서 그렇게 되었을 것이라 생각할 수 있기 때문이다.

그러나 자세히 보면, 현판 조각의 크기가 차례대로 반복되어 있는 규칙적인 배열임을 발견할 수 있다. 즉 앞의 '第一'이 쓰인 4조각과 뒤의 '江山'이 쓰인 4조각의 너비가 배열순서에 따라 일치한다. 그리고 앞의 판자 4쪽에 두 자를 쓰고, 뒤의 판자 4쪽에 두 자를 써서 나란히 배치하고 있다.

이와 같이, 이어붙인 판자의 너비가 규칙적이라는 것은, 처음부터 이 편액은 한 개의 판자로 된 것이 아니라, 8개의 판자를 이어 붙여 만든 것이라는 추론이 가능하다. 그렇다면, 뒤의 두 자 즉 '江山'도 원래의 조각판에 쓰였음을 미루어 짐작할 수 있다. '第一'이란 글자판도 원래 하나의 판이라거나, 부서진 판목을 수리하여 붙인 것이라고는 보이지 않는다.

만약에 기존의 설명대로라면, 본래의 현판이 최소한 8조각으로 파손되었다는 얘기가 되는데, 현재의 편액을 얼핏 살펴보더라도 그렇게 보이지는 않는다.

그럼 여기서 이 현판에 대해 참고가 될 만한 사진 한 장을 보기로 한다.

아래 사진의 글씨를 보면, 이 문제에 대한 상당한 시사를 받을 수 있기 때문이다. 이 사진은 어느 지인이 공자의 유허지인 곡부와 태산을 기행하고 찍은 '第一山'이라고 쓴 비석이다. '第一山'은 중국인들이 신성시하는 태산을 가리키는 말인데, 이 글씨를 보면 앞의 '第一' 두 자는 초서로 쓰고, 뒤의 '山' 한 자는 해서체로 되어 있어서, 글씨체가 경포대의 '第一江山'과 너무나 유사하다.

중국 제일산 비석

미불이 쓴 제일산 탁본

이 '第一山'이란 글은 미불(米芾)이란 사람이 쓴 것이다. 미불은 북송 시대의 유명한 서예가로, 자는 원장(元章)이며 호는 녹문거사(鹿門居士), 양양만사(襄陽漫

士), 해악(海岳), 남궁(南宮) 등으로 썼으며 채양, 소동파, 황정견과 함께 북송 4대
가로 불리는 사람이다.

　그러면 미불이 쓴 이 '第一山'과 경포대의 현판 '第一江山'과는 어떤 연관성
이 있는 것일까? 이 '第一江山'이라는 글씨체의 현판은 원래 평양의 영광정에서
사용했다. 영광정에서 처음 이 현판을 만들 때, 第一山 석 자는 미불의 '第一山'
을 탁본해 와서 그대로 쓰고, 거기에 없는 '江' 자만 새로 써 넣어 제작하였다.
조선 중기의 유명한 서예가인 이광사(李匡師)의 원교서결(圓嶠書訣)에 다음과 같
은 내용이 있다.

　　"영광정의 '第一江山' 편액은 바로 미원장(米元章)의 석각서를 탑본하여 판
　각한 것이다. 그 중 '江'자는 본래 없어서 주지번(朱之蕃)의 글씨로 채웠으나,
　둔열하여 썩 어울리지 않았다.
　　백하(白下)가 이를 바꾸어 썼으나, 오히려 주지번보다 못하니 애석한 일이
　다."

　여기에 등장하는 주지번은 호를 난우(蘭嵎)라 하는 사람으로, 명나라 때의 뛰
어난 서화가다. 그리고 백하(白下)는 윤순(尹淳)이란 사람의 호인데, 조선 후기를
대표하는 글씨의 대가로, 시문과 그림에도 능하였다. 이광사도 그의 문하생이다.

　이로 보건대 평양 영광정의 '第一江山' 현판은, '第一山'세 글자만 미불의
석각서를 탁본하여 그대로 사용하고, 거기에 없는 '江'자는 처음에 주지번이 썼
는데 그 글씨가 별로 좋지 못하므로 그것을 버리고, 뒤에 윤순이 새로 써 넣어
만든 것임을 알 수 있다.

평양 영광정 제일강산 현판

　그런데 주요한 것은 강릉 경포대의 제일강산 현판은, 바로 이 평양 영광정의 현판을 모본(模本)으로 삼아 그대로 제작했다는 사실이다. 1953년경에 경포대 현판을 만들 때, 명필가로 알려진 이희수라는 분이 영광정 현판 4자를 한 자씩 4장에 그대로 모사(模寫)했던 것을 가져와 만들었다. 그런데 경포대 현판을 만들면서 도중에 '江' 자를 잃어버렸다. 그래서 할 수 없이 강릉 지방의 한 서예가가 '江' 자를 새로 써서 제작하였다. 이렇듯 강릉 경포대의 제일강산 현판이 만들어진 과정은 그 곡절이 자못 흥미롭기까지 하다.

　요약컨대, 지금의 경포대 '第一江山' 현판은, '第一山' 3자는 미불의 석각서 탑본이 모본으로 사용되었고 '江' 자 1자는 강릉의 한 서예가가 쓴 글을 사용하여 제작되었다.

　그러므로 경포대의 '第一江山'이란 편액은, 세간의 말처럼 뒤의 두 글자가 쓰인 현판 부분을 잃어버려 다시 쓴 것도 아니며, 이에 따라 앞의 두 자와 뒤의 두 자를 각각 다른 사람이 쓴 것도 아니다. 결론지어 말하면, '第一江山' 현판의 글은 '第一山'을 한 사람이 쓰고, '江'을 다른 한 사람이 쓴 것이다.

이항복이 만든 팔진미

　　임진왜란은 병자호란과 더불어 조선의 역사상 가장 피해가 컸던 전란이었다. 일본을 통일한 도요토미 히데요시는 난을 일으키기 7년 전부터 대륙 침공의 의도를 구체적으로 나타내었지만, 조선의 지배층은 일본이나 여진 등과 같은 인접 국가의 정치적 변동 사항을 구체적으로 탐지하려 하지 않았다. 16세기 말에 일본에 파견한 통신사도 당파 싸움에 치우쳐, 한 사람은 일본이 쳐들어 올 것이라고 주장하는가 하면, 다른 한 사람은 일본은 그럴 능력이 없다고 보고하였다.

　　사회 기강 또한 해이해져, 조정에서 왜군의 침공에 대비하여 성곽을 수축하고 군비를 정비하라는 명령을 각 도에 내려도, 민폐를 야기한다는 명분으로 이것이 먹혀들지 않았다.

　　이러한 정세를 틈탄 일본은 1592년 4월에 부산성 함락을 시작으로 물밀 듯이 쳐들어 왔다. 상륙 20일 만에 서울은 왜군에게 점령되었고 임금은 몽진을 떠났다. 조총을 든 20만의 대병 앞에 나라는 하루아침에 풍비박산이 되었다.

　　다급해진 조정에서는 명나라에 원병을 청하기에 이르렀다. 원병으로 온 명나라 군사는 우리를 도우러 왔으니 고맙기는 하였으나, 이들이 부린 행패 또한 만만치 않았다. 왜적이 끼친 폐해보다 원군으로 온 명나라 군대가 오히려 더 많은 횡포를 부렸다. 약자를 도우러 온 강자의 거드럭거리는 위세를 그들은 한껏 부려댔다.

4만의 군사를 이끌고 온 이여송도 예외는 아니었다. 자기 일이 아닌 남의 일이라 답답할 것이 없는 그로서는, 목숨을 걸어 놓은 싸움을 하기보다는, 적당히 시간을 넘기는 것이 현명하다고 생각했을지 모른다.

이여송은 처음 평양성 전투에서는 승리했다. 여세를 몰아 파주까지 추격했으나 장비가 무거워 이동이 불편하다는 이유로, 포 부대 없이 기마 부대만으로 맞서다가 일본에게 크게 패하고 싸움을 중지했다. 도체찰사 유성룡이 다시 반격하자고 매일 졸랐으나 번번이 거절하면서, 자꾸 귀찮게 굴면 곤장을 치겠다고 으름장을 놓기도 했다. 일국의 재상에게 차마 할 수 없는 무지막지한 무례까지 저질렀던 것이다.

그들은 왜란 7년 가운데 4년을 강화협상으로 허송하면서 전쟁을 질질 끌었다. 그 사이 우리 의병들이 왜군을 습격하자 명나라는 '협상 중에 공격하는 법이 없다'면서, 일본군에게 이른바 심유경 표첩이라는 통행증을 발급하고, 그 표첩을 소지한 일본군에게 조선 관민이 절대 공격하지 못하도록 조치하였다. 그들은 낮에는 싸우는 척하고, 밤에는 저들과 화친하는 얄팍한 술책을 구사하였다.

이렇게 차일피일 전쟁터에 나가기를 미루면서 술을 가져오라, 여자를 바쳐라, 귀한 음식을 대령하라는 등의 까다로운 청을 내걸고는 싸움터에 나가기를 연일 뒤로 미루었다. 답답한 것은 우리 쪽이었다. 생사가 달려 있는 일인데, 어찌 속이 타지 않으랴?

이를 지켜보던 이항복이 피를 토하는 말로, 싸움터에 나가 줄 것을 간청하였다. 미적거리던 이여송은 또 잔꾀를 부렸다. 팔진미를 가져오면 그걸 먹고 전장에 나가겠다는 것이었다.

여기에는 치밀한 이여송의 계교가 숨어 있었다.

팔진미라는 것은 다 알다시피, 중국 사람들이 가장 진기한 음식으로 치는 여덟 가지 차림이다. 여기에는 맛을 기준으로 한 것도 있지만 그들 특유의 멋을 더한 것도 있는데, 세상에 존재하지 않는 음식을 끼워 넣은 것이 그 좋은 예다. 용의 간이 그 대표적인 것으로, 용 자체가 없는 동물이니 용의 간 또한 있을 리가 없다. 그저 객기를 부려본 것이다.

일이 이러하니, 제아무리 기지가 넘치는 오성 대감 이항복이라 한들, 팔진미를 갖추어 가져올 수는 없었다. 없는 용의 간을 어떻게 가져 올 수 있겠는가? 이여송은 풀 수 없는 문제를 내 놓고 전쟁터에 나가지 않을 술수를 부린 것이다.

드디어 약속한 날 아침이 왔다. 이항복은 팔진미를 가져왔노라고 하면서 이여송 앞에 상을 들이밀었다. 이여송은 자기 계략대로 되어 가는데 대해 회심의 미소를 지으며, 상은 거들떠보지도 않고, 대뜸 용의 간을 가져왔느냐고 물었다. 말이 떨어지기가 무섭게, 오성은 용의 간 중에서도 최상품을 가져왔노라고 대답하였다.

깜짝 놀란 이여송은 고개를 돌려 상을 살펴보고는 어느 것이 용의 간이냐고 물었다. 오성은 서슴지 않고 두부를 가리키며,

"이것이 용의 간이 아니고 무엇입니까? 중국은 큰 나라라 용의 간이 흔한 줄 알았는데, 보아하니 장군도 용의 간은 처음 보는 듯하외다."

라고 하면서 이여송에게 덮어씌웠다.

이 말을 들은 이여송은 허허 웃고는, '조선에 이런 충신이 있었구먼, 내가 졌다.'고 혼잣말로 탄성을 질렀고, 이에 감복한 이여송은 곧바로 출전했다는 것이다.

이 일화를 평하여 사람들은 '오성과 한음' 이야기로 유명한 이항복의 뛰어난

재치를 나타낸 것이라고 생각하고 있다. 그러나 이것은 단순한 '오성과 한음'류의 이야기가 아니다. 이여송이 감탄한 것은 오성의 재치가 아니라, 그 속에 담긴 오성의 정성이다. 그렇게까지 깊이 생각을 다듬고 고민을 쌓아가며, 나라를 걱정하는 오성의 정성에 감복한 것이다. 그렇기 때문에 그는 곧바로 출전한 것이다.

지성이면 감천이란 말이 있다. 정성을 들이면 두부도 용의 간이 되는 법이다.
우리는 지금 남북분단이라는 역사 초유의 아픔에다 주변 사강의 틈바구니 속에서 나날을 살아가고 있다. 이러한 판국을 현명하게 읽고 대처하지 않으면 또 무슨 일이 생길지 모른다. 이여송이 무도한 행패를 부리고, 도체찰사가 다른 나라의 일개 장수에게 곤장을 맞을 뻔하고, 뭇 백성이 약탈과 능욕을 당하는 그런 역사가 또 되풀이되지 말라는 법이 없다. '징비록(懲毖錄)'이라는 말이 안고 있는 뜻과 같이, 지금 우리가 저지르고 있는 잘못은 징계하고, 미래에 다시는 그런 일이 생기지 않도록 삼가는 자세를 단단히 가져야 할 것이다.

세자를 죽인 아버지의 심리

조선왕조에서 비운의 왕세자로 회자되는 인물은 소현세자(昭顯世子)와 사도세자(思悼世子)다. 왕좌를 이을 세자로 일찍이 책봉되었음에도, 왕위에 오르지 못하고 죽은 비극의 주인공들이다. 부왕이 자신의 아들을 죽인 데는 그 나름의 이유가 있을 것이다.

그러면 먼저 사도세자부터 그 요인을 더듬어 보자. 사도세자의 죽음에 대해서는 두 갈래의 주장이 있다. 하나는 정치적인 데 그 원인이 있다는 것이고, 다른 하나는 개인적인 문제에 요인이 있다는 것이다.

정치적인 문제로 파악하는 주장은, 영조 편을 드는 노론과 세자 편을 드는 소론의 파쟁 속에서 사도세자가 희생된 것이라고 본다. 이에 비하여, 개인적인 측면으로 보는 주장은 세자의 광기 어린 행패로 빚어진 결과물로 본다. 또 어떤 이는 그 두 가지가 뒤섞인 요인에서 발생한 것이라고도 한다. 보는 이에 따라 시각의 차이는 있으나, 모두가 근거를 가지고 있음에는 틀림이 없다.

그러면 그러한 근거들의 가장 밑바탕이 되는 제일 요인은 무엇일까?

영조는 정비에게서 태어난 대군이 아니라, 하찮은 무수리의 몸에서 태어난 사람이다. 그래서 그는 평생 동안 이 콤플렉스를 가슴에 품고 살았다. 그런데 그 역시 정비에게서는 후사를 보지 못했고, 후궁에게서 아들을 두었다.

정비인 이씨와의 사이에서 태어난 효장(孝章)세자는 9세로 요절하고, 그 7년 뒤에 둘째이자 마지막 아들인 이선(李愃)이 태어났다. 이가 곧 사도세자다. 이때 영조의 나이는 41세였으니 국왕의 기쁨은 매우 컸을 것이다.

영조는 곧 왕자를 중전의 양자로 들이고 원자로 삼았으며, 이듬해에는 왕세자로 책봉했다. 그냥 세자로 삼은 것이 아니라, 정비의 아들로 입적하는 과정을 거친 것을 보아도, 영조 자신이 후궁의 소생임을 얼마나 의식하고 있었는가를 미루어 알 수 있다.

세자는 매우 총명했고, 부왕의 기쁨은 그만큼 더 커졌다. 그런데 세자는 영특했지만 기본적으로 무인적 기질이 강했다. 어릴 때부터 군사놀이를 즐겨 하고 병서도 즐겨 읽었다. 게다가 신체적 조건과 무예도 뛰어났다. 기운도 셌고, 활을 쏘면 반드시 명중시켰으며, 말타기에도 매우 능했다.

영조는 이를 못마땅히 여겼다. 군왕이 갖추어야 할 문사(文思)의 자질에 흠결이 있다고 생각했기 때문이다. 그래서 아버지는 아들을 꾸짖기 시작했고, 아들은 아버지를 무서워하며 꺼리게 되었다.

어느 날, 영조는 "글을 읽는 것이 좋은가, 싫은가"를 물었고 세자는 "싫을 때가 많다"고 대답했다. 그러자 부왕은 세자를 크게 꾸짖어, 자신은 세자 때 놀지 않고 학문에 정진하였으며 술도 마시지 않았다고 하면서, 아침부터 저녁까지 한 일을 빠짐없이 적어 보고하라고 엄한 지시를 내렸다. 자신이 신분상의 약점을 보완하기 위해 취했던 완벽주의를 세자에게도 강요한 것이다. 계속된 부왕의 질책에 세자는 점점 더 부왕이 두려워 피하게 되고, 끝내는 공포감에 휩싸이게 되었다.

세자는 서연(書筵 : 왕세자에게 경서를 강론하던 자리)에서는 글 읽는 소리가 컸지만, 부왕 앞에서는 점차 작아졌다. 불안과 공포가 그를 그렇게 만들었다. 게다가 영조가 총애하는 숙의(淑儀) 문씨와 화완 옹주는 세자를 끊임없이 모함하며 영조에게 고자질을 해 댔다. 영조는 이들의 말만 믿고, 세자의 말은 무조건 거짓으로 돌리고 질책하였다.

사도세자는 마침내 강박증 환자가 되었다. 완벽주의는 강박증의 주요 원인이다. 병은 점점 깊어져 발작할 때는 계집종과 내시를 죽이는 일까지 벌어졌다. 옷을 갈아입지 못하는 의대증도 앓게 되었다. 관복을 갈아입는 것이 곧 부왕을 대면하는 것으로 무의식중에 연상되었기 때문이다. 불안을 견디지 못하여 그런 행동으로 불안을 해소하려 한 것이다. 그러한 행동을 하는 연유를 묻는 영조의 질문에 대하여, 세자는 부왕이 꾸중하므로 무서워서 화가 되어 그렇다고 대답하였다.

세자는 입시하라는 명령만 들으면 두려워 벌벌 떨며, 잘 알고 있는 일도 즉시 대답하지 못했다. 임금은 일이 있을 때마다 엄하게 나무라니, 세자의 불안증은 더욱 심해졌다. 강박증은 극도의 불안과 공포를 수반하는 정신질환이다. 외견상으로 보아 남들은 이해하지 못하는 병이다. 의학의 한계를 갖고 있던 당시에는 더욱 그러했을 것이다. 세자는 그러한 자기의 증세에 대하여 고뇌하는 모습을 군데군데 글로 남기고 있다.

영조 37년에 세자는 답답함을 이기지 못하여 관서지방을 여행하고 돌아왔다. 이 사실을 뒤늦게 안 영조는 세자의 이런 행위가 변란을 모의하려는 중대한 정치적 의도를 가진 것이라고 생각했다. 그렇게 의심이 쌓여 마침내는 세자를 뒤주 속에 가두어 굶어 죽이는, 이른바 임오화변이 일어났다.

영조는 자신이 가졌던 콤플렉스를 세자에게 그대로 전이시키고, 완벽주의를 강요하였다. 무수리의 아들인 그가 가진 신분적 열등감을 후궁의 아들로 태어난,

같은 처지의 세자에게 투사하였다. 구스타프 융이 말한 '그림자(열등한 무의식)'를 세자에게 쏟아 부은 것이다. 물론 그의 가슴 밑바닥에는, 세자에게는 자기가 가진 열등감을 갖게 하지 않으려는 심리적 기제가 작동하였을 것이다. 모름지기 군왕은 무(武)보다 문사(文思)에 밝아야 한다는 점에 비추어 세자에게 실망하고 세자를 걱정했다. 그러나 그 집착이 과도하여 아들을 희생시키고 만 것이다.

된 시어머니 밑에서 시집살이를 한 며느리가, 뒷날 자기도 모르게 된 시어머니가 되어 화를 저지른 격이라 할 수 있다. 이것이 세자를 죽인 제일 요인이다. 당파의 대립이나 변란 모의에 대한 의심 등은 그 위에 켜켜이 쌓인 제이, 제삼의 요인이라 볼 수 있다.

다음은 소현세자의 경우를 보기로 하자.

소현세자는 1612년에 인조의 장남으로 태어났다. 인조반정으로 부친이 왕위에 오르자 14세의 어린 나이로 세자로 책봉되었고, 병자호란 후 아우인 봉림대군과 함께 청나라에 인질로 끌려갔다. 인질로 잡혀간 지 8년 만에 귀국하였지만, 귀국한 지 두 달 만에 사망하였다.

세자의 죽음에는 석연치 않은 점이 많은데, 치료한 지 4일 만에 죽은 것으로 보아 독살된 것으로 보는 이가 많다. 세자의 주치의는 이형익이란 신출내기였는데, 그는 세자와 사이가 좋지 않았던 인조의 애첩 소용 조씨의 친정에 출입하던 자였다. 신하들이 그를 조사, 처벌해야 한다고 진언했으나 인조는 그런 일은 흔히 있을 수 있는 일이므로 처벌할 필요가 없다고 하면서 거절하였다. 뿐만 아니라, 장례조차 격에 맞지 않을 정도로 간소하게 치르게 하였다.

심양으로 끌려갔던 세자는 청과의 원만한 관계를 정립하기 위하여 힘쓰는 한편, 자금을 마련하여 잡혀간 백성들을 구출하는 데도 많은 노력을 기울였다. 세자빈 강씨도 여러 가지 사업을 벌여 자금을 모으는 데 힘을 보탰다. 청은 명나라를 멸하기 위하여 조선의 도움이 필요했으므로 세자를 호의적으로 대한 반면에 한편으로는 세자를 통하여 조선에 대한 인적, 물적 요구를 해 왔으므로 세자는 업무 처리에 많은 어려움을 겪었다. 말하자면, 세자는 조선의 대사 역할을 담당하였다.

병자호란 때 청군의 길 안내까지 하면서 청에 빌붙어 놀아나던 정명수란 자가 있었다. 정명수는 광해군 때 명나라가 조선에 원병을 요청하여 출병한 강홍립 휘하의 일개 병졸이었다. 강홍립이 청에 전략적인 항복을 한 결과로, 군사들은 잠시 포로로 묶여 있다가 대부분이 해제 조치되어 귀국했다.

그러나 정명수는 돌아오지 않고 거기에 남아, 청나라 말을 익혀 뒷날 역관 노릇을 하면서 매국노가 되었다. 병자호란 때 청군에게 길을 안내하면서 본국에 들어온 정명수는 거드럭거리며 갖은 행패를 부렸다. 심지어는 조정의 고관을 몽둥이로 때리는 일까지 함부로 저질렀다. 온갖 악행을 저지르며 날뛰는 모습을 본 사람들이 참지 못하여, 그를 암살하고자 했으므로 정명수는 청나라로 달아났다. 소현세자는 이러한 정명수를 그냥 둘 수 없어서 천신만고 끝에 정명수를 잡아 죽이는 데 성공했다. 세자는 이런 세세한 문제에까지도 관심을 쏟았다.

소현세자는 신흥 청나라의 힘을 보았고, 앞서 있는 여러 가지 문물을 보고 느낀 바가 많았다. 세자는 북경에 와 있던 독일인 신부 아담 샬과도 친분을 쌓아, 그에게서 천주교와 새로운 학문을 배웠다. 천문학을 비롯한 각종 서적과 관측기구도 선물 받았다. 세자는 국내로 돌아오면 그러한 신문물을 적극적으로 받아들이기로 마음먹었다.

그러나 명나라에 대한 보은과 삼전도의 굴욕만을 마음에 새기고 있던 인조는 소현세자와 생각이 달랐다. 또 광해군의 명·청 등거리 외교정책에 반대하여 반정을 일으킨 서인세력은 소현세자의 그러한 입장에 대하여 불만을 품었다.

오랜 고난의 세월을 보내면서 새로운 국제질서를 직접 체험하고 돌아온 세자를 인조는 반가워하지 않았다. 인조는 세자가 청나라에 깊이 경도된 것을 보고, 청과 결탁하여 왕위를 찬탈할까 오해하며 두려워한 것이다. 자신이 반정으로 즉위한, 정통성 없는 정권이었기 때문에 그런 쪽에 많은 신경을 썼다. 요인들의 행동을 항상 감시하고 뒷조사를 하기 위한 기찰(譏察)제도를 실시한 것도 그런 연유였다. 반정의 공신인 이괄에게도 예외가 아니어서, 심한 기찰을 실시하여 그로 하여금 난을 일으키는 하나의 원인을 제공하기도 하였다.

인조의 그러한 두려움의 대상은 세자빈 강씨와 그 피붙이에게로 확대되었다. 앞에서도 말했지만, 강빈은 부지런하고 수완이 뛰어나, 세자가 필요로 하는 자금을 모아 제공하는 데 크게 기여하였다.

인조는 강빈을 죽이기 위하여 음모를 꾸몄는데, 그것이 바로 전복구이 사건이다.

어느 날 인조에게 올린 전복구이 안에 독약이 들어 있었는데, 이를 강빈이 인조를 독살하기 위하여 행한 짓이라 덮어씌운 사건이다. 이를 빌미로 강빈에게는 사약을 내리고, 강빈의 어머니와 형제들도 참살하였다. 또 손자 3명도 제주도에 유배를 보내 그 중 두 사람을 죽게 했다.

소현세자는 현실을 인정하며 청나라와 새로운 관계를 세우려고 애썼던 사람이다. 이것이 인조의 의심을 사 끝내는 처참한 죽음을 당하였다. 만약 세자가 즉위하여 서양문물을 받아들이고, 광해군처럼 현명한 외교정책을 썼더라면, 우리의 근대화도 빨라졌을 것이다.

아들을 죽인 영조와 인조는 다 같이 콤플렉스를 가지고 있었다는 점에서는 같다. 영조는 무수리의 몸에서 났다는 태생에 대한 콤플렉스에, 인조는 쿠데타에 의한 비정통성의 콤플렉스에 시달렸다.

그러나 영조는 고뇌했던 자신의 처지를 아들에게 답습시키지 않으려는 심리적 기제에서 그것을 투사했고, 인조는 순전히 왕좌를 확고히 유지하기 위해 그것을 투사했다. 영조는 아들을 현명한 군주로 만들려는 욕심과 집착에 가려 아들을 죽인 데 비하여, 인조는 오직 자신의 자리를 지키고 유지하기 위해 아들을 죽였다. 그리고 영조는 아들을 죽이고 후회하여 사도(思悼)라는 칭호를 내리고 손자를 애지중지 보살폈지만, 인조는 손자까지 죽이는 매정함을 보였다. 한 사람은 과욕으로 자식을 죽였고, 한 사람은 비정으로 자식을 죽였다.

전등사 나녀상 전설의 양면성

　강화도 하면 누구나 전등사를 떠올리게 된다. 전등사가 그렇게 유명한 관광 사찰이 된 데에는 여러 가지 이유가 있겠지만, 아무래도 그 절의 대웅전 처마 밑에서 서까래를 떠받치고 있는 목각 나녀상이 한몫했을 것이다.

　건물의 네 모서리에 이와 같은 조각상을 배치하게 된 내력을 말해 주는 두어 가지 전설이 지금도 전해 온다.

　그 첫째가 '저주의 나녀상'으로 불리는 이야기다.

　전등사는 광해군 때 발생한 큰 화재로 절이 거의 다 타 버려 다시 짓게 되었 다. 그때 이 대웅전 공사를 맡은 우두머리 목수가 집을 떠나온 허전함을 달래기 위해, 가끔 아랫마을의 주막을 찾게 되었다. 출입이 잦아지면서 그만 주모와 눈 이 맞아 정이 들게 되고, 마침내는 미래를 약속하는 사이가 되었다.

　그러자 목수는 주모를 믿고 그때까지 벌어들인 돈을 몽땅 그녀에게 맡겼는데, 공사가 끝나갈 무렵의 어느 날 그녀가 그만 그 돈을 몽땅 가지고 달아나 버렸다.

　앞이 캄캄해지고 한없는 배신감이 그를 덮쳤다. 그래서 목수는 그녀를 저주하 면서 그녀의 벌거벗은 모양을 조각으로 다듬고, 사람들이 가장 잘 볼 수 있는 높은 곳에 올려두어, 창피를 주고 또한 두 팔과 머리로 대웅전 지붕의 무거운 추녀까지 떠받치는 고통을 주고자 했다는 것이다.

또 다른 하나의 전설은 '참회의 미소상'으로 불리는 이야기이다.

대웅전 재건을 책임질 도목수는 객수를 달래기 위해 주막에 출입하다가 주모에게 연정을 품게 되었다. 시간이 흘러 드디어 대웅전이 거의 완성되고, 내일이면 낙성을 보게 되었다. 이날도 여느 때처럼 목수는 주막을 찾았다.

그런데 이게 웬일인가! 주막집은 온데간데없이 사라지고 주모에게 맡긴 돈만이 동그마니 항아리 하나에 가득 담겨져 있었다.

그때서야 목수는 깨달았다. 주막집 여인은 단순한 주모가 아니라, 어려운 불사(佛事)를 하느라고 객지에서 힘겨워하는 자신을 달래주기 위해 나타난 관세음보살의 화신임을 깨닫게 되었던 것이다. 관음보살을 보면서도 관음인 줄 모르고, 부처를 보면서도 진정한 부처임을 알아보지 못한 자신이 부끄러웠다. 그래서 목수는 자신의 어리석음을 회개하기 위해 몸은 사람이고, 얼굴은 원숭이인 그 목상을 조각해서 거기에 배치했다는 것이다.

같은 하나의 조각상에 이처럼 두 개의 판이한 이야기가 전해 온다. 하나는 '저주의 나녀상'이요, 다른 하나는 '참회의 미소상'이다. 이 전설 속에서 우리는 인간이 지니는 마음의 양면성을 본다. 같은 사물을 두고 눈을 밖으로 내쏘아 '저주'할 수도 있고, 이와는 달리 시선을 자기의 안으로 돌려 '참회'의 대상으로 볼 수도 있음을 이 이야기는 일깨워 준다.

이렇듯 내 안에는 두 개의 '나'가 존재한다. 그 중에서 '참회의 나'가 강한 사람은 평온을 가진 사람일 것이고, '저주의 나'가 강한 사람은 출렁이는 파도 속에서 사는 사람일 것이다.

같은 값이면 '참회'의 마음을 가지며, 나와 만나는 사람을 '관음의 화신'으로 보는 눈을 가진다면 얼마나 좋겠는가? 그러나 이것을 뻔히 알면서도 그렇게 잘 안 되는 것이 속세에 사는 우리들 보통 사람들의 눈이요 마음이다.

전등사 나녀상

어느 때 염라대왕이, 이 세상에서 나쁜 짓을 하다가 죽어서 지옥에 떨어진 죄인에게 물었다.

"너는 인간 세계에 있었을 때 세 명의 천사를 만나지 않았더냐?"

"저는 천사를 만난 적이 한 번도 없습니다."

"그렇다면 너는 늙어서 허리가 굽고, 지팡이를 짚고 어정어정하는 사람을 본

적이 없느냐?

"대왕이시여, 그런 노인들이라면 얼마든지 보았나이다."

"그가 곧 천사이니라. 너는 그 천사를 만났으면서도 자기도 늙어 가는 것이고, 서둘러 선(善)을 행하지 않으면 안 된다는 것을 생각하지 않아, 오늘의 업보를 받게 되었느니라."

이어서 대왕은 또 물었다.

"너는 병에 걸려 혼자서는 눕지도 일어나지도 못하고, 보기에도 측은한, 여위고 초라한 사람을 보지 않았더냐?"

"대왕이시여, 그러한 병자라면 얼마든지 보았습니다."

"너는 그 병자라는 천사를 만나고도, 자기도 병들지 않을 수 없다는 것을 생각지 못하고, 너무나도 어리석었기 때문에 이 지옥에 오게 된 것이다."

대왕의 질문은 계속 이어졌다.

"너는 너의 주위에서 죽은 사람을 보지 못했더냐?"

"대왕이시여, 죽은 사람이라면 얼마든지 보았나이다."

"너는 죽음을 경고하는 천사를 만났으면서도 죽음을 생각지 못하고, 선을 행하기를 게을리 했기에 그 업보를 받아 지옥에 떨어졌느니라."

우리는 늙어서 몸도 가누지 못하는 사람을 보면서도, 병에 걸려 굴신을 못하는 환자를 보면서도, 그리고 주위에서 죽어 가는 사람을 보면서도 그들이 천사임을 알지 못한다. 눈을 자기 내부로 돌려 참회하거나 선을 행할 줄 모르고, 단순한 늙은이, 병자, 사자(死者)로만 볼 뿐이다.

문화재를 보면서 거기에서 무엇을 느끼는가는 순전히 각자의 문제다.

같은 값이면 전등사 나녀상을 관음으로 보고, 병자를 천사로 볼 줄 아는 눈을 가졌으면 좋겠다. 아는 만큼 보이고, 보이는 만큼 깨닫는다. 조상들이 남긴 문화재를 감상하면서 값진 가르침을 발견하는 것은 또 하나의 커다란 즐거움이다.

대원군은 한 사람인가

대원군이라 하면, 조선 말기 흥선대원군(興宣大院君)이 유명해서, 마치 고유명사처럼 생각하기 쉽다.

그러나 대원군은 조선 왕실의 한 직제 이름이며 고유명사가 아니다. 왕의 대를 이을 적자손(嫡子孫)이 없을 때, 가까운 왕족 중에서 한 사람을 가려 뽑아 왕위를 이을 경우, 그 왕의 친아버지에게 주는 작위(爵位)가 대원군이다. 국태공(國太公)이라고도 한다.

조선에는 흥선대원군 외에도 세 사람의 대원군이 있다. 선조의 아버지이자 제일 먼저 대원군으로 봉해진 덕흥(德興)대원군, 철종의 아버지 전계(全溪)대원군, 인조의 아버지 정원(定遠)대원군이 바로 그들이다.

이들 중 흥선대원군 외의 다른 사람들은 모두 죽은 후에 추존되었다. 흥선대원군만이 살았을 때 봉해져, 오랫동안 사실상의 섭정을 하였다.

이와 관련하여 고려와 조선시대의 봉군(封君)제도에 대하여 알아보자.

부원군(府院君)은 고려, 조선 양조에서 모두 임금의 장인 또는 공신(功臣)에게 주던 칭호다. 조선 초에는 약간의 변화가 있었으나, 경국대전에서 공신과 왕비의 아버지께는 정1품으로 봉하고 부원군으로 호칭하도록 규정하였는데, 받는 사람의 본관인 읍호를 앞에 붙여 ○○부원군이라 불렀다. 같은 부원군이 생길 때는 옛날의 읍호나 다른 글자를 넣어 이름을 붙였다. 부원군은 임금의 장인뿐만 아니라, 정1품 공신에게도 주어졌다.

부원대군(府院大君)은 고려시대와 조선 초기에 친왕자에게 봉한 작호다. 그러나 조선 초를 좀 지나자 친왕자를 대군으로 호칭하게 되어 부원대군은 폐지되었다.

대군(大君)은 고려시대에도 있었으나, 지금 우리가 통상적으로 쓰는 대군은 조선시대 왕자 중 정비(正妃)의 몸에서 출생한 적실왕자(嫡室王子)를 가리키는 칭호다. 처음에는 정1품의 품계를 주었으나 경국대전에서 무품(無品)으로 바뀌었다.

군(君)은 고려와 조선시대의 종실, 외척, 공신에게 주었던 작호(爵號)다. 후대로 오면서 작호가 변경되어 오다가 1444년 이후에는 종친과 공신에게 한정되었고, 그 뒤 경국대전에서는 종실의 경우 왕의 적자는 대군, 서자는 군으로 칭하였다.

군은 서왕자(庶王子) 외에 대군의 적장자, 적장손, 세자의 중자(衆子)·중손(衆孫)에게도 부여되었다. 신하도 공이 있으면 군으로 봉하였는데, 품계는 2품이었다. 그리고 왕위에 있다가 쫓겨나게 되면 군으로 강칭(降稱)되었다. 연산군과 광해군이 그 예다.

왕호(王號)에 담긴 뜻

　우리나라 왕호에 담긴 뜻을 일별해 보는 것은 나름대로의 의의가 있다고 생각된다. 거기에는 역사적 의미는 물론이거니와 우리말의 시원적 의미가 담겨 있기 때문이다.

　우리나라 최초의 왕호는 단군왕검(檀君王儉)이다. 단군왕이라 하면 될 것을 왜 '검' 자를 붙여 단군왕검이라 했을까? 고대의 인명이나 지명, 관명 등은 순수한 우리말을 한자의 음과 뜻을 빌려 표기한 것이 많다. 글자는 한자지만 우리말을 적은 것이다. 검(儉)도 이에 속하는 말이다. 검(儉)은 우리말 '굼'을 표기한 것이다. 굼은 신(神)이란 뜻이다. 그러니 단군왕검은 단군왕이 신이란 것이다. 극도의 존칭이다. 사실 제정일치 시대에는 왕이 제사장을 겸하였기 때문에 신과 동일시되는 것은 당연하다.

　이 '굼'은 뒷날 '검, 김, 감, 금' 등으로 분화하였다. 임금이란 말의 '금'도 바로 그런 뜻이다. '감'이 일본으로 건너가서 '가미(神)'가 되었다.

　고구려의 시조 동명왕(東明王)은 '싀붉'임금이란 뜻이다. '싀'는 동쪽이란 뜻이고 '붉'은 밝다는 뜻이다. 이 말이 변하여 '새벽'이 되었으니 동명왕에 함축된 의미를 대강 짐작할 수 있겠다. 동(東) 자가 '싀' 임은 오늘날 동쪽에서 부는 바람을 '샛바람' '높새바람'이라 하는 데서도 알 수 있다. 또 삼국사기에는 동명왕의 이름은 주몽(朱蒙) 또는 추모(鄒牟)라고 한다고 기록되어 있다. 이것은 주(朱), 추(鄒)의 고음 '즈'에 몽(蒙), 모(牟)의 첫소리 'ㅁ'을 합하여 '즘'을 표기한 것인데, '즘'은 신의 뜻인 '금'의 변한 말이다. 지금도 ㄱ과 ㅈ은 서로 바뀌는 현상을 띈다. 그러니 주몽은 신 곧 임금의 뜻이다.

또 주몽은 활을 잘 쏘는 사람을 가리킨다는 기록이 보이는데, 이는 당시에 활을 잘 쏘는 사람을 '신'과 같다고 생각했기 때문이다. 지금도 무엇을 잘 맞히는 사람을 보고 '귀신' 같다고 하는 것과 상통한다.

신라 시조 혁거세(赫居世)는 삼국유사에 "혁거세는 방언으로서 불구내(弗矩內)라고도 하는데, 이는 세상을 밝게 다스린다는 말이다."라고 적혀 있다. 혁거세와 불구내는 같은 말인데, 앞엣것은 주로 한자의 뜻을 따서 적었고, 뒤엣것은 한자의 음을 빌려 적은 것이다. 즉 赫(붉을 혁)의 '붉'을 弗(불)로, 世(누리 세)의 '누리'를 內[누리의 준말인 뉘(뉘)]로 적은 것이다. 居(거)와 矩(구)는 다 같이 어미 'ㄱ'를 표기한 것이다. 그러니 혁거세(불구내)는 고유어 '불근뉘' 곧 '밝은 누리'란 뜻이다. 그러고 보면, 혁거세(불구내)는 밝은 세상을 만드는 사람이란 뜻이다. 이로써 우리 민족은 '붉[光明]'을 추구하는 겨레임을 알 수 있다. 박혁거세의 성인 '박(朴)'도 '붉'을 표기한 것이다. 박처럼 둥근 알에서 나왔다고 해서 박(朴)을 성으로 삼았다는 것은 지어낸 이야기다. 동명왕이란 이름이 '시붉(새벽)을 연다'는 뜻인 것도 광명이세(光明理世)의 의미다.

2대 남해(南解)는 차차웅(次次雄)이라 불렸는데, 삼국사기에는 자충(慈充)이라 적혀 있다. 삼국사기에는 김대문의 말을 인용하여 "차차웅은 제사를 주관하는 무당을 가리키는 우리말인데 점차 존장(尊長)을 가리키는 칭호가 되었다."라는 설명이 적혀 있다. 제정일치 시대에는 왕이 곧 제사장이었다. 그러니 남해는 왕이자 제사장인 무(巫)였다.

차차웅, 자충은 향찰식 표기다. 차(次) 자는 고음(古音)이 '즈, 저'로, 'ㅈ' 등을 표기하는 데 쓰인 글자다. 차차웅(次次雄)은 '즈중'을 표기한 것이고, 자충(慈充)은 '중'을 표기한 것이다. 자충은 자(慈) 자의 'ㅈ'과 '충(忠)' 자의 'ㅇ'을 합쳐 '중'을 적은 것이다. 그러니 '즈중'이란 말이 후대에 '중'으로 변했음을 알 수 있다. 이와 같이 '즁[僧]'은 원래 종교적 행사를 주관하던 임금이나 무당 같은 존장자를 가리키는 말이었다. 이러한 뜻을 지닌 '중'이란 말이 뒷날 불교가 들어오자 의미가 확대되어 그 사제자를 '중'이라 일컫게 된 것이다. 이 말이 시간의 흐름에 따라 의미론적인 축소를 일으켜, 지금은 승려를 가리키는 말로만 쓰이고 있다.

삼국유사에는 차차웅을 거서간(居西干) 또는 거슬한(居瑟邯)으로도 적고 있다. 이는 모두 '굿한'을 표기한 것으로 '굿'은 '첫째 · 처음'이란 뜻이다. 현대어 '갓 스물, 갓난아이' 등에 그 흔적이 남아 있다. '한'은 큰 우두머리란 뜻으로, 현대어 '한길, 한물, 한사리, 한숨' 등에 그 흔적이 남아 있다. 그러니 거서간 · 거슬한은 '첫째의 우두머리'란 의미다. 서(西) 자는 우리말 '사이 ㅅ'을 표기하는 데 쓰인 글자다.

고조선 때 군장의 칭호인 한(汗 · 翰 · 韓), 돌궐 · 몽고 · 회흘(回紇) 등의 족장이나 군주를 가리키는 한(汗), 중세기의 몽고 · 터키 · 달단(韃靼) 등의 우두머리나 페르시아 · 아프가니스탄의 고관의 칭호인 칸(Khan)이 모두 '굿한'의 '한'과 같은 계열의 말이다. 삼한(三韓), 대한(大韓)의 한(韓)도 그 '한'을 한자로 적은 것이다.

신라 3대 임금 노례(弩禮)부터 16대 걸해(乞解)까지 쓰인 니사금(尼師今)은 니

질금(尼叱今), 이질금(爾叱今), 치질금(齒叱今)으로도 적었는데, 모두 '닛금'을 표기한 것이다. 여기서의 사(師), 질(叱) 자는 모두 우리말의 '사이 ㅅ'을 적는 데 쓰인 글자다. 여기서 우리는 '닛금'이라는 말이 '니'와 '금'이란 말의 합성어임을 알 수 있다.

닛금은 임금의 옛말이다. 닛금이 잇금으로 변하고, 잇금이 또 임금으로 변한 것이다. 그러면 이 말의 뿌리가 되는 '니(이)'는 무슨 뜻일까? 결론부터 말하면, 이것은 '앞'이나 '위'를 뜻하는 말이었다. '앞'을 뜻하는 말로는 현대어 '이마(니마)'와 '이물(니물)'에 남아 있다. 이마는 사람의 '앞쪽에 있는 마루'요, 이물은 '배의 앞머리'를 뜻하는 말이다. 그리고 '이(니)'가 '위'를 뜻하는 말로는 현대어 '이다'에 남아 있다. 건물 위의 지붕을 덮는 것을 '지붕을 이다'라 하고, 머리 위에 물건을 얹는 것을 '이다'라고 하는 것이 그것이다. '이다'란 말에는 이와 같이 '위'의 뜻을 그 속에 함축하고 있는 것이다.

'닛금(잇금)'의 '금'은 앞에서 말한 바와 같이 신을 뜻하는 '금'의 한 갈래말이니, '닛금'은 '앞에 있는 신', '위에 있는 신'이란 뜻이 된다. 이로써 보면, '닛금'이란 말은 왕을 아주 높여 부르는 순 우리말 경칭어임을 알 수 있다. '닛금'은 노례와 탈해 중에서 이[齒理]가 많은 사람을 가려 임금을 삼은 데서 유래했다는, 삼국유사 남해왕조에 실려 있는 기록은 어디까지나 민간에서 전해오던 허탄한 이야기(민간 어원설)에 지나지 않는 것이다.

17대 나물(奈勿)왕부터 22대 지증(智證)왕까지는 마립간(麻立干)이 쓰였는데, 마립은 'ᄆᆞᄅᆞ'를 표기한 것이고 '간(干)'은 '한'을 표기한 것이다. 'ᄆᆞᄅᆞ'는 꼭대기란 뜻인데 뒷날 '마루'로 변하였다. 지금의 '산마루, 고갯마루' 등에 그 흔적이 남아 있다. '한'은 앞에서 말한 몽골어 Khan과 같은 말인데, 우두머리란 뜻이다. 징기스칸의 '칸' 즉 성길사한(成吉思汗)의 그 '한'이다. 그러니 'ᄆᆞᄅᆞ한'은 꼭대기 혹은 우두머리라는 뜻이다.

　고려는 태조 이후 2대 혜종(惠宗)부터 24대 원종(元宗)까지는 '종(宗)'을 붙였고, 25대 충렬왕(忠烈王)부터 끝까지는 '왕(王)'을 붙였다. 왕이라는 칭호에는 몽고의 지배라는 슬픈 역사가 그 속에 배어 있다. 고려는 1231년 몽고의 침입을 받아 계속 항쟁하다가, 1259년에 항복한 후 몽고의 지배를 받게 되었다.

　그들은 지배를 강화하기 위하여 고려 왕족을 인질로 잡아 두고, 왕을 몽고 공주와 결혼시켜 부마국으로 삼았다. 왕이란 칭호는 원래 황제 아래 있는 제후국에 붙이는 이름이다. 그러므로 충렬왕 이후는 몽고 황제의 지배 아래 있음을 의미하는 왕호다. 특히 충렬왕 이후 충선왕, 충숙왕, 충혜왕, 충목왕, 충정왕 등에 붙어 있는 '충(忠)' 자는 몽고에 대한 충성을 나타내는 의미를 담고 있다.

　조선의 왕호는 조(祖)를 붙인 왕이 일곱, 종(宗)이 열여덟, 군(君)이 둘로 되어 있다. 묘호(廟號)는 원래 두 글자로 이루어지는데 조(祖)와 종(宗)으로 나누어진다. 그 원칙은 공이 있는 왕에게는 조를 붙이고, 덕이 있는 왕에게는 종을 붙인다는, 이른바 조공종덕(祖功宗德)이 그것이다.

　태조실록에도 이 말이 실려 있다. 그러나 이 원칙은 그대로 지켜지지는 않았다. 태조도 조상 4대를 추존하면서 목조, 익조, 도조, 환조 등과 같이 전부 조로 하였다.

　묘호는 왕이 죽은 후 2품 이상의 재상들이 논의하여, 3가지 이상을 정하여 새로 등극한 왕에게 추천해서 결재를 받는 과정을 거쳐 결정하였다.

　조선의 왕들은 조를 더 좋아했다. 세조도 처음에는 신종(神宗), 예종(睿宗), 성종(成宗)으로 신하들이 올렸지만, 후왕이 세조를 요구하여 그렇게 되었다. 단종을 몰아낸 것이 조선을 새롭게 중흥시킨 공이라고 평가받기를 원했던 것이다. 선조, 영조, 정조, 순조도 처음에는 선종, 영종, 정종, 순종 등으로 묘호가 붙여졌으나, 뒤에 이들이 조를 받을 만한 공이 있다는 문제 제기에 따라 묘호가 바뀌었다.

태조는 나라를 건국한 임금에게 붙이는 칭호다. 그런데 고구려는 6대 임금이 태조다. 고구려의 첫 임금인 고주몽은 추모왕 또는 동명왕이라 부른다. 그 연유는 고구려가 연맹왕국이었다는 데 있다. 고구려는 5개 부족이 연합하여 세운 왕국인데, 처음에는 왕위 계승권을 부족 중 소노부가 주도했으나, 6대째부터는 계루부가 독점적으로 왕위를 주도하게 되었다. 그래서 계루부가 그의 권위를 높여 시조격인 태조라는 왕호를 썼기 때문이다. 역사는 항상 이긴 자의 몫이다.

태종(太宗)은 태조에 버금가는 업적을 이룬 임금에게 붙이는 왕호다. 창업을 다지거나 중흥을 이룬 왕에게 부여하는 묘호다. 고구려의 호태왕(광개토대왕)이나 신라의 태종무열왕, 그리고 조선의 태종도 다 그러한 업적을 남겼다.

중국의 경우도 마찬가지다. 당 태종 이세민은 '정관의 치'를 베푼 성군이고, 송의 태종 조광의는 중국 전토를 통일하여 송나라의 기초를 확립하였고, 요나라 태종 야율요골도 영역을 만리장성 이남으로 넓히고 거란이란 국호를 요로 바꾸었다.

금의 태종 완안오걸매는 송나라를 공략하여 휘종과 흠종을 한꺼번에 잡아 들여 세력을 확장하였고, 원의 태종 오고타이는 금나라를 멸망시킨 인물이다. 또 청나라 태종 홍타이지는 만주 내부와 주변의 이민족 세력까지 규합하여 국호를 대청이라 바꾸었다.

태종이란 왕호가 붙은 왕들은 주로 2대째가 많은데, 그것은 태조에 이어 창업을 다진 경우가 많기 때문이다.

그런데 우리는 불행하게도 마음대로 왕호에 황제를 붙여 쓸 수 없었다. 중국의 위세 때문이었다. 부를 때도 폐하라 일컫지 못하고 전하라고만 칭해야 했다. 이러한 우리의 아픔은 조선 중기의 호방하고도 뛰어난 문장가인 임제(林悌)의 물곡사(勿哭辭)에 잘 나타나 있다. 그는 젊은 나이로 죽었는데, 죽음에 임하여 슬퍼하는 가족들에게 약소국에 태어난 아픔을 이렇게 절규하였다.

사방의 여러 나라들이 황제를 일컫지 않는 나라가 없거늘,	四海諸國 未有不稱帝者
유독 우리나라만 예로부터 그러지 못하였다.	獨我邦 終古不能
이처럼 누추한 나라에 태어나 죽는 것이	生於若此陋邦
뭐 그리 애석할 것이 있겠느냐? 울지 말라.	其死何足惜 命勿哭

그런 눈물겨운 역사 속에서도 황제를 붙인 임금이 있었다. 고려의 제4대 광종과 제5대 경종 그리고 조선 말엽 대한제국을 선포한 고종과 그 뒤를 이은 순종이 그들이다.

광종과 경종에 대한 기록은 원종대사 행적비와 선법사 마애불 옆 명문에 남아 있다. 이렇게 황제를 칭할 수 있었던 것은 당시 중국의 국내 사정이 어수선했기 때문이다. 이때는 당나라가 망하고 송(宋)이 일어날 무렵이라, 아직 체제가 불안정하여 이웃나라의 정세를 세세히 돌아볼 겨를이 없었다. 광종은 이런 틈을 타서 황제를 칭한 것이다. 이에서 우리는, 항상 자주성을 유지하기 위해 끊임없는 노력을 기울인 선조들의 참모습을 본다.

제 3 부

예절 · 풍습

애고곡과 어이곡은 형식적일까

관혼상제 중에서는 상례의 격식이 가장 엄격하였다. 죽은 이와의 멀고 가까운 관계에 따라, 상복의 복제와 복을 입는 기간이 세분되었다. 예를 들면, 상복의 복제 중에서 3년 간 복을 입는 참최(斬衰)와 재최(齊衰)가 있는데, 참최는 외간상(外艱喪 : 아버지나 승중의 조부상)에 입고 재최는 내간상(內艱喪 : 어머니나 승중의 할머니 상)에 입으며 그에 따라 상복의 모양도 달랐다.

참최에는 대나무 지팡이를 짚고, 재최에는 오동나무나 버드나무 지팡이를 짚는데, 지팡이를 짚는 것은 슬픔이 지극하여 몸을 지탱할 수 없다는 뜻에서 나왔다. 외간상에 대나무 지팡이를 짚는 것은 천원지방(天圓地方)이라는 동양의 세계관에서 나왔다. 즉 하늘은 둥글고 땅은 모가 졌다는 사상으로, 아버지는 하늘이기 때문에 둥근 모양의 대나무를 지팡이로 삼은 것이다. 그리고 어머니 상에 오동나무나 버드나무를 짚는 것은 순전히 글자의 뜻에서 비롯한다. 오동나무를 뜻하는 동(桐) 자는, 같다는 뜻의 동(同)과 소리가 같고, 버드나무의 유(柳) 자는 비슷하다는 뜻의 유(類) 자와 음이 같기 때문이다. 즉 어머니는 아버지와 같은 하늘은 아니지만, 아버지와 거의 비슷하고 같기 때문에, 이러한 의미를 담고 있는 오동나무나 버드나무를 지팡이로 취한 것이다.

상제(喪制)는 부모 또는 승중상(承重喪 아버지를 여윈 맏아들이 당한 조부모의 상)에 있는 사람을 가리킨다. 그 중 맏상제를 상주(喪主)라 한다. 그러므로 아무리 가깝고 존경하는 분이라 하더라도 타인의 상(喪)에 상주가 되겠다고 하는 말은 써서는 안 된다.

그런데 상제는 부모상과 승중상에는 '애고애고'라고 곡을 하고, 그 이외의 상중에는 '어이어이'라 곡을 해야 한다. 전자를 애고곡이라 하고 후자를 어이곡이라 한다. 그런데 이에 대해서 어느 저명한 학자가 말하기를, 자연적인 감정의 발로인 울음에까지 규정을 둔 것은 형식 문화의 극을 보여 주는 것이라고 혹평하였다. 그러나 이는 그러한 예법이 나오게 된 밑바탕을 간과한 데서 나온 편견이다. 결론부터 말하면 이것은 상제를 보호하기 위하여 생겨난 것이다.

효를 지상의 윤리 덕목으로 생각하고, 어버이 당상을 하늘이 무너졌다는 천붕(天崩)이라 한 이 땅에서, 그 슬픔을 표하는 것은 지극한 일이 아닐 수 없었다. 다년간의 시묘살이를 위해서 벼슬을 그만두었고, 부모의 죽음을 자식의 불효 탓이라 생각하였다. 상제의 거처를 점괴(苫塊)라 하는데 이는 거적 잠자리와 흙덩이 베개란 뜻이다. 거적을 깔고 흙덩이를 베고 잔다는 의미다. 이런 도덕률 속에서 삶을 살았던 상주는 울음을 그칠 수 없었다. 그런데 계속하여 지통한 울음을 울어댄다면 상주는 어떻게 될 것인가? 몸이 상하고 말 것이고, 그러면 상조차 치를 수 없는 지경에 빠질 수도 있다.

이효상효(以孝傷孝)란 말이 있다. 효로써 효를 해친다는 뜻으로, 효성이 지극한 나머지, 부모의 죽음을 너무 슬퍼하고 사모하여 병이 나거나 혹은 죽기에까지 이르는 일을 가리킨다.

옛사람들은 이것을 염려하여 힘을 덜 들이고 울게 하는 방법으로 곡의 형식[곡례(哭禮)]을 만든 것이다. 다시 말하면 쉬지 않고 눈물을 펑펑 쏟으며 큰소리로 통곡한다면, 몸을 지탱할 수가 없으니 '애고애고' 또는 '어이어이'와 같은 가벼운 울음을 울게 하여, 상제와 그 가족을 보호하고자 했던 것이다.

대곡(代哭)이란 것도 이러한 연유에서 나온 것이다. 대곡은 남이 상주를 대신하여 곡을 해 주는 것을 말한다. 얼핏 생각하면 우스운 것 같지만, 이 역시 상주를 보호하기 위해서 만들어졌다. 결코 형식 그 자체를 좋아해서 공연히 만든 것이 아니다.

조상신들이 앉는 자리의 순서

　제사를 모실 때 신위의 위치나 제수(祭需)의 진설 순서를 혼동하는 경우가 가끔 있다. 그러나 이것은 이서위상(以西爲上)의 원칙을 알면 간단히 해결된다. 이서위상이란 서쪽을 윗자리로 삼는다는 예법의 원칙을 가리키는 말이다. 즉 웃조상을 맨 서쪽에 둔다는 뜻이다.

　그러면 어느 쪽을 서쪽으로 삼느냐가 문제가 된다. 왜냐하면, 집의 구조에 따라 제사상을 두는 장소가 집집마다 달라질 수 있기 때문이다. 제사를 지낼 때, 신주나 지방을 모시는 자리를 무조건 북쪽으로 삼는다. 임금이 앉는 자리를 북쪽으로 삼는 것이나, 묘가 있는 자리를 북쪽으로 삼는 것도 이에 근거한다. 이때의 방위 설정은 실제의 지리적 방위와는 아무런 관계가 없다. 즉 제사상이 위치한 곳의 실제 방향이, 집 구조상 남쪽이라 하더라도 그곳을 북쪽으로 삼는다. 그래서 제사에 참례하는 사람(祭官)의 위치에서 보면, 마주한 제사상의 신주는 북쪽이 되고, 왼쪽은 서쪽, 오른쪽은 동쪽이 된다.

　이와 같이 제례에서는 왼쪽을 상석으로 삼기 때문에, 가장 웃조상의 위패나 지방은 서쪽에 모시고, 그 다음의 조상은 순서대로 왼쪽에서 오른쪽으로 모시게 된다. 이를 열향(列享)이라 한다. 종묘의 정전에도 맨 서쪽에 태조를 모시고 있다. 향해서 보면 왼쪽이다.

제수도 역시 이 원칙에 따른다. 조율이시(棗栗梨柹)는 서쪽이 상석이므로 왼쪽부터 차례대로 대추, 밤, 배, 감을 진설하는 것이다. 홍동백서(紅東白西)도 이 원칙에 따라 붉은색 과일은 오른쪽에, 흰색 과일은 왼쪽에 놓으면 된다. 그런데 이에 대한 순서가 가문에 따라 다소 다른 경우가 있는데, 이는 당파의 다름에 연유한다. 남인과 북인이 서로 차별을 두기 위해 생긴 습속이다. 그러나 전통적인 원칙은 이서위상이다.

그런데 종묘나 사당에 신주를 모시는 경우는 이와는 좀 다르다. 종묘나 사당에 신주를 모시는 차례는 시조를 가운데에 모시고, 시조의 왼쪽 줄을 소(昭), 오른쪽 줄을 목(穆)이라 하여, 2·4·6세를 소에, 3·5·7세를 목에 모신다. 이를 소목법(昭穆法)이라 한다.

이서위상은 죽은 이의 경우에 적용되는 원칙이며 산 사람은 이와 반대다. 살아 있는 사람의 경우는 이동위상(以東爲上)이 적용된다. 회갑 때 부부가 나란히 앉을 경우, 남편은 앞에서 보아 오른쪽에, 아내는 왼쪽에 앉게 된다.

음식의 배치 방향도 죽은 이와 산 사람은 정반대다. 즉 제사상에서는 메를 왼쪽에 두고, 국(갱)은 오른쪽에 놓는다. 그리고 수저도 손잡이 쪽을 동쪽으로 둔다. 그러니 산 사람과는 정반대다.

이에 덧붙여 한 가지 유의해야 할 것은, 제사를 지내는 사람들이 절을 할 때 공수법(拱手法)을 맞게 해야 하는 일이다. 공수는 왼손과 오른손을 마주 잡아, 공경의 뜻을 표시할 때(절할 때)의 손 모양을 말한다. 이 공수는 평상시와 흉사시가 다르고 또 남녀가 다르므로 유의해야 한다.

평상시와 길사시에는 남자는 왼손이 오른손을 덮는 형태를 취하고, 여자는 그 반대로 오른손이 왼손을 덮는 형태를 취한다. 흉사시에는 평상시와 반대다. 즉 남자는 오른손으로 왼손 등을 덮고, 여자는 왼손으로 오른손 등을 덮는다. 초상 때부터 졸곡 때까지는 흉사로 보아 흉사시의 공수법을 따르고, 기제사는 조상을 뵙는 길사로 여겨 평상시와 같은 공수법을 취한다.

회갑연이나 칠순 때와 같은 즐거운 날에 흉사 공수를 하거나, 문상을 가서 길사시의 공수를 하는 것은 예에 크게 어긋나므로 각별히 유의해야 한다. 특히 웃어른께 인사를 드리거나 세배를 드릴 때, 양손을 벌리고 절하는 모습을 흔히 보는데 이것 또한 절대 삼갈 일이다.

그리고 절의 횟수는 음양의 이치에 의해 구분된다. 남자는 양이기 때문에 최소 양수인 한 번, 여자는 음수이기 때문에 최소 음수인 두 번이 기본 횟수이다. 전통 혼례 때 신부는 신랑에게 두 번 절하고, 신랑은 신부에게 답례로 한 번 절하는 것도 여기서 나온 것이다. 결코 남존여비 사상에서 비롯된 것이 아니다.

산 사람에게는 한 번 절하고 죽은 사람에게는 두 번 절하는 것도 이와 같은 이치다. 산 자는 양이고 죽은 자는 음이다.

그런데 재배는 죽은 사람에게만 하는 것이고, 살아있는 사람에게 두 번 절하는 것은 있을 수 없다고 하는 이가 있다. 그러나 반드시 그런 것은 아니다. 재배(再拜)는 편지 글 끝에 '두 번 절하며 올립니다' 하는 뜻으로 쓰며, 제사 때뿐만 아니라 회갑 때도 한다. 집안의 큰 의식 행사인 관혼상제례 때와 수연(壽宴) 때에는 기본 횟수의 배를 행한다. 그래서 회갑 때나 제사 때, 웃어른이나 조상께 남자는 재배 여자는 사배를 한다. 결혼식 때도 신부는 신랑에게 부선재배(婦先再拜)라 하여 먼저 두 번 절한다. 그러므로 재배는 반드시 죽은 자에게만 하는 것은 아니다.

제삿날과 조율이시(棗栗梨柿)

제삿날을 휘일(諱日) 또는 기일(忌日)이라고 하는데, 이 말의 '휘'와 '기'에 대해서 먼저 알아보자.

휘(諱)는 죽은 사람의 이름을 가리키는 말이다. 산 사람의 이름은 '명(名)'이라 하고, 죽은 이의 이름은 '휘(諱)'라 한다. '휘'의 글자 그대로의 뜻은 '피한다, 꺼린다'란 뜻이다. '기(忌)'의 뜻도 이와 같다. 이것은 조상의 생시 이름을 꺼려 부르지 않는다는 뜻에서 나온 것이다. 죽은 사람의 이름을 피하는 것을 피휘(避諱) 또는 기휘(忌諱)라 한다.

제삿날을 휘일(諱日) 또는 기일(忌日)이라고 하는 것은, 생시의 이름을 꺼려 피하는 조상을 정성스럽게 모시는 날이란 뜻이다.

그런데 제사는 산 날 즉 돌아가시기 전날 지낸다고 생각하는 사람들이 있다. 그러나 이는 틀린 말이다. 제사는 돌아가신 날 지내는 것이다. 요새 시각으로 말하자면, 돌아가신 날 0시가 시작되는 시각에 지내는 것이다. 돌아가신 분을 추모하여, 돌아가신 날이 시작되는 첫 시각에 예를 올리는 것이다.

돌아가시기 전날 제사를 지내는 것이라 오해한 것은, 아마도 입제일(入祭日)과

파제일(罷祭日)이라는 말의 어감에서 영향을 받은 것도 있을 것이다. 왜냐하면, 입제일은 사실 제사를 준비하는 날인데, 이 날을 제사 드리는 날로 생각하기 쉽고, 또 파제일이 사실은 제사 당일 날인데 제사를 끝낸 다음날이라 생각하기 쉽기 때문이다.

축문에 휘일부림(諱日復臨)이란 말이 있다. 휘일은 돌아가신 날이라는 말이요, 부림은 다시 돌아왔다는 뜻이니, 돌아가신 날이 다시 돌아왔다는 뜻이다. 그러니 돌아가신 날에 제사를 지내는 것이다. 정확히 말하자면, 돌아가신 날이 열리는 0시에 지내는 것이다.

그런데 요새 돌아가신 날 0시에 지내지 않고, 편의상 입제일 초저녁에 제사를 지내는 집이 더러 있는데, 이렇게 되면 돌아가신 날에 제사를 지내는 것이 아니라, 살아 있는 날에 제사를 지내게 되어 제사를 잘못 지내는 것이 된다. 사정상 굳이 초저녁에 제사를 지내려면, 반드시 그 다음날 즉 돌아가신 날 저녁에 지내야 휘일부림의 원칙에 맞는다.

제사상에 음식을 진설할 때, 우리는 전래로 음양론에 근거하여 산 사람은 양(陽)이고 죽은 사람은 음(陰)으로 보아 밥과 국그릇을 산 사람과 반대로 놓는다. 즉 밥은 서쪽(향해서 왼쪽), 국은 동쪽(향해서 오른쪽)에 놓는다. 홍동백서(紅東白西)라 하여 붉은 과일은 동쪽, 흰 과일은 서쪽에 두는 것이나, 어동육서(魚東肉西)라 하여 생선은 동쪽, 육류는 서쪽에 두는 원칙도 다 여기에서 나온 것이다. 또 과일은 조율이시(棗栗梨柿)라 하여 대체로 대추, 밤, 배, 감의 순서로 놓게 되어 있다.

그런데 여기에는 매우 깊은 뜻이 감추어져 있다. 대추나 밤, 배, 감 등의 과실에 담긴 참뜻을 알아보자.

대추는 꽃이 피면 반드시 열매를 맺을 뿐만 아니라, 한 줄에 수없이 많은 열매가 달린다. 이는 곧 자손의 번창과 다복의 의미를 담고 있다.

밤은 땅속에서 싹을 틔우고도 오래오래 썩지 않는 특성을 가지고 있다. 보통의 곡식 씨앗은 싹을 틔우고 나면 이내 썩어서 흙이 되어 버리지만, 밤은 자신이 틔운 싹이 나무로 자라 손자뻘인 열매가 맺어야 썩기 시작한다고 한다. 이는 곧 죽은 뒤에도 자식을 생각하고 걱정해 주는, 조상의 은덕을 잊지 말고 기억해야 한다는 깊은 의미를 가지고 있는 것이다.

배는 그 껍질은 누르고, 속살은 희다. 황색은 오행상 가운데를 뜻하고, 흰빛은 순수와 깨끗함을 상징한다. 조상의 덕을 중심으로 삼고 받들어, 항상 흔들리지 말고 깨끗함을 잃지 말라는 뜻이다.

감은 반드시 접을 붙여야 감나무가 되는 특성을 가지고 있다. 콩을 심으면 콩이 나고, 팥을 심으면 팥이 나지만, 감은 그렇지 않다. 감 씨를 심으면 감이 열리는 것이 아니라, 감 같이 생긴 조그만 고욤 열매가 열린다. 즉 감 씨를 심으면 감나무가 되는 것이 아니라 고욤나무가 되는 것이다. 감나무를 만들자면, 이 고욤나무의 그루터기를 칼로 쪼개고, 거기에다가 다른 감나무 가지를 꺾어다가 접을 붙여야 하는 아픔의 과정을 겪어야 된다.

이와 마찬가지로 사람도 그저 태어나기만 하면 사람이 되는 것이 아니라, 다른 가지를 꺾어 와 접을 붙이듯이, 부모의 양육과 교육이라는 접을 붙여야 옳은 인간이 된다는 함축적 의미를 담고 있다. 이 역시 부모의 은공을 잊지 말라는 뜻이다.

그런데 이들 과일의 씨 갯수와 관련지은 속설이 전해오고 있다. 즉 대추는 씨가 하나인데 이는 왕을 상징하고, 밤은 씨가 세 개라서 3정승을, 배는 씨가 6개라서 6판서를, 그리고 감은 씨가 8개여서 8도 관찰사를 뜻한다는 것이다. 제사에 조율이시를 진설하는 것은 그러한 자손이 나오기를 조상께 기원하기 위함이라는 것이다. 그러나 이는 선뜻 받아들이기 어려운 점이 있다. 왜냐하면, 후손에 임금이 나오게 한다는 것은 전통적 윤리관에 비추어 볼 때 역모가 되는 일이기 때문이다.

군이 의미를 부여하자면, 씨가 하나인 대추는 시조를 뜻하고 밤, 배, 감은 차례대로 그것의 씨앗 수가 늘어나듯이, 자손도 그처럼 점점 늘어나기를 염원하는 뜻으로 이해함이 옳을 듯하다.

이처럼 과일 하나에도 깊은 뜻이 담겨 있다. 제사는 조상에게 복을 빌고, 또한 그 음덕을 추모하며, 올바른 자손이 될 것을 기원하는 다짐의 의식이다. 제사의 이러한 참된 뜻을 알고 임한다면 좀 더 엄숙하고 간절한 의례가 될 것이다.

효심으로 진설한 감모여재도(感慕如在圖)

감모여재도는 조상의 신주를 모신 사당(祠堂)이나 제단(祭壇)을 그린 그림을 가리키는데 사당도(祠堂圖)라고도 한다. 보통 지붕 아래의 중앙에 위패 자리가 그려져 있고, 그 양쪽에는 매화나 소나무 등이 자리하고 있으며, 그 앞에는 제수(祭需)가 진설되어 있다. 어떤 것은 제단에 위패 자리만 그려 놓은 것도 있다.

감모여재도(한국데이터베이스 제공)

감모여재도의 감모(感慕)란 '느껴 사모한다'는 뜻이고, 여재(如在)는 '앞에 있는 듯하다'는 뜻이니, 비록 그림이지만 사모하는 조상의 혼이 이 제단 앞에 와 계신다는 의미를 담고 있다. 이 감모여재도는 집 안에 사당을 가지지 못한 사람들이 제사를 지낼 때나, 집을 떠나 타지에서 제삿날을 맞아 제사를 지낼 때 사용하였다.

조선시대는 초기부터 유교 장려책의 일환으로, 관리들에게 사당을 지을 것을 적극 권장하여 널리 확산되었으나, 사대부집 이외의 일반인들에게는 집 안에 사당을 짓는 것이 쉬운 일이 아니었다. 그래서 이 감모여재도로 사당을 대신하였다.

감모여재도는 두루마리로 된 것도 있고, 작은 병풍 모양으로 된 것도 있다. 집을 떠난 타지에서 제삿날이 다가오면, 지니고 온 이 감모여재도를 펴 놓고 거기에 지방을 써 붙여 제사를 지냈던 것이다.

이 그림에서 우리는 선조들의 그윽한 효심을 읽을 수 있다. 비록 형편이 넉넉하지 못하여 사당은 지을 수 없으나 마음만은 조상의 신위를 거룩한 사당에 모셔야겠다는 간절한 사모의 마음을 거기서 볼 수 있으며, 또 부득이한 사정으로 객지에 나가 있어, 실제로 제수를 마련한 제사상을 차릴 수는 없지만 그래도 조상의 제사만은 빠뜨리지 않고 철저히 모시고자 하는 감모의 정신을 여기에서 읽을 수 있다.

현대를 살아가는 우리들도 이러한 아름다운 정신만은 살려, 가슴속에나마 감모여재도를 하나씩 간직하면 어떨까 싶다.

상향(尙饗)과 사향노루

한자와 한문을 잘 알지 못하는 신세대들은, 제사 지낼 때 읽는 축문의 내용을 모르는 경우가 많을 것이다. 축문은 유세차(維歲次)로 시작하여 상향(尙饗)으로 끝을 맺는다. 유(維)는 말을 시작할 때 별다른 의미 없이 꺼내는 발어사(發語辭)로, '에' 또는 '이에'의 뜻이다. 그러니 유세차는 '에, 해로 말하면'이란 뜻이다.

축의 제일 끝에 나오는 상향(尙饗)에 대해서는 정확한 뜻을 모르는 이가 많다. 상향의 상(尙)은 바란다는 뜻이고, 향(饗)은 흠향(歆饗) 곧 신이 제사 음식을 받는 다는 뜻이니, 상향은 신위가 '차린 제사 음식을 받으시기를 바랍니다'란 뜻이 된다. 향은 흠향의 뜻이기에 아주 높여야 하므로, 축문에서 향(饗)자는 줄을 바꾸어 높이 쓰거나 앞글에서 한 자를 띄우고 써야 한다.

이 흠향에 얽힌 옛이야기 하나를 덧붙일까 한다.

옛날에, 한 붓 장수가 붓을 팔러 두메산골엘 가게 되었다. 해가 져서 닿은 그 마을은, 글을 아는 사람이라곤 한 사람도 없는 완전한 문맹 마을이었다. 글을 모르니 평생 붓을 본 일도 없어서, 붓을 본 마을 사람들은 그것을 모두 이상히 여겨, 붓을 들고 이모저모 살펴보았다. 그러더니, 끝이 뾰족한 것을 보니 털로 만든 송곳이라 하면서, 털 송곳은 생전 처음 본다며 의아해 하였다.

날이 저물어 할 수 없이 그날 밤을 거기서 머물게 되었는데, 공교롭게도 그날이 주인집 제삿날이었다. 그런데 이상한 일이 벌어졌다. 제사상을 차려 놓고 밤이 깊도록 제사를 지내지 않는 것이었다. 궁금하다 못해 그 사연을 물어 보니, 주인이 말하기를, 자기 마을에는 축을 아는 사람이 단 한 사람밖에 없는데, 마침 그 사람이 볼일을 보러 나가서 늦게까지 돌아오지 않아, 제사를 지낼 수가 없어 그 사람 오기만을 기다린다는 것이었다.

밤이 이슥토록 기다려도 그 사람이 오지 않은 것을 답답히 여긴 붓 장수가 나서서, 자기가 축은 좀 써 봤으니 그래도 되겠느냐고 주인에게 청을 했다. 그러자 날이 샐 것 같은 다급한 지경에 이른지라, 주인도 이를 허락하였다.

그리하여 제사는 겨우 지냈는데, 또 이상한 일이 벌어졌다. 제사는 지냈는데 제사상을 치우지 않고, 제관들이 그대로 앉아 있는 것이었다. 이를 이상히 여긴 붓 장수가 그 연유를 물으니, 붓 장수가 읽은 축이 평소 자기네들이 쓰던 축과 달라서, 그 사람이 와서 다시 지내야 한다는 것이었다.

이에 그 전의 축은 어떤 것이었느냐고 물으니, 여태까지 쓰던 축은 마지막에 '노루 배꼽'이라는 말로 끝나는데, 붓 장수의 축은 그렇지 않다는 것이었다. 노루 배꼽이라……. 아무리 생각해도 모를 일이었다.

그러기를 한참이나 지난 후에, 드디어 볼일 보러 나갔던 그 축관이 헐떡거리며 돌아왔다. 다시 제사를 지내는데 들어보니, 듣던 대로 맨 끝에 '노루 배꼽' 하는 것이었다. 하도 이상해서 제사가 끝난 후 그 사람에게 그 내용을 물어보았다. 그 사람의 대답인즉 이러하였다.

자기가 글을 모르니 축문의 전부를 알 수는 없는 일이라, 축문의 끄트머리 말한 마디만이라도 외워서 쓰면, 안 하는 것보다는 낫지 않을까 싶어 멀리 떨어진 양반 댁에 가서 물으니, 그 양반 나리가 말하기를, 배꼽에 약이 들어 있다는 무슨 노루 이름을 가르쳐 주었는데, 오다가 그만 그 노루 이름을 잊어버리고, 노루의 배꼽만 생각이 나서 '노루 배꼽'이라 한다는 것이었다.

이 이야기를 들은 붓 장수는 그 노루 이름이 '사향노루'란 것을 단번에 알아차렸다. 상향(尙饗)을 발음하기 쉽게 사향이라 하기 때문이다. 이는 ㅇ이 잇따라 소리 날 때는 그 하나를 생략하는, 이른바 동음생략(同音省略)이 적용된 것이다. 공양미를 고양미라 하고, 평양을 펴양(피양)이라 하는 것과 같은 것이다. 그러니 그 시골 축관은 그가 잊을까 봐, 선비가 '사향노루'란 말을 덧붙여 가르쳐 준 사향 곧 상향은 잊어버리고 (사향)노루의 배꼽만 기억했던 것이다.

한낱 무식한 촌로가 벌이는 우스개 같은 이야기지만, 우리는 그 속에서 조상을 진심으로 기리고, 정성을 다해 추모하는 가멸찬 효심을 읽을 수 있다.

본관과 성씨의 내력

　자기가 가진 성(姓)의 시조가 난 곳을 본관(本貫)이라 한다. 본관은 관적(貫籍)·본적(本籍)·성관(姓貫)·본(本)·관향(貫鄕)·적관(籍貫)이라고도 한다. 보통 경주 김씨, 안동 권씨와 같이 성(姓)과 병칭되어 부계친족의 범위를 나타내는 데 쓰인다.

　그러면 이러한 본관의 개념은 처음부터 성과 관련하여 생긴 것일까?

　결론부터 말하자면, 그렇지 않다.

　본관은 오늘날과 같은 성과의 관련 속에서 생긴 것이 아니라, 고려 초기에 사회지배 체제를 확립하기 위한 제도적 장치로 출발한 것이다. 우리가 지금 쓰고 있는 본관 즉 성관(姓貫)은 조선 중기 이후 성립된 것이다.

　고대 사회에서는 지배계층에만 성이 있었다. 고조선의 마지막 왕인 준왕(準王)이 위만에게 쫓겨 남쪽으로 내려와, 한왕(韓王)이라 칭하자 그 족속들이 한(韓)을 성으로 삼았다. 그 후 삼국시대에 와서는, 고구려 동명왕의 성이 고(高)였고, 신라의 혁거세와 탈해, 알지의 성이 각각 박(朴)·석(昔)·김(金)이었으며, 백제 온조의 성은 부여(夫餘)였다.

　그 후 중국의 문물을 받아들이면서, 상류 귀족들이 성을 갖게 되었고, 통일신라 때는 지방 호족 세력들도 성을 갖게 되었다. 고려는 중앙집권적 지배체제를 강화하는 과정에서 성씨제도가 필요하였으므로 성씨 사용층이 점차 늘어나게 되었다. 이러한 과정을 거치면서 조선시대에는 백정 등의 천민 계층을 제외한 대부분의 사람들이 성을 갖게 되었다.

성씨의 사용은 이와 같이 넓혀져 갔지만, 본관 제도가 성립된 것은 고려에 들어와서의 일이다. 신라가 망함으로서, 기존의 사회질서가 무너지고 흐트러져, 새로이 생겨난 조직을 지배할 장치가 필요하게 되었다. 지역사회 질서를 확립하고 향촌사회를 안정시키기 위해 마련된 제도가 바로 본관 제도다.

즉 지역공동체를 기반으로 하여, 백성들을 거주지에서 벗어나지 못하게 하는, 대민(對民) 지배방식의 일환으로서 고안된 것이 본관 제도다. 본관은 오늘과 같은 문벌의 구별을 위해 생겨난 것이 아니라, 신라 말 고려 초의 사회변동으로 인하여 불거진, 혼란된 사회현상을 정비하기 위한 정치적 요구로 출발한 것이다.

이러한 본관제도는 지역적인 편차가 있으나, 대개 성종 14년(995)경에 완성되었던 것으로 보인다. 본관은 이처럼 주민의 거주지를 구분 짓는 개념이기 때문에, 자유로이 본관을 벗어나는 것을 금지하였고, 본관의 편입지역에 따라 신분의 차별이 있게 되었다.

본관을 벗어나는 거주지 이동은 중앙에 와서 벼슬하거나, 중이 되는 등의 신분이동이나, 군무에 종사하거나 직업상의 필요와 유배 등의 경우에 한하여 허락되었다. 허가를 받지 않은 경우에는 유망민(流亡民)으로 간주되어, 발각되면 본관 지역으로 되돌려졌다.

그리고 일반 군현(郡縣)을 본관으로 하는 사람들과 특수계층인 향(鄕), 소(所), 부곡(部曲) 등을 본관으로 하는 사람들은 신분적 차별을 받았다. 또 노비와 양수척(楊水尺) 등의 천인(賤人)들은 본관제 질서에서 배제되었다.

이와 같이 고려시대의 본관은 오늘날의 성관(姓貫)과는 그 개념이 달랐다.

이러한 본관제도는 사회의 변동을 거치면서 고려 후기에 와서는 많이 흐트러졌다. 농민층의 분화와 이동이 깊어지고 유민(流民)현상이 심해짐에 따라, 그들을 일정한 지역에 복속시키기 위해 마련된 본관제도는 점차 그 기능이 무너지기 시작한 것이다. 본관 지역을 이탈한 농민들을 원래의 본관으로 되돌리는 것이 현실적으로 불가능해졌다. 또 본관별로 차별을 둔 것도 하위계층 신분의 사람들이 저항함으로써 그 유지가 어려워졌다.

그래서 지역을 세분하여 파악하였던 본관도 그러한 고려 후기의 시대적, 사회적 변동에 따라 차츰 변혁을 가져오게 된 것이다.

본관과 거주지의 괴리가 이처럼 심화되고, 본관제가 지방 지배도구로서의 기능을 잃게 되자, 지배층에서는 점차 본관이 지닌 기능 가운데, 자기들의 성씨가 어느 지역의 명문이라는 의식이 부각되기 시작하였다. 오늘날의 가문이나 문벌의식이 싹 트기 시작 한 것이다.

이에 따라 본관제가 가지고 있던 향촌사회의 통제기능은 약화되고, 본관이 점차 관념적인 혈연의식을 의미하게 되었다. 이러한 의식 아래에서 조선 후기에는 족보 편찬이 활발해지자, 마침내 본관은 성관(姓貫)의 의미로 자리 잡게 되고, 이러한 성관은 점차 계급적, 신분적인 상징으로 인식되기에 이르렀다.

백정은 원래 본관은 있었지만 성은 갖지 못했다. 그러나 조선 후기에 신분제가 무너지기 시작하자, 그들도 성을 갖게 되고, 평민들도 족보를 위조하거나 사들여 신분상승을 꾀하였다. 1909년 민적법이 시행되어 마침내 모두가 성을 가지게 되고, 이에 따라 성관 즉 오늘날의 본관을 누구나 갖게 되었다.

앞에서 본 바와 같이, 본관은 원래 정치 사회적인 필요에서 생긴 제도다. 백성들의 거주를 안정시키고 그들을 효율적으로 다스리기 위하여 만든 것이었다.

성씨와 본관은 관련이 없었다.

이것이 후대로 내려오면서 사회적인 변화가 심해져, 제도 자체가 문란해졌다. 본관제도가 가졌던 지역적인 의미는 점차 사라지고, 그 지역 거주자의 성씨 개념만 부각되어 오늘의 성관으로 바뀌게 되었다. 근대적인 호적제도가 시행되어 모든 사람들이 성과 본관을 가지게 되면서, 본관이 가졌던 본래의 사회적 기능은 점차 약화되고, 본관은 성관으로 대치되었다.

그럼 여기서, 우리가 늘 쓰고 있는 '성씨(姓氏)'란 말에 대하여 약간의 설명을 덧붙일까 한다. 원래 성과 씨는 종적인 개념이었다. 현응(玄應)이 쓴 일체경음의(一切經音義)에 "성은 위에 있는 것이고, 씨는 아래에 있는 것이다."라 한 것은 바로 그것을 말한 것이다.

그러면 성과 씨는 어떻게 다를까? 성은 원래 한 종족의 혈연개념으로서, 모계사회의 흔적을 그대로 담은 것이다. 순(舜)임금의 성이 요(姚)이고, 우(禹)임금의 성은 사(姒), 주왕(周王)의 성은 희(姬), 진(秦)황제의 성이 영(嬴)인데, 모두가 그 성에 계집 녀(女)자가 들어가 있는 것은 그러한 연유다.

씨는 성을 가진 종족이 점차 그 수가 불어나서, 여러 지역으로 흩어져 살게 됨에 따라, 거주하는 지역의 족속을 나타내는 개념이 생겨났는데 이것이 바로 씨다. 하나의 성에서 갈라진 지파가 새로운 거주지나 조상의 이름 등을 따서, 자신들을 구별 짓는 새로운 칭호를 만들어 사용한 것이 씨다. 이것이 바로 성은 위에 있는 것이고, 씨는 아래에 있다는 것이다.

이러한 성과 씨의 구별은 하(夏), 은(殷), 주(周) 3대와 춘추전국시대까지는 나타났으나 그 뒤로는 희미해졌다. 삼대 이전에는 남자는 씨를, 여자는 성을 썼다가, 후대에 내려오면서 성씨가 합쳐졌다. 씨는 신분의 귀천을 분별하였기 때문에 귀한 자는 씨가 있으나, 천한 자는 이름만 있고 씨는 없었다.

　성과 씨의 개념이 이러함으로 인하여, 부자(父子) 사이에도 성은 같지만 씨가 다른 경우가 생겼고, 성이 다른데도 씨는 같은 경우도 나타났다. 또 씨는 제후가 받는 봉지(封地)에 붙여 쓰는 칭호이기도 하였다. 지금 백씨(伯氏), 중씨(仲氏), 계씨(季氏) 하는 말들은, 이러한 흔적이 배어 있는 것이다.

　이와 같이 성과 씨는 원래 구분이 있었으나 한(漢)대 이후에 없어지고, 한 족속의 성을 가리킬 때 '성씨'란 말을 쓰게 되었다. 중국의 성씨제도를 받아들인 우리나라는 고려 초기에 지배층에서부터 성이 보급되어 부계혈통을 나타내게 되었다.

세(世)와 대(代) 그리고 항렬자

세와 대에 대하여 혼동하는 경우가 많다. 근본적으로 세와 대는 같다. 곧 15세와 15대는 같은 열다섯 번째 항렬이다. 그런데 여기서 유의할 점 두어 가지가 있다.

첫째, 세는 반드시 시조를 1세로 하여 아래로 내려가며 계산한다. 그러나 대는 중간부터 위·아래로 다 셀 수가 있다. 위로 올라가면 몇 대조라 하고 아래로 내려가면 몇 대손이라 하는 것이다.

둘째, 세와 대는 항렬이 같지만, 세손(世孫)과 대손(代孫)은 한 항렬의 차이가 난다. 곧 10세손은 시조로부터 열 번째 항렬이지만, 10대손은 열한 번째 항렬이된다.

만약 아버지를 기준하여 세를 말한다면, 아버지는 1세, 아들은 2세가 된다. 그러나 대(代)는 세와 세의 사이를 가리키므로, 아버지와 아들 사이는 1대가 된다. 아버지는 아들의 1대조가 되고, 아들은 아버지의 1대손이 된다. 그래서 흔히 대는 세에서 하나를 뺀다고 하는 것이다. 이를 대불급신(代不及身)이라 하는데, 대를 셀 때는 자신을 뺀다는 뜻이다. 세를 셀 때는 자기를 빼지 않으므로 세불급신(世不及身)이란 말은 없다.

다시 말하면, 세는 당해 조상으로부터 이어온 차례의 수치를 객관적으로 말하는 데 대하여, 대는 자신과의 상관관계를 주관적으로 나타낸 것이다. 그래서 1세조는 곧 시조가 되지만, 1대조는 자신의 아버지가 된다. 대는 세와 세의 사이 이어진 횟수를 가리킨다. 1세와 2세 사이가 1대가 된다. 따라서 대는 세보다 하나가 빠진다. 그래서 만약 20세손이 축(祝)을 쓴다면, '顯始祖考 … 十九代孫 ○○敢昭告于(현시조고 … 십구대손 ○○감소고우)'라고 한다. 19대손이 20세와 일치하기 때문이다.[○○은 제주(祭主)의 이름]

시조를 1세로 하여 자기까지 내려온 세수(世數)를 따지는 것이 항렬(行列)이다. 항렬이 같은 사람끼리를 동항(同行)이라 하여 형제뻘이 되고, 1세 위는 숙항(叔行), 2세 위는 조항(祖行 : 할아버지뻘), 1세 아래는 질항(姪行 : 조카뻘), 2세 아래는 손항(孫行 : 손자뻘)이라 한다.

참고로 세대(世代)라는 말이 있는데, 이는 통상 30년을 한 구분으로 하는 연령층을 말한다.

항렬(行列)이란 같은 혈족의 세계(世系) 위치를 나타내기 위한 관계를 말하는데, 항렬자(行列字)로 표시한다. 항렬을 나타내기 위하여 이름자 속에 넣는 글자인 항렬자는 돌림자라고도 하는 것으로, 앞으로 태어날 자손들에게 적용할 글자를 미리 정해 놓는다.

이 항렬자는 가문과 파에 따라 각기 다르나, 대개 다음과 같은 방법으로 항렬자를 정한다.

① 오행상생법(五行相生法)으로 쓰는 방법

오행에는 상생법(相生法)과 상극법(相剋法)이라는 것이 있다. 서로 살리는 법과 서로 충돌하는 법이다. 상생법은 목생화(木生火), 화생토(火生土), 토생금(土生金), 금생수(金生水), 수생목(水生木)의 다섯인데, 이 차례인, 목·화·토·금·수가 포함된 글자로 순서를 삼아 항렬자를 정하는 방법이다.

항렬자의 배치는 이름이 두 자일 경우, 세(世)에 따라 앞엣자와 뒤엣자에 각각 번갈아 둔다. 만약 1세의 항렬자를 이름의 첫 글자에 두었다면, 2세의 항렬자는 이름의 끝 글자에 둔다. 보통 이 오행상생법에 의한 항렬자 배치법을 가장 많이 쓴다.

참고로 창녕 장씨(昌寧張氏)의 오행상생법에 의한 항렬자의 예를 보면 다음과 같다.

세	34세	35세	36세	37세	38세
항렬자	錫○ 鎭○ **金**	○洙 ○淳 **水**	榮○ 相○ **木**	○烈 ○熙 **火=灬**	圭○ 在○ **土**

② 십간(十干)순으로 쓰는 방법

갑甲 을乙 병丙 정丁 무戊 기己 경庚 신辛 임壬 계癸를 순차적으로 쓴다.

③ 십이지(十二干)순으로 쓰는 방법

자子 축丑 인寅 묘卯 진辰 사巳 오午 미未 신申 유酉 술戌 해亥를 순차적으로 쓴다.

④ 숫자를 포함시키는 방법

이름자에 一 二 三 四 五 六 七 八 九가 포함된 글자를 순차적으로 쓴다.

一이 포함된 글자의 예 : 大, 在

二가 포함된 글자의 예 : 元, 崇

三이 포함된 글자의 예 : 生, 全

四가 포함된 글자의 예 : 羅, 盆

윗사람의 이름은 왜 부르기 꺼렸을까

단군 신화를 기록하고 있는 삼국유사 고조선 조에 이런 구절이 있다.

"지금으로부터 2000년 전에 단군왕검이 있었다. 그는 아사달에 도읍을 정하고 새로 나라를 세워 국호를 조선이라고 불렀다. 이는 고(高)와 같은 시기였다."

"단군 왕검은 당고(唐高)가 즉위한 지 50년인 경인년에 도읍하여 비로소 조선이라고 불렀다."

그런데 여기에 나오는 '고(高)'와 '당고(唐高)'는 무엇을 가리키는 말일까? 이 '高' 자는 '堯' 자를 피하여 대신 쓴 글자다. 고조선이 중국의 가장 오랜 나라인 요(堯)와 같은 시대에 건국되었다는 뜻이다. 이를 근거로 하여, 고조선이 서기전 2333년에 건국되었다는 것을 사실로 확정하고 있다.

그런데 여기서 '堯' 자를 직접 쓰지 않고 '高' 자를 대신 쓴 것은, 고려의 임금인 정종의 이름이 '堯'였기 때문에, 이를 피하여 음이 비슷한 다른 글자로 대신한 것이다. 즉 임금의 이름을 함부로 쓸 수 없기 때문에 그 글자를 피한 것이다.

학생 시절에 국사를 공부하면서, 우리나라에 성리학을 처음으로 받아들인 사람을 어떤 책에는 안유(安裕)라 하고, 또 다른 책에서는 안향(安珦)이라 하고 있어서 잠시나마 의문을 가졌던 적이 있다. 뒤에 안 일이지만, 조선 때 문종의 이름이 '향(珦)'이었기 때문에 이를 피하여 '유(裕)'로 고쳐 불렀던 것이다.

이와 같이 높은 사람의 이름자를 함부로 쓰지 않고 피하는 것을 피휘(避諱)라 한다.

휘(諱)란 원래 제왕의 이름을 가리키는 말이다. 그 후에 성인, 존경받는 사람, 부모, 윗사람 등의 이름을 가리키는 것으로 범위가 넓어졌다. 피(避)는 피한다는 뜻이니, 피휘는 제왕이나 성인, 존경받는 사람, 부모, 윗사람 등의 이름을 부르거나 이름자를 함부로 쓰지 않는 법을 말한다.

사전에는 휘를 죽은 어른의 이름이라 풀이하고 있으나, 이는 완전한 풀이가 아니다. 원래는 산 사람에 대하여도 썼는데 이를 생휘(生諱)라 한다. 그런데 시대를 내려오면서, 살아있는 사람의 이름을 명(名)이라 함에 대하여, 죽은 후에 그 사람이 쓰던 생전의 이름을 휘라고 불렀다. 산 사람에 대한 휘, 즉 생휘(生諱)의 풍습은 진(秦)나라 때부터 시작되었는데, 진시황(秦始皇)의 이름인 '정(政)' 자와 음이 같은 '정(正)'을 피하려고 정월(正月)을 단월(端月)로 바꾸었다.

이처럼 중국에서 피휘법을 쓰게 된 때는 진나라 때부터다. 중국의 유교사상에서는 정명(正名)이라 하여 이름을 중히 여기는 사상이 본디부터 있었지만, 제왕에 대한 피휘는 군주의 권위를 높이고 전제 군주권을 확립하는 데 그 목적이 있었다.

피휘의 대상은 처음에 천자, 제후 등에 국한되었으나, 후대로 오면서 점차 그

범위가 넓어져 일반인에게까지 확대되고, 이름뿐만 아니라 자(字), 시호(諡號), 연호도 피휘하게 되었다.

　왕의 휘를 피하는 것을 공휘(公諱) 또는 국휘(國諱)라 하고, 조상의 휘를 피하는 것을 사휘(私諱) 또는 가휘(家諱)라 한다. 피휘의 방법으로는 이름에 쓰인 글자와 유사한 다른 글자를 쓰는 대자(代字), 그 글자와 다른 글자를 쓰는 개자(改字), 아예 그 글자를 빼 버리는 결자(缺字), 글자의 한 획을 빼 버리고 쓰는 결획(缺劃) 등의 방법을 사용하였다.

　그 몇 가지 예를 살펴본다.

　24절기 중의 경칩(驚蟄)은 원래는 계칩(啓蟄)이었으나, 한나라 경제의 이름이 유계(劉啓)였기 때문에, 계(啓) 자를 피휘하여 경(驚) 자로 바꾸었다. 삼국사기에 연개소문(淵蓋蘇文)을 천개소문(泉蓋蘇文)으로 적고 있는데, 이는 중국의 역사서에서 당 고조 이연(李淵)의 휘를 피하여 천(泉)으로 적은 것을 그대로 따라한 것이다. 피휘는 점점 더 그 정도가 심해져, 다른 글자라도 음이 같거나 심지어 글자의 모양이 비슷하다 하여 피휘하는 일까지 생기게 되었다.

　또한 당나라 때에 와서 수서(隋書)를 편찬할 때, 당나라 태종 이세민(李世民)의 이름에 들어 있는 '세(世)'를 피하기 위하여, 왕세충(王世充)이란 인물을 기록하면서 '세(世)' 자를 빼고 '왕 충(王 充)'으로만 적었다. 결자로 피휘를 한 것이다.

　우리나라의 피휘법은 고려 때 가장 성행하였다.

　혜종의 휘자인 '무(武)'를 피하기 위하여, '홍무(洪武: 명나라 태조의 연호)'를 '홍호(洪虎)'로, 후한 무제(武帝)를 '호제(虎帝)'로 바꾸어 썼다. 또한 문경의 봉암사 정진대사원오탑비(靜眞大師圓悟塔碑)에 '무반(武班)'이라는 관직을 '호반(虎班)'

으로 바꾸어 적었다. '무(武)' 자를 그 뜻과 연결되는 '호(虎)' 자로 바꾼 것이다.

성종의 휘자인 '치(治)'를 피휘하기 위하여 '지치(至治 : 원나라 영종의 연호)'를 '지리(至理)'로, '혁거세 치(治) 육십 년'을 '혁거세 이(理) 육십 년'으로 각각 바꾸어 썼다. '치(治)'와 '이(理)'는 뜻이 서로 통하는 대자(代字) 피휘를 한 것이다.

또한 신종 때는 왕의 이름인 '탁(晫)'과 같은 음을 가진 '탁(卓)'씨 성을 가진 자는 외가의 성을 따르도록 하였다.

국휘의 범위가 점차 넓어져 왕의 이름만이 아닌 태자의 이름도 피휘하는 경우가 생겼다. 인종이 원자인 철(徹)을 태자에 책봉하자, 문신 김부철(金富轍)은 '철(轍)' 자를 피휘하여 김부의(金富儀)로 자신의 이름을 바꾸었다.

선종 때는 피휘법에 대한 공식적인 법령이 발표되었는데, 이 조처에 의하여 개인의 이름이나 사원, 주, 부, 군현의 이름이나, 건물의 명칭에도 왕의 이름자를 사용할 수 없게 하였다. 이러한 피휘법에 일반인의 폐해가 많았으므로 이를 줄이기 위해, 국왕이나 태자의 이름은 하나의 글자(외자)로 짓고, 또 일반적으로 잘 쓰이지 않는 글자[僻字(벽자)]로 지었다.

또 공자의 휘 구(丘)를 피하기 위하여, 원래의 지명인 대구(大丘)를 대구(大邱)로 바꾼 것도 그러한 연유다. 유교 경전이나 서적을 펴낼 때 '丘' 자를 붉은 종이로 가리거나, 붉은 네모 테두리로 둘러쌌던 것도 같은 맥락이다. 지금도 유학자들은 문장에서 선현들의 이름자가 나오면, 글자 그대로 읽지 않고 '모(某)'라고 하는데, 이것도 다 같은 이유에서 나온 것이다.

피휘에 따른 유풍으로, 이름을 불러야 할 때는 이름 대신 자(字)나 호(號)를 사용하였다. 그런데 자는 윗사람이 아랫사람을 부를 때는 써도 되지만, 아랫사람이 윗사람을 부를 때는 쓰지 못하였다. 아랫사람이 윗사람을 부를 때는 반드시

호를 써야 했다. 이것은 지금도 마찬가지다. 부모나 조상의 이름을 말할 때 '홍길동'이라 하지 않고 '홍 길자 동자'라고 조심하여 말하는 것도 피휘의 한 맥락이다.

피휘는 본래는 제왕의 전제적이고 권위적인 배려에서 나온 것이다. 그러나 이것이 오랜 시간을 거치면서 윗사람을 공경하고, 이름을 소중히 여기는 전통으로 발전했다.

또 이름을 부르지 않는다는 행동은 단순히 부르지 않는다는 사실 자체에 있는 것이 아니라, 이름에 걸맞게 몸가짐을 가져야 한다는 깊은 뜻이 그 안에 담겨 있다. 이름값을 해야 한다는 말이 있다. 피휘법은 이름값에 맞는 도덕적 행위를 실천해야 할 당위성을 지우는 촉매로 작용하였다. 이는 이름에 걸맞는 행위를 해야 한다는 동양의 정명사상(正名思想)과 연결되어 있다고 할 수 있다.

＊ 정명사상 : 구성원 각자의 이름에 부여된 임무를 잘 실천할 때 사회는 안정된다는 사상.
곧 임금은 임금답게, 신하는 신하답게, 어버이는 어버이답게, 자식은 자식다워야 한다는 사상.[君君 臣臣 父父 子子]

코리언 타임의 이해

요즈음은 거의 없어졌지만, 코리언 타임이란 말이 유행처럼 많이 쓰인 적이 있었다. 우리나라 사람들이 서구인에 비하여 시간을 잘 지키지 않음을 빗대어 하는 말이다. 그 말 속에는, 서구인에 비하여 우리는 시간관념이 박약한 비문명적인 사람들이라는 비하적 의미가 내포되어 있다.

과연 그럴까?

농경을 주로 하는 우리 민족은 유목과 이동을 주로 한 서구인에 비하여 세분된 시간 개념이 필요 없었다.

이동하는 민족은 떠나기를 약속한 그 시간에 오지 않으면, 낙오자가 되고 삶의 위협도 받게 된다. 생사가 달려 있는 것이니 시간을 지키지 않을 수 없다. 그러나 계절의 변화에 따라 씨 뿌리고 거두면 되는 정착 민족인 우리는, 그들과 같은 촉급한 시간관념 자체가 필요 없었다.

정 송강의 가사에 "하루도 열 두 때 한 달은 서른 날"이라는 구절이 있다. 지난날에는 자(子), 축(丑), 인(寅), 묘(卯)……하는 이른바 십이지(十二支)로 하루를 나누었는바, 자(子)시는 오후 11시부터 이튿날 1시까지이니, 하나의 지(支)는 지금의 두 시간을 가리킨다. 자시에 모이자고 약속을 한다면, 밤 11시에 와도 되고 이튿날 1시에 와도 되는 것이다. 따라서 두 시간 안에만 오면 시간 약속을 지킨 것이 된다. 농경 정착 민족이 빚어낸 여유롭고 느긋한 시간 약속이다. 우리에게는 서구인처럼 촉박하고 세분된 시간 개념이 필요 없었다. 이러한 우리의 문화적 배경을 이해하지 못하고, 우리와 전혀 다른 문화권의 생활양식 기준에 맞추어 일방적으로 자신을 비하하는 것은 참으로 잘못된 일이다.

모든 사상과 개념은 시대에 따라 변한다. 오늘날과 같은 지식 정보화 사회는 초를 다투는 경쟁시대인데, 코리언 타임이 이 시대에도 맞다는 주장을 하려는 것은 물론 아니다. 다만 코리언 타임이라는 말이 빚어내는, 그 이면의 상념들을 다시 한 번 생각하고, 그 밑동이 되는 문화적 배경을 바로 보자는 뜻이다.

참고로 십이지와 시각의 기준을 표로 보면 다음과 같다.

십이지	시각	십이지	시각
子時	오후23시~오전1시 三更 丙夜 夜半	午時	11시~13시 日南
丑時	1시~3시 四更 丁夜 鷄鳴	未時	13시~15시 日昃
寅時	3시~5시 五更 戊夜 平旦	申時	15시~17시 哺時
卯時	5시~7시 日出	酉時	17시~19시 日入
辰時	7시~9시 食時	戌時	19시~21시 一更 甲夜 包更
巳時	9시~11시 禺中	亥時	21시~23시 二更 乙夜 人定

호랑이 담배 피우던 시절은 언제인가

할머니가 어린 손자에게 옛날 얘기를 들려 줄 때면, 으레 첫마디는 '옛날 옛적 호랑이 담배 피우던 시절에'로 시작된다. 일상 대화에서, 현재로서는 있을 수 없는 상황을 가리킬 때도 이 말을 쓴다. 어떻든 호랑이 담배 피우던 시절은 아주 먼 옛날을 가리킨다.

그러면 먼 옛적을 가리키는 데 왜 이 말이 쓰이게 되었을까?

담배는 임란 직후인 17세기 초에 일본으로부터 들어왔다. 담배란 이름도 일본어의 타바코(tabako, タバコ)에서 왔다. 이 말이 담바고, 담바귀로 쓰이다가 후대로 내려오면서 담빅>담배로 변했다.

남쪽에서 들어왔다 하여 남초(南草)라고도 하고, 신령스러운 풀이라 하여 남령초(南靈草)라고도 불렀다. 그래서 담배가 처음 들어왔을 때는 영험한 약초로 인식되기도 하였다.

정조는 일성록(日省錄)에서, 담배가 사람에게 유익한 점은 더위는 씻어주고 추위는 막아 주며, 음식의 소화를 돕고 잠을 잘 오게 하며, 글을 지을 때나 대화를 나눌 때 그리고 명상할 때도 모두 유익하다고 하였다. 성호 이익도 그의 성호사설(星湖僿說)에서, 담배는 가래가 목구멍에 붙어서 뱉어도 나오지 않을 때, 비위가 거슬려 구역질이 날 때, 먹은 음식이 소화가 안 돼 누울 수 없을 때, 한겨울에 찬 기운을 막는데 담배를 피우면 좋다고 하였다.

그래서 담배가 처음 들어왔을 때는 기이한 약초로 인식되어 남녀노소 할 것 없이 뭇사람들의 기호품으로 널리 퍼졌다. 신분이나 나이에 따른 제약도 전혀 없었다. 오늘날처럼 담배에 대한 예절이나 법도도 없었다. 신하들이 임금 앞에서도 담배를 피웠다는 이야기도 전한다.

그런데 조선 후기로 내려오면서 양반들은 점차 담배에 대한 규제를 가하기 시작하였다. 이것은 수요가 많아지면서 담배가 귀해졌기 때문이라는 설이 유력하다. 담배 한 근이 은 한 냥에 거래되기도 했다는 기록도 있다. 18세기 말 유득공이 쓴 경도잡지(京都雜誌)에는, 비천한 자는 높은 분 앞에서 담배를 피우지 못하며, 지체 높은 관리가 지나갈 때 담배를 피우는 자는 벌을 준다고 적혀 있다.

이와 같이 담배가 양반들의 전유물로 바뀐 연유로 호랑이 담배 피우던 시절이란 말이 생겨났다는 설이 있다. 즉 연소자와 부녀자 그리고 하층민들이 점차 담배를 피울 수 없게 되자, 처음 들어왔을 때는 마음대로 피울 수 있었던 담배를 피울 수 없게 되어, 그 옛날을 그리워해서 그런 말을 쓰게 되었다는 것이다. 옛날에는 남녀노소 할 것 없이 아무나, 심지어 호랑이까지도 피울 수 있던 담배였는데, 지금은 피울 수 없으니 그 옛날이 그리워졌기 때문이다. 그래서 그들은 그때를 호랑이 담배 피우던 시절이라 표현했다는 주장이다.

그러나 필자가 생각하기로 이 말은 민간 신앙과 관련해서 생겨난 것이 아닌가 한다. 호랑이는 예로부터 산신령으로 받들어 온 동물이다. 전국에 흩어져 있는 산신당이나 사찰의 산신각에 호랑이가 모셔져 있는 것은 그 때문이다. 호랑이는 단군신화에 등장하리만큼 우리 민족의 첫째가는 토템이다. 그렇게 숭앙되는 신령에게 귀한 담배를 바치는 것은 당연하다. 민화에 담뱃대를 물고 있는 호랑이가 많은 것이 그러한 증좌다. 담배의 원산지인 아메리카 인디언들도 그들의 토템에게 담배를 바친다고 한다. 이와 같이 담배는 영초(靈草)로, 약초로 인식되었을 뿐만 아니라 귀하게 취급되는 물품이었으니 이것을 산신령에게 바치지 않을 수 없었을 것이다.

그런데 그런 연유에서 생긴 이 말이 시대를 내려오면서 그 연원이 잊히게 되자, 사람들은 민간 습속이나 민화를 보고 옛날에는 호랑이도 담배를 피우던 시절이 있었나 보다고 생각하기에 이르게 되고, 이에 따라 아득한 옛날이란 의미를 띠게 된 것으로 보인다.

그런데 후대로 더 내려오면서 이 말의 유래가 묻히자, 사람들은 거꾸로 그 말에 붙일 새로운 이야기를 만들어 내게 되었다. 실제로 호랑이가 담배를 피우게 된 배경의 이야기를 만들어 낸 것이다. 이렇게 만들어진 호랑이 담배 피우던 시절의 배경 설화는 두 가지가 전한다.

그 하나는 술에 취한 사람과 관련된 이야기다.

"어떤 사람이 술에 잔뜩 취하여 길가에 자빠져 자고 있었다. 그때 호랑이가 와서 잡아먹으려고 하니, 술 냄새가 너무 지독하여 잠시 머뭇거리고 있었다. 그때 이 사람이 잠깐 눈을 떠 보니 호랑이가 자기를 내려다보고 있으므로, 엉겁결에 자기가 가지고 있던 담뱃대를 호랑이 목구멍에 세게 찔러 넣었다. 그 아픔에 놀란 호랑이는 담뱃대를 입에 꽂은 채로 달아나, 그 후 늘 담뱃대를 물고 다녔다."

또 다른 이야기는 정생(鄭生)과 추생(秋生)이라는 두 선비와 관련된 이야기다.

"정생과 추생은 동학지간(同學之間)인데 모두 노모를 모시고 살았다. 정생의 어머니가 병이 들어 오래 낫지 않았는데, 도사가 와서 이르기를 개 100마리를 100일 동안 복용시키면 낫겠다고 하였다. 정생은 도사로부터 개를 잘 잡기 위하여 호랑이로 변신할 수 있는 부적을 함께 받았다.

그런데 호랑이로 변신할 때는 많은 고통을 받는데, 이를 지켜보던 아내가 보다 못해 그 부적을 불살라 버려, 정생은 다시 인간으로 돌아갈 수 없게 되었다.

그래서 그는 영영 호랑이가 되어 사람을 잡아먹기 시작하였고, 어느 날 험한 산 고개에서 사람을 기다리고 있었다. 그때 마침 한 선비가 지나가므로 잡아먹으려고 보니, 이는 다름 아닌 옛 친구 추생이었다. 두 사람은 서로 부둥켜안고 울다가, 정생은 추생으로부터 담배 한 대를 얻어 피우며, 그대는 청운에 올라 떠나고 나는 청산을 바라보며 떠난다는 인사를 나누고 헤어졌다."

사람들은 원래 이야기 만들기를 좋아한다. 본래의 유래담이 잊히자 호랑이가 담배를 피우게 된 유래담을, 위와 같은 이야기들로 만들어 붙인 것이다.

뺨은 성역이다

　우리나라 역사상 가장 폭군으로 잘 알려져 있는 연산군은, 갑자사화를 일으켜 수많은 명신과 학자들을 참형하거나 부관참시(剖棺斬屍)하였으며, 그 가족과 제자들까지도 처벌하는 참극을 빚어내었다. 연산군이 이 같은 사건을 야기한 것은 천성이 포악한데다가 자기 어머니인 폐비 윤씨의 원수를 갚기 위함이었다.

　성종의 비였던 윤씨는, 질투가 심하여 왕비의 체모에 어긋난 행동을 많이 하였다는 이유로 성종 10년에 폐출되었다가 그 이듬해 사사(賜死)되었다. 윤씨가 이와 같이 쫓겨나고 죽은 데는 그 자신의 잘못도 있었지만, 그의 연적이었던 여러 후궁들과 평소 그를 싫어하던 성종의 어머니 인수대비가 합심하여 그를 몰아붙였기 때문이다.

　후궁들과의 사랑 놀음에 빠져 있던 성종은, 중전을 잊어버리고 수년 동안 중궁을 찾지 않다가 어느 날 밤 갑자기 중전의 방을 찾았다. 그 동안의 기나긴 기다림에 지쳤던 중전은 일면 한없이 반가웠지만, 또한 그간의 무심에 대한 원망과 가슴 한구석에 삭여 온 질투의 불길이 함께 솟아오름을 억누를 수 없었다.

　왕비는 자리에 앉자마자 여인 특유의 앙탈을 부리기 시작했다.

　왕은 그간의 미안함도 있고 하여, 이를 눌러 덮기 위해 불을 끄고 왕비를 끌어안았다. 그러나 중전의 서운한 마음은 쉽게 메워지지를 않았다. 끌어안는 왕의 손을 홱 뿌리치며 돌아앉았다.

아뿔사! 이때 그만 용안에 손톱자국을 내고 말았다. 그러나 이것이 뒷날의 처참한 비극의 씨앗이 될 줄이야 그 누가 알았겠는가? 어둠 속에 있던 당사자들도 전혀 몰랐을 것이다.

사랑싸움 끝에, 중전의 침소에서 밤을 보낸 임금이, 이튿날 아침 대비에게 문안 인사를 드리자, 아들의 얼굴에 난 손톱자국을 본 대비는 지난밤 어느 침소에 들었던가를 대뜸 물었다. 모처럼 중전의 방에 들었었다는, 자랑 섞인 왕의 대답에 대비는 펄쩍 뛰었다.

눈엣가시처럼 여기던 중전의 짓이라니, 그에게 비수를 들이댈 기회가 때맞춰 찾아 온 것이다. 대비는 당장 폐비하라는 불호령을 내렸다. 이리하여 폐비가 된 윤씨의 한은 뒷날 아들 연산에게 물려져, 처참한 비극을 가져오게 되었다. 지아비에게 달려든 한 여인의 사랑싸움이 후일 그처럼 엄청난 비극을 불렀다.

여염집과 대궐이라는 차이가 있지마는, 그녀도 한 사람의 여자임에는 틀림없다. 수년간이나 한눈을 팔면서 돌아다니다가, 불쑥 나타난 한 남정네를 어찌 그냥 순순히 받아들일 수 있었겠는가? 시앗싸움에는 돌부처도 돌아앉는다고 했는데…….

눈물로 앞섶을 적시고 치마폭에 설움을 담으며, 오직 인내와 순종으로 가름하던 이 땅의 여인이지만, 바람을 날리며 돌아다니던 지아비에게 어찌 애교 어린 앙탈의 정감까지 없을 수 있겠는가?

그러기에 조선의 여인은 무정한 남편의 품을 쥐어뜯으며, '차라리 죽여 달라'는 표현을 곧잘 쓰곤 하였다. 실컷 그의 넓은 가슴에 안기고 싶은 정한을 그렇게 표현했는지도 모를 일이다.

이것이 한국 여인의 전통적 풍속화다. 남정네의 가슴팍에 달려들어 두 주먹으로 방망이질을 하거나, 때로는 손으로 뜯으며 그 한을 실처럼 풀어내는 것이, 한국 여인이 갖는 사랑싸움의 본래적 모습이다. 이런 속에서 어쩌다 도가 지나쳐 윤비처럼 손톱자국을 내는 일이 때로 발생하기도 하고…….

그런데 근래에 와서 참으로 괴이한 장면을 자주 보게 된다. 텔레비전 드라마나 영화에서 가끔 목격하는 이상야릇한 장면인데, 연인 간의 다툼이나 부부싸움을 할 때, 여자가 남자의 뺨을 때리는 것이 그것이다. 처음에는 연인 간이나 젊은 부부 사이에 벌어지는 언짢은 일 뒤에 그런 장면이 연출되더니, 요즘에는 나이 많은 부부 사이의 싸움에서도 그런 장면을 종종 볼 수 있게 되었다.

실제로 그런 일이 지금 우리 주위에서 일어나고 있는지는 모르겠지만, 이런 어설픈 연출은 서양 영화에서 조급하게 베껴온 것이다.

긴 금발머리를 철렁하면서, 성난 얼굴로 갑자기 홱 돌아서서는, 남자의 뺨을 한 방 힘차게 후려갈기는 장면이 서양 영화의 한 전형적 메뉴라는 것은 우리가 다 아는 바이다. 뺨을 맞은 남자는 으레 대꾸를 하지 않고, 시무룩이 서 있는 것 또한 그들의 일상화된 문화다.

이러한 서양식 화면을 본받아 성급히 연출하는 우리나라의 극 제작 관계자들은, 양쪽의 문화적 차이를 몰라도 너무 모르고, 그런 장면을 헤프게 끌어다 붙이고 있다.

한국인들이 생각하는 뺨과 저쪽 사람들이 생각하는 뺨(cheek)은, 공간성은 같지마는 그것이 갖는 문화적 속성은 전혀 다르다. 서양인의 뺨은 신체의 다른 부분과 똑같은 부위에 지나지 않지만, 한국인의 뺨은 신성불가침의 성역이다.

종아리를 맞거나 옆구리를 차였을 때 우리는 육체적 고통만을 받지만, 손바닥으로 뺨을 맞으면 우리는 육체적 고통을 넘어서는 정신적 모욕감을 더 크게 느끼게 된다. 그야말로 인격적 치명상을 입게 되는 것이다.

빰을 때릴 수 있는 사람은 아버지나 선생님 정도로 한정된다. 특히 여자에게 빰을 맞는 것은 생각도 할 수 없는 치명타로 생각한다. 여자가 남자의 빰을 때리는 것은 우리의 문화가 아닌 너무나 생소한 이질적 풍습이라 할 수 있다. 한국 여인은 남편의 가슴을 쥐어뜯을지언정, 빰을 때리는 그런 무례는 결코 행하지 않는다.

우리의 귀여운 딸들이 자라서, 속이 상할 경우에 부득이하게 남자친구나 남편의 가슴을 헤집고 주먹손으로 방망이질을 해 보는 일은 있어도, 상대방의 빰을 때리며 인격적 모욕을 가하는, 그런 못난 여인이 되게 해서는 절대로 안 될 것이다.

시누이 남편은 무어라 부를까

가족 간의 호칭이 많이 흐트러지면서 혼란을 일으키고 있다. 거기에는 기존의 호칭을 잘못 이해하여 쓰는 경우도 있고, 과거에 마땅한 호칭이 없어서 아무렇게나 쓰는 경우도 있다. 관계를 나타내는 삼촌을 부름말로 쓰는 것이나, 사돈의 자녀를 보고도 사돈이라 하는 경우가 전자에 속한다면, 시누이의 남편을 아주버니라 부르는 것은 후자의 경우다. 언어는 시대의 흐름에 따라 변하는 것이 하나의 법칙이다. 호칭도 역시 마찬가지다. 그러나 그것도 어느 정도의 합리성을 가져야지 너무 동떨어지게 갖다 붙이는 것은 일종의 파괴 행위라 할 수 있다.

지난날에는 지금과 달리 남녀 간에 내외가 심하여 서로 대할 기회가 없는 관계들 사이에서는 호칭이 아예 없었다. 시누이의 남편에 대한 호칭이 없는 것도 이 때문이다.

이와 같이 종래 없던 호칭이나 새로 지어야 할 필요가 있는 호칭에 대하여 한번 생각해 보자. 그런데 그런 말 중에는 자세히 찾아보면, 이전에 전혀 없었던 말이 아님을 알 수 있다.

먼저 시누이 남편에 대한 호칭어를 살펴본다.

이에 대해 경상도에서는 전통적으로 시매씨(媤妹氏)라는 말을 써 왔고 지금도 사용하고 있다. 또 시매부(媤妹夫)란 말도 사전에 올라 있다. 이들 말을 쪼개 보면, 시누이의 남편이란 뜻을 그 안에 함축하고 있으므로 살려 쓰면 좋으리라 생각된다. 곧 시누이 남편의 호칭은 시매씨 또는 시매부님이란 말을 사용하면 된다.

국립국어원의 '표준 언어 예절'에는 이를 서방님이라 호칭하자고 하지만, 지방에서는 그런 경우에 서방님이라 부르는 사람이 아무도 없을 뿐만 아니라, 서방님이란 말은 남편을 가리키는 말로 그 외연이 점차 굳어지고 있어서 부적합하다. 게다가 국립국어원에서는 서방님을 결혼한 시동생의 호칭어로도 주장하고 있어, 변별성이 약한 것도 하나의 걸림돌이 된다.

아버지의 형제를 부르는 말에는 백부(伯父), 중부(仲父), 숙부(叔父), 계부(季父)가 있다. 그런데 지금은 이러한 한자어가 잘 쓰이지 않을 뿐만 아니라, 자기 아버지가 형제 중 중간이 아니거나, 그 형제가 다섯을 넘을 경우에는 혼란이 생긴다.

이에 대해서 어떤 이는, 첫째아버지 둘째아버지 식으로 부르자고 제안한다. 그러나 이는 어법상으로나 윤리적인 측면에서도 적합하지 않다. 왜냐하면, 이 말은 아버지가 둘 이상이라는 어감을 품게 되어 저항감이 생기기 때문이다. 둘째어머니라 하면 서모나 첩을 떠올리게 되는 것과 같은 이치다.

그러면 어떻게 부르는 것이 좋을까?

자기 아버지의 형들은 일단 큰아버지들이고, 그 동생들은 작은아버지들이다. 그러니 큰아버지들은 큰아버지들대로 서열을 매기면 되고, 작은아버지들은 작은아버지들대로 서열을 매기면 된다. 즉 큰아버지가 셋이면 맨 위로부터 첫째큰아버지, 둘째큰아버지, 셋째큰아버지라 부르면 되고, 작은아버지가 둘이면 역시 첫째작은아버지, 둘째작은아버지라 부르면 된다.

또 세간에 처남의 아내를 가리키는 적당한 말이 없으니, '처남의 댁'이라고 부르자는 의견이 있다. 그러나 '처남의 댁'은 지칭어는 될 수 있어도 호칭어는 될 수 없다. 경상도에서는 고래로 처수씨(妻嫂氏)라고 하고 있으니, 이 말을 골라 표준어로 정하여 쓰면 좋으리라 생각한다.

嫂 자는 '아즈미(아주머니) 수' 자이다. 아즈미는 전통적으로 형수를 가리키는 말로 사용하였으며, 방언에서는 아직까지 '아지미'란 말로 그대로 쓰이고 있다. 처수(妻嫂)는 풀이하면 '처가의 아지미(兄嫂)'란 뜻이니, 손위 '처남의 댁'에 대한 호칭어로 무난히 쓸 수 있겠다.

시아버지와 시어머니를 총칭해서 구고(舅姑)라 한다. 시집와서 시부모를 처음 뵙는 의례를 현구고례(見舅姑禮)라 하고 줄여서 현구례라 한다.

그런데 시어머니와 며느리를 아울러 부를 때는 고부간(姑婦間)이라 하는데, 시아버지와 며느리를 함께 부르는 말은 사전에 올라 있지 않다. '며느리 사랑 시아버지'란 말이 있으니, 이를 지칭하는 말로서 구부간(舅婦間)이라 하면 된다.

그런데 이 구(舅) 자는 시아버지란 뜻 외에 여러 가지 뜻이 있어서 혼동하기 쉽다. 즉 외구(外舅)는 장인을, 내구(內舅)와 구부(舅父)는 외삼촌을 가리킨다는 것을 유의해야 한다.

사돈 사부인은 누구끼리의 호칭인가

고려 예종 때 여진족을 물리친 원수 윤관은 부원수 오연총과 자녀를 혼인시켰다. 두 사람은 시내를 사이에 두고 살았는데, 어느 날 두 사람은 집에 술이 익었기로, 각각 술을 들고 상대편을 대접할 생각이 나서 집을 나왔다.

그러나 마침 큰물이 져서 시내를 건널 수가 없기로, 양쪽 그루터기[査(사)]에 앉아, 한쪽이 술을 권하는 시늉을 하면, 한쪽에서는 돈수(頓首 : 머리가 땅에 닿도록 하는 절)를 하면서, 잔을 받는 시늉을 하며 주거니 받거니 하였는데, 그루터기[査]에서 돈수(頓首)했다는 데서 사돈(査頓)이란 말이 나왔다고 한다.

그러나 이 말은 근거 없는 하나의 민간 어원설(fork etimology)에 지나지 않는다. 사돈은 만주어 사둔(saddun)에서 온 말이며 사돈은 취음 표기다.

옛날 어느 시골에 짝이 기운 두 사돈이 있었다. 수사돈(사위 쪽 사돈)은 원래부터가 고자세인데다가 유식한 사람이었고, 암사돈(며느리 쪽 사돈)은 일자무식꾼이었으니 두 사람 사이가 기울 수밖에 없었다.

그래서 수사돈은 늘 암사돈을 얕보고 무식하다고 핀잔하기 일쑤였다. 한두 번이지 만날 때마다 무안을 당한 암사돈은 분하기 짝이 없었다. 그래서 어떻게 하면 분함을 풀 수 있을까 하고 곰곰이 생각해 보니, 자기도 글을 배워 무식을 면하는 길밖에 없었다.

그래서 이를 악물고 열심히 글을 익히기 시작하여, 쉬운 글자 즉, '나무 목(木), 입 구(口), 손 수(手), 눈 목(目)' 같은 정도의 글자를 익히게 되었다. 어느 여름 날, 일을 마친 짬을 이용하여 마당가에 있는 장수나무 그늘에 앉아 배운 것을 복습하고 있는데, 마침 수사돈이 찾아왔다.

무식한 암사돈이 무슨 글자 나부랭이를 끼적이고 있는 것을 본 수사돈은, 어이가 없다는 듯이 비웃으며 무슨 글자든지 지금 자기에게 물어 보라는 것이었다. 그 말을 들은 암사돈이 이르기를, 물어도 모를 것이니 아예 묻지 않겠다고 하였다. 이 말에 더욱 발끈한 수사돈은 더욱 물어보라고 다그쳤다. 이에 암사돈이 못이기는 척하고 물었다.

'나무 목(木)' 자 옆에 '입 구(口)'를 붙인 자가 무엇이냐고 물었다. 한자에 그런 글자는 없다. 그러니 제 아무리 유식한 수사돈이라 한들 대답할 수가 있겠는가. 또 한자는 워낙 그 수가 많으니, 그런 글자가 없다는 것까지 알 수는 없는 일이었다. 그래서 할 수 없이 모르겠다고 답할 수밖에 없었다. 그러니 암사돈이 하는 말이, 그렇게 쉬운 글자도 모르면서 평소에 그렇게 아는 척했느냐며 크게 핀잔을 하고는, 이 글자는 '장수나무 구' 자라는 것이었다. 자기 집 마당에 있는 장수나무에다 '입 구'자를 끌어다 붙여 자기가 임의로 만든 것이었다.

창피를 당한 수사돈은 이를 만회하기 위하여, 한 글자만 더 물어 달라고 간청하였다. 이에 암사돈은 봐 주는 척하며, '나무 목(木)'자에 '손 수(手)'한 자가 무슨 자냐고 물었다. 이 역시 없는 글자이니, 수사돈이 알 리가 없어 또 모르겠다고 할 수밖에 없었다. 그러니 암사돈이 앞서보다 더 크게 핀잔을 주면서, 그 글자는 아주 쉬운 '장수나무 수' 자라는 것이었다.

이 말을 들은 수사돈은 이제 뭔가 감이 잡혀, 삼세판이라는 말이 있으니 한 번만 더 물어 달라고 간청하였다. 그러니 말이 떨어지기가 무섭게 암사돈이 묻기를, '나무 목(木)' 자 옆에 '눈 목(目)' 자 한 것이 무슨 자냐고 하였다. 이에 수사돈이 퍼뜩 '장수나무 목' 자라고 답하니, 암사돈 왈, '서로 상(相)' 자도 모르는 놈이 선비인 척하며, 남을 그렇게 무시했느냐고 하는 것이었다.

텔레비전 드라마를 보면 안사돈끼리 서로 사부인(查夫人)이라고 부르는 것을 볼 수 있다. 그러나 이것은 부적합한 말이다.

사돈은 결혼한 자녀의 양가 부모들끼리 맺은 관계를 일컫는 말이다. 밭사돈과 밭사돈끼리, 안사돈과 안사돈끼리는 서로 사돈이라 불러야 한다. 사부인은 밭사돈이 상대편 안사돈을 지칭할 때 쓰는 말이다. 안사돈이 상대편 밭사돈을 지칭할 때는 사돈어른이나 밭사돈이라 하면 된다.

상대편 사돈의 웃어른은 사장어른이며, 아랫사람은 사하생(查下生)이다. 사하생끼리는 사형(查兄)이라 불러야 한다.

또 사형들끼리 서로 사돈이라고 호칭하는 것을 가끔 보는데 이것도 예에 매우 어긋난 것이다. 사돈은 자기의 자녀를 장가보내고 시집보낸 당사자들끼리 부르는 호칭인데, 사하생들은 그런 관계를 맺지 않았기 때문에, 서로 사돈이라고 호칭하는 것은 절대 맞지 않다.

지난날에는 밭사돈과 안사돈은 내외가 심하여 얼굴을 마주할 수가 없었다. 이러한 당시의 관습 속에서, 밭사돈이 상대편 안사돈을 조심스럽게 높여 부르는 호칭이 사부인이다. 사부인은 안사돈이 안사돈을 이르는 호칭이 아니다.

사돈은 결혼한 자녀의 부모 항렬에서 부르는 호칭이다. 아들과 딸을 서로 주고받은 부모들끼리만 사돈이다. 사돈은 나이의 차이와 관계없이 대등한 한 항렬이다. 사돈의 부모나 자식은 사돈이 아니다.

드라마를 보면 사돈과 사하생 간에, 또 양가의 사하생끼리도 전부 사돈이라 부르는데, 이는 참으로 잘못된 것이다. 그런데 이 사형이란 말은 바깥사돈 사이에, 상대편을 높이어 일컫는 말로도 사용한다는 것을 유의해야 한다.

그리고 사돈댁의 사하생을 지칭할 때는 '사하생 총각(도령), 사하생 처녀(아가씨)'라 한다.

또 사돈에는 겹사돈과 곁사돈이라는 말이 있는데 이것도 잘 구별해서 써야 한다. 겹사돈과 곁사돈은 음이 비슷하여 혼동하는 수가 많다. 겹은 중복이란 뜻이고 곁은 옆이란 말이니, 겹사돈은 거듭해서 사돈을 맺은 것이고, 곁사돈은 사돈과 자리를 나란히 하는 동급의 사돈을 가리킨다. 그러니 두 말은 전혀 다른 말이다.

즉 겹사돈은 아들을 장가들이어 사돈이 되었는데, 또 같은 집으로 딸을 시집 보내어 사돈 관계가 이루어진 경우와 같은 것을 이른다. 그런데 실제로 이와 같은 겹사돈의 관계가 이루어지는 경우는 거의 없다.

곁사돈은 친사돈과 같은 서열(항렬)에 있는 사람에 대한 지칭이다. 사돈의 형제자매나 형제자매의 사돈이 모두 곁사돈이 된다. 곁사돈이란 말은 어디까지나 지칭이요, 호칭은 아니다. 부를 때는 그냥 사돈이라 하면 된다.

인사말 돌아보기

인사와 인사말은 인간관계에서 가장 중요한 의례다. 그런데 우리는 종종 인사말의 쓰임에 대하여 혼란스러워 할 때가 있다. 손위 사람에게 드리는 새해 인사나, 문상 때 상제에게 드리는 인사말을 어떻게 해야 할지 주저하게 되는 경우가 그러한 예다.

그럼 먼저 새해 인사말부터 생각해 보자.

새해 인사로 가장 적당한 인사말은 "새해 복 많이 받으십시오."이다. 이 말은 집안이나 직장 사회 등 어디에서나 무난히 쓸 수 있다.

그런데 유의해야 할 것이 있다. 웃어른께 세배를 드릴 때 "새해 복 많이 받으십시오."라는 말을 먼저 할 필요가 없다는 것이다. 왜냐하면, 절하는 것 자체가 인사이기 때문이다. 절을 하고 나서 어른의 덕담이 있기를 기다리면 된다.

또 절하겠다는 뜻으로, 어른에게 "절 받으세요 / 앉으십시오"와 같은 말을 하는 것도 예의가 아니다. 가만히 서 있다가 어른이 자리에 앉으면, 말없이 그냥 공손히 절을 하면 된다.

다만 나이 차가 많지 않아, 상대방이 절 받기를 사양하면, "절 받으세요."라는 말을 할 수 있다. 그리고 어른에게 대한 인사말, 즉 "만수무강하십시오 / 오래 오래 사십시오."와 같은, 건강과 관련된 말은 피하는 것이 좋다. 늙음을 의식하게 하는 말이기 때문이다. "올해에도 저희들 많이 돌봐 주십시오. / 새해에도 좋은 글 많이 쓰십시오."와 같은 인사말이 좋다.

문상(問喪) 가서 예의에 가장 맞는 인사는 전통적으로 아무 말도 하지 않는 것이다. 그 어떤 말로도 슬픔의 뜻을 다 표현할 수가 없다는 의미다. 굳이 인사말을 해야 한다면 "얼마나 슬프십니까?/ 뭐라 드릴 말씀이 없습니다." 등과 같이 할 수 있다.

그런데 문상이란 말을 지금 조상(弔喪), 조문(弔問)과 구분 없이 섞어 쓰는데, 이것은 원래 조금 다른 말이다. 조상은 죽은 이에게 예를 표한다는 말이고, 조문은 상주에게 인사하는 것을 가리키는 말이다. 이 두 말은 부모상이나 남편 상에만 썼다. 조위(弔慰)는 상을 위로한다는 뜻으로 아내 상, 형제 상, 자녀 상을 당한 경우에 써 앞의 두 말과 구분했다.

또 추도와 추모라는 말은 장례절차가 끝나고 일정한 시간이 지난 뒤에 쓸 수 있는 말이며, 그 대상이 국가 사회를 위해 헌신한 공적이 있거나 인품과 덕성이 우러름을 받을 수 있는 경우에 사용한다. 아무데나 사용해서는 안 되는 말이다.

근조(謹弔)라는 말은 '삼가 조상한다'는 뜻이다. 그러므로 오래 전에 돌아가신 분을 추모하면서 산소나 위령탑 앞에 '근조'라고 써 붙인 화환을 놓는 것은 맞지 않다.

다음으로, 자기가 부탁한 일을 처리해 준 사람에게나, 직장에서 먼저 퇴근할 때 흔히 쓰는 '수고 하십시오'에 대해 알아보자.

일을 하는데 애를 쓰고 힘을 들이는 것을 가리키는, 수고라는 말은 순수한 고유어로 사전에는 기록되어 있다. 그러나 이 말은 아무래도 한자어 수고(受苦)에서 온 것 같다. 옛 문헌에 한자어 受苦로 적혀 있다. 글자 그대로 고통을 받는다는 뜻이다.

그런데 여기서 수고라는 말의 쓰임에 대하여 잠시 생각해 봐야 할 점이 있다. 이 말의 뜻이 고통을 받는다는 것이므로, 직장에서 먼저 퇴근할 경우에 윗사람을 보고 "수고하십시오."라고 하는 것은, 올바른 인사말이 아니라는 주장을 한다. 또 볼일을 다 마치고 일을 봐 준 상대방에게 "수고하세요."라고 인사하는 것도, 예에 어긋나는 말이므로 쓰지 말아야 한다고 주장한다. 고생하라는 말이기 때문에, 높임말을 써야 할 상대방에게 쓰는 것은 격식에 맞지 않는다는 것이 그 이유다.

이러한 주장은 일견 일리가 있는 듯도 하나, 그것은 말의 속뜻을 잘못 짚은 데서 나온 주장이다. 이것은 마치 제자(弟子)란 말은 아우와 아들을 가리키는 말이니 자기가 가르친 사람을 지칭하는 것은 맞지 않다고 주장하는 것과 비슷하다. 수고하라는 말의 뜻이, 표면적으로는 고통을 받으라는 뜻임에는 틀림없으나, 그 내면적인 뜻은 진정으로 상대방이 고통을 받으라는 저주나 미움에서 출발하는 것이 아니라, 고통을 받을 것이니 미안하다는 심정을 전달하려는 의도가 밑바탕에 깔려 있기 때문에 나온 표현이다.

몸과 마음의 고통을 받는 데 대한 미안한 감정을 상대방에게 위로 삼아 전달하려는 데 그 본래의 의도가 있는 것이지, 진정 상대방이 골탕을 먹으라는 뜻으로 쓴 것이 아닌 것이다. 그러므로 "수고 하십시오." 하는 말을 쓰는 것은, 상대방에게 결례가 되는 말이 아니므로, 그런 말을 쓰는 것은 합당하다.

"욕보시겠습니다."란 말도 마찬가지다. 욕도 몸과 마음의 수고로움을 뜻하는 말이다. 여기서 한 가지 덧붙일 것은, '욕보다'란 말이 '강간을 당하다'는 뜻의 말이므로, 아무데나 사용해서는 안 된다는 의견들이 있으나, 이것도 그렇지 않다. '욕보다'란 말에 물론 그런 뜻이 있는 것은 맞지만, 이 말에는 '곤란한 일을 겪거나 수고를 하다'라는 뜻도 있기 때문이다.

제4부

설화 · 민속

좌의정이 왜 우의정에 앞설까

　세계의 모든 문화는 오른쪽을 우선시한다. 우리말의 옳다는 말은 '오른'에 뿌리를 두고 있고, 왼쪽의 '왼'은 '그르다, 틀리다'의 뜻을 갖고 있다. 영어의 right와 left도 역시 그러하다. 아랍이나 인도 사람들은 오른손으로 밥을 먹고, 왼손은 뒤를 처리할 때 사용한다. 성경에도 오른손이 하는 일을 왼손이 모르게 하라고 한 것과 같이, 항상 오른쪽을 먼저 내세운다.

　또 예수를 죽이려고 분노한 군중이 예수를 대제사장 앞으로 데려오자, 대제사장이 예수에게 "네가 진정 하나님의 아들 그리스도인가."라고 물었을 때, 예수는 "너희들은 내가 전능하신 자의 오른쪽에 앉아 있는 것과 하늘 구름을 타고 오는 것을 볼 것이다."라고 답하는 장면이 나온다.

　석가는 태어날 때 어머니의 오른쪽 옆구리에서 나왔고, 오른손을 들어 천상천하 유아독존이라 외쳤다. 석가는 잘 때도 오른쪽으로 누웠으며, 열반할 때도 오른쪽으로 누워 입적했다. 지금의 부처상도 편단우견(偏袒右肩)이라 하여 오른쪽 어깨는 옷을 걸치지 않고 그대로 드러내고 있으며, 부처를 좌우에서 모시고 있는 협시보살(脇侍菩薩)들의 위계도 오른쪽이 높다. 그리고 탑을 돌 때도 우측으로 돈다.

그런데 좌의정(左議政)은 예외다. 영의정 다음에 우의정이 오지 않고 좌의정이 먼저다. 왼쪽이 오른쪽보다 우선한 것이다. 이것은 어디에서 연유한 것일까?

이는 왼쪽을 우선시하는 중국 문화의 영향이다. 논어에도 오랑캐 취급을 한 유목민족을 우측으로 지칭하고, 중국문화를 좌측으로 지칭한 기록이 보인다. 이러한 뿌리를, 어떤 이는 도교에서 찾고 있으나 확실하지는 않다. 이러한 중국의 영향을 받아 우리나라 협시보살의 위계도 좌상우하로 바뀌게 되었다.

이것은 계급에 따른 예절상의 방위에 그 근거를 둔 것으로 보인다. 전통적인 예절에서, 예를 받는 대상이 위치하는 곳은 북쪽이 된다. 그래서 왕이 앉는 위치는 북쪽이 되고, 제례 때 위패나 신주가 놓이는 곳이 북쪽이 되며, 묘지가 있는 곳이 역시 북쪽이 된다. 따뜻한 양지쪽을 향하게 한다는 의도에서 나온 것으로 보인다. 왕이 위치하는 곳을 항상 북쪽으로 보기 때문에 북향재배라는 말이 생겼으며, 북쪽에 앉는 임금의 용안은 항상 남쪽을 향하기 때문에 왕을 가리켜 남면(南面)이라 한다.

그래서 임금이 앉은 북쪽에서 보면 맞은편은 남쪽이 되고, 왼쪽은 동쪽이 되며 오른쪽은 서쪽이 된다. 해가 뜨는 곳이 동쪽이고 지는 곳이 서쪽이다. 동쪽이 먼저고 서쪽은 그 뒤가 된다. 그래서 동쪽이 되는 임금의 서편이 우선시되는 것이다. 대궐의 정전 앞 품계석에도 왕의 왼편이 우선시되는 문관석이고 오른편이 무관석이다. 그래서 문관을 동반이라 하고, 무관을 서반이라 한다. 그러므로 좌의정이 우의정보다 앞에 올 수밖에 없다. 이것이 좌의정이 우의정보다 앞서는 이유다.

덧붙이면 한자의 좌(左) 자는 동쪽, 우(右) 자는 서쪽이란 뜻을 갖고 있다. 그래서 좌지(左地)는 동쪽 땅을, 우지(右地)는 서쪽 땅을 가리킨다. 조선시대에 황해도·충청도·전라도·경상도의 동쪽 지역을 좌도라 하고, 서쪽 지역을 우도라

한 것도 그런 연유에서 나왔다. 전라좌도라 하면 전라도의 동쪽 지역을, 전라우도라 하면 전라도의 서쪽 지역을 가리킨다. 경상좌도, 경상우도도 마찬가지다. 또 전라도와 경상도에 설치한 수군의 주진(主鎭)인 좌수영과 우수영도 이에 근거하여 지은 이름이다. 전라좌수영은 그 동쪽인 여수에, 우수영은 서쪽인 해남(처음엔 무안)에 두었다. 경상좌수영은 그 동쪽인 동래에, 우수영은 서쪽인 통영(처음엔 거제)에 두었다.

지난날, 중국에서 우리나라를 가리켜 동국(東國)이나 좌해(左海)라 한 것도 역시 그 때문이다. 김만중이 서포만필에서, 관동별곡·사미인곡·속미인곡을 평하여 "좌해(동쪽 우리나라)의 참다운 문장은 이 삼 편이다."라고 하면서 좌해란 말을 쓰고 있음을 본다.[左海眞文章 只此三篇]

돌담과 속칭의 매력

　힘과 돈을 안 들이고 쉽게 구할 수 있는 재화와 용역을 우리는 자유재라고 한다. 물, 공기는 그 대표적인 것이라 할 수 있다.

　그런데 이들 자유재는 쉽게 구할 수 있다는 속성 때문에 우리는 그 소중함을 잊고 지낸다. 이것들이 없다면 한시라도 살 수 없는 데도

　흔한 것이 결코 값싸고 가치 없는 것은 아니라는 진리를 우리는 여기서 발견한다. 우리가 의식하지 않은 가운데 그 은혜로운 혜택을 받아 누리고 있는 자유재는 물, 공기뿐만이 아니다. 어버이의 사랑은 가장 큰 자유재라 하겠다. 아무 조건 없이 한없이 우리를 감싸 덮는 것이 어버이의 사랑이다. 그러나 이것 또한 공기나 물처럼 그 소중함에 비해 너무 쉽게 우리 주변에 자리해서 자칫하면 그 고마움을 잊고 지내기가 쉽다.

　눈을 돌리면 이러한 자유재는 많다. 우리가 항상 그 속에서 숨 쉬며 또 그것을 사용하면서 삶을 이어가게 하는 우리의 문화와 전통, 언어들이 그것이다. 우리는 이것들의 소중함을 평소에 느끼지 못한다. 소중함을 인식하기는 고사하고, 오히려 이들을 낮게 여기는 경향마저 가끔 보게 된다. 조상들이 애써 갈고 닦아 물려준 문화 요소들을 소중히 생각하고 다루어야 함은 당연한 데도 말이다.

우리는 그동안 경제적 발전, 조국의 근대화란 벅찬 사명을 이룩하느라 우리 자신의 내부를 살피는 데는 다소 소홀했던 감이 없지 않았다. 더러는 외국 문물을 선망한 나머지, 우리의 것을 비하하는 태도마저 팽배한 때도 있었다.

개성적인 것이 세계적인 것이라는 말이 있다. 자기들만이 지닌 고유한 것이 진정한 값어치를 지닌 것이며, 이를 계승, 발전시켜야 세계 문화에 이바지하게 된다는 의미이다. 우리가 지금 외치고 있는 '세계 속의 한국'이나 '선진 조국의 창조'도, 자기의 것에 대한 확고한 발판 위에서 이루어져야 진정 건강한 조국을 만들 수 있을 것이다.

자기의 자식이 곱게 보이려면 제일 먼저 자신이 자기 자식을 귀하게 여겨야 한다. 그래야 남도 내 자식을 곱게 봐 줄 것이다. 자기가 자기 자식을 천대하고 구박한다면, 남들이 그 자식을 귀히 여겨줄 리가 없다. 이러한 평범한 생각의 한 실마리를 풀어, 우리의 전통 문화 내지 언어문화에 대한, 작은 생각 한두 가지를 사족(蛇足)으로 덧붙일까 한다.

돌담에 속삭이는 햇발같이
풀 아래 웃음 짓는 샘물같이
내 마음 고요히 고운 봄 길 위에
오늘 하루 하늘을 우러르고 싶다.

영랑(泳郎)의 시 '돌담에 속삭이는 햇발같이'의 일 절이다. 이 시를 읽으면, 곱게 다듬어진 시어들이 주는 샘물같이 맑고, 햇살같이 따스한 느낌을 받게 됨은 물론, 때 묻지 않은 순박한 사람들이 사는 어느 초가집 몇 채, 그리고 인공미라고는 티끌만큼도 보이지 않는 돌담이 머릿속에 그려진다.

돌에는 검은 이끼, 돌 버섯이 돋아나고 군데군데 호박 덩굴이 치렁치렁 얽히고, 가을이면 누렁덩이가 햇빛에 단맛을 더해가고 있을 그런 돌담. 어디서 낮닭 우는 소리라도 들릴 참이면, 고요에 못 이겨 크고 작은 돌담의 구멍 사이로 바람 한 줄기 드나들고…….

옆집 돌이네와의 인정도 이 구멍을 통하여 오고가지 않았던가. 닷새 만에 한 번 서는 읍내 장에 가서, 어쩌다가 고기를 조금 사서 국이라도 끓일 양이면, 나지막한 이 담 너머로 국그릇이 오고 가고 했던 그 돌담. 국그릇처럼 따스한 이웃과의 인정이 숨을 쉬던 곳이 바로 돌담이다.

돌담은 자기를 때리는 비바람에게 가슴을 열어 줄 줄 알고, 남과 더불어 살아가는 지혜도 가졌다. 어느 수필가는, "돌담은 큰 돌, 작은 돌, 둥근 돌, 네모난 돌, 때로는 깨어지고 부서진 돌까지 모두가 제 모습 그대로 자기 자리에서 제 역할을 다함으로써 만들어진다. 작거나 깨어졌다고 무시되거나 버려지지 않고, 작으면 작은 대로 서로가 서로에게 소중하고 필요한 존재로 서로 힘이 되어 함께 모둠을 이룬다."고 하였다. 우리 사회도 이러한 돌담 같은 사회가 되었으면 좋겠다.

그 돌담이 언제부터인가 우리 주위에서 사라지고, 대신 회색빛 블록 담이 그 자리를 차지하게 되었다. 근대화라는 물결에 돌담도 함께 밀려나 버렸다.

새마을 운동의 필요성과 그 성과의 지대함은 모두가 잘 아는 바다. 그러나 우리는 성급한 근대화에 쫓긴 나머지, 이를 추진하는 과정에서 혹시나 우리 것을 너무 소홀히 다루어 버리지는 않았나 하고, 한번 생각해 볼 일이다.

나는 농촌의 블록 담을 볼 때마다 그런 걸 느끼곤 한다. 우리의 돌담이나 흙담의 윗면에 기와 같은 것으로 덮어서, 우리의 풍물을 살렸으면 어떠했을까 하는 생각을 해 본다. 우리의 근대화가 곧 서구화란 말과 동일한 뜻이 되어서는 안 되기 때문이다.

외국인들에게 보이려고 우리가 새마을 운동을 한 것은 아니지만, 만약에 외국인이 우리의 농촌을 둘러보면 무어라 할 것인가? 이런 것은 외국에도 얼마든지 있다고 할 것이다. 그들도 어쩌면 실망할 것이다. 블록 담은 돌담처럼 바람이 통하지 않는다. 높이도 돌담보다 훨씬 높아졌다. 막히고 단절되고 각박해져 가는 인심의 도(度)를 블록 담에서 보는 것 같아, 한 가닥 안타까움마저 든다.

좀 더 나은 것을 구하려는 성급함 때문에 오히려 자기의 좋은 것을 잃어버리는 일은 없어야겠다. 전후 일본에서는 이 점을 경계하여 아이 씻은 물을 버리는 데 아이까지 함께 내다 버리는 일은 없어야겠다고 자신들을 다독거렸다.

가끔 텔레비전에서 사극 같은 역사물이나 옛 조상들의 얘기를 다룰 때 '민속촌에서 촬영' 했다는 자막을 보면서, 저곳이 아니었다면 어찌했을 것인가 하는 생각을 하게 되며, 또한 우리의 풍물이 없어져도 참으로 깡그리도 없어졌구나 하는 생각도 하게 된다.

이런 아쉬움을 어찌 한낱 돌담에서만 느끼겠는가. 서구의 핵가족 제도를 선망한 나머지, 한때 우리의 고귀한 전통인 효(孝)를 낡은 것이라고 생각하는 풍조가 팽배한 적도 있다.

조그만 일이라 할 지 모르지만, 이런 예를 근래의 우리 언어 생활에서도 보게 된다. 이때까지 쓰이던 순수한 우리말 마을 이름을 버리고, 한자말로 행정명을 삼았다는 보도가 그러하다. 행정명이 반드시 한자말로 되어야 한다는 논리는 없다. 가능하다면 한자어로 된 이름도 고유어로 바꿔야 함이 옳겠거늘, 널리 쓰이고 있던 고유어 마을 이름을 굳이 한자식 행정명으로 바꾸다니 매우 섭섭한 일이다. '대나무골, 납닥바우, 물뜸이, 쪽골, 새터, 밤실 등으로 불리는 우리말 지명이야말로 다름 아닌 무형 문화재다. 우리는 이를 '속칭'이라 부르고들 있지만, 결코 비천하고 더러운 이름이 아니다. 그런데 이런 소중한 문화재가 이제 점점 사라져가고 있다.

눈에 보이는 기왓장 하나, 도자기 한 점은 귀중한 줄 알면서도, 보이지 않는 언어 문화재의 소중함을 몰라서야 되겠는가. 이는 마땅히 보존되어야 한다. 지금도 편지 겉봉에 가끔 이러한 속칭을 행정명 곁에 부기하는 것을 본다. 이것은 우리말로 된 '속칭'이 얼마나 그 지방 사람들의 가슴에 밀착되어 있으며, 유용성이 있는가를 보여주는 예라 하겠다. 이러한 효용성도 살리고 우리의 유산도 보존할 겸, 순수한 우리말 마을 이름 내지는 지명을 다시 살려 썼으면 싶다.

지금은 폐교가 되었지만, 지리산 기슭 대원사 계곡에 가랑잎초등학교라는 고운 이름을 지닌 학교가 있었다. 얼마나 아름다운 이름인가! 이름만 들어도 가랑잎이 굴러다니고 다람쥐가 뛰어다니는, 산골의 조그만 초등학교가 머릿속에 그려진다. 산새 소리가 들리고, 바람결에 일렁이는 학교 뒤 억새풀의 모습도 보이고, 마당 곁에 피어 있는 메꽃의 향기도 코에 스친다. 그 속에서 해맑은 웃음을 머금고 개울물 같은 맑은 소리로 재잘거리는 아이들의 모습도 보인다.

우리나라 서울 이름이 한양(漢陽)이 아닌 고유어 '서울'임은 실로 얼마나 다행인가?

명당은 묏자리에만 사용하는 말일까

　풍수는 장풍득수(藏風得水)에서 유래한 말이다. 바람을 가두고 물을 얻는다는 뜻이다. 사람들이 집을 지을 때는 지리적 환경을 고려해야 하는데, 바람을 다스리고 물을 얻는 행위는 인간이 살아갈 좋은 터전을 잡는 데 있어서 반드시 고려해야 할 중요한 요소이기 때문이다. 그래서 찬바람을 막을 수 있고 먹을 물을 얻을 수 있는 곳을 터전으로 삼게 된다.

　나아가 사람이 죽어 묻히는 곳도 이처럼 풍과 수의 조건이 맞는 곳을 택하게 되었다. 산 사람이나 죽은 사람이나 편안한 주거의 조건은 같기 때문이다.

　산 사람의 집터를 양택(陽宅)이라 하고, 죽은 자의 무덤을 음택(陰宅)이라 한다. 장풍득수가 되기 위해서는 양택이나 음택이나 다 배산임수(背山臨水)의 지형이 적합하다. 이러한 요건을 잘 갖춘 곳이 이른바 명당이다.

　그런데 명당(明堂)이라는 말은 썩 좋은 묏자리를 가리키는 말이므로, 집터 같은 경우에는 쓸 수 없다는 주장을 하는 이가 있다. 그러나 이것은 잘못된 말이다. 명당은 원래 천자가 정사를 보는 궁전이나, 제후를 인견(引見)하는 궁전을 가리키는 말이었다. 최초의 명당은 주(周)나라 천자들이 동쪽을 순수(巡狩)할 때, 제후들과 회합하여 정령을 발표하던 회당(會堂)으로 태산 밑에 있었다. 그러므로 명당은 좋은 터나 자리를 가리키는 경우 즉 양택이나 음택에도 함께 쓸 수 있는 말이다. 곧 "이번 야영지로는 여기가 명당이야." 또는 "이 산소는 좌청룡 우백호를 갖춘 명당이다."와 같이 쓰면 된다.

그러면 묘지와 관련된 방위에 대하여 알아보자.

지난날에는 팔괘(八卦), 십간(十干), 십이지(十二支) 등으로 방위와 시각을 나타내었다. 그에 따른 방위를 보면 이러하다.

팔괘로는 건(乾, 서북), 감(坎, 북), 간(艮, 북동), 진(震, 동), 손(巽, 남동), 이(離, 남), 곤(坤, 남서), 태(兌, 서)와 같다.

십간으로는 갑을(甲乙, 동방), 병정(丙丁, 남방), 무기(戊己, 중앙), 경신(庚辛, 서방), 임계(壬癸, 북방)와 같이 분류했다.

십이지로는 자(子, 북), 축(丑, 북북동), 인(寅, 북동동), 묘(卯, 동), 진(辰, 남동동), 사(巳, 남남동), 오(午, 남), 미(未, 남남서), 신(申, 남서서), 유(酉, 서), 술(戌, 북서서), 해(亥, 북북서)와 같다.

묏자리는 이들 중 가장 세분된 십이지의 방위로 표시했는데, 묻혀 있는 이의 머리 쪽을 기준으로 삼았다. 그러니까 상석 앞에 서면 뒤편이 그 묘의 방위가 된다. 유좌(酉坐)라 하면 그 묘의 뒤쪽 곧 묻힌 이의 머리 쪽이 서쪽이라는 뜻이다. 이 경우에, 묘를 등지고 앞을 바라보면 동향이 된다. 자좌(子坐)는 묻힌 이의 머리 쪽이 북쪽이며 남향으로 된 묘다.

족보에는 이와 같이 십이지를 사용하여 산소의 방위를 기록하고 있다. 그런데 족보에 보면 동원(同原)이란 말이 가끔 나오는데, 이는 같은 곳을 뜻하는 말이다. 원(原)은 벌(벌판)이란 의미다. 예를 들면, 아버님의 산소를 '대왕산하 유좌(大王山下 酉坐)'라 기록한 다음에, 뒤이어 어머님의 산소를 '동원(同原)'이라 적어 놓았다면, 어머님 산소는 아버님 산소와 같은 대왕산에 같은 방위로 있다는 뜻이다.

앞산을 왜 안산 남산이라 할까

    마을 앞에 위치한 산을 가리켜 앞산이라 하기도 하고, 안산 혹은 남산이라고도 한다. 이처럼 같은 산이 앞산, 안산, 남산으로 각각 불리는 까닭은 무엇일까?

    이들 말의 연원은 남면(南面)이란 말에서 시작된다. 남면은 얼굴을 남쪽으로 향한다는 뜻으로 임금을 가리키는 말이다. 논어 옹야편(雍也篇)에, 공자가 옹(雍)이란 사람을 칭찬하면서, "옹은 남면할 만하다.[雍也 可使南面]"란 말이 나오는데, 옹은 덕이 있어서 임금이 될 만하다는 뜻이다. 이 남면이란 말은 임금이 자리할 때는 무리들의 북쪽에 위치해서 남쪽을 향한다는 유래에서 나온 것이다. 그래서 남면은 임금을 뜻하게 되었고, 반면에 북면(北面)은 신하를 가리키게 되었다.

    그러면 왜 임금은 북쪽에 자리를 잡았을까? 그것은 제왕이 북극성에 비유되었기 때문이다.

    논어 위정편(爲政篇)에 이런 구절이 있다.

    "정치를 덕으로 하는 것은, 비유하면 북극성이 그 자리에 있으면 뭇별들이 그것을 중심으로 하여 도는 것 같다.[爲政以德 譬如北辰 居其所而衆星共之]"

    모든 별은 북극성을 중심으로 하여 돈다. 북극성은 자신은 움직이지 않으면서 모든 별의 중심이 되는 별이다. 그래서 북극성은 바로 왕이고, 그를 향해 운행하는 뭇별은 신하요 백성이라는 것이다.

뿐만 아니라, 남쪽은 따뜻한 햇볕이 비치는 곳이다. 임금은 곧 태양이다. 만물을 따뜻하게 비추는 태양이 곧 임금이란 의미다. 임금은 북극성 같은 위대한 존재로서, 남쪽을 향해서 따뜻한 햇볕을 내려주는 분이라는 것이다. 이것이 바로 임금이 북쪽에 자리하여 남면하는 이유다.

논어 위령공편(衛靈公篇)에 순(舜) 임금의 덕을 찬미하는 글이 있는데 거기에 보면 "크게 힘쓰지 않고서도 다스린 자는 순 임금이었다. 어떻게 하였는가? 몸가짐을 공손히 하고 바르게 남면(南面)을 하였을 뿐이다.[無爲而治者 其舜也與 夫何爲哉 恭己正而南面而已矣]"란 구절이 있다. 순 임금은 덕치를 베풀었기 때문에 그냥 남면만 하고 있어도 나라가 잘 다스려졌다는 뜻이다. 이 남면은 조선의 태종실록에도 나오는데, "임금이 상(床)을 북쪽으로 옮기고 남면하여 받았다."는 기록이 그것이다.

남산(南山)은 남면하여 보는 산이다. 즉 임금이 마주하여 앞에 보이는 산이다. 그래서 앞산이 남산이 된 것이다. 임금이 있는 궁궐인 북쪽에서 마주하는 산이 서울의 남산이다. 남산은 중국에도 우리나라에도 있다. 시안(西安)의 앞산이 종남산(終南山)이고, 경주의 앞산도 남산이다. 서울 남산의 다른 이름이 목멱산(木覓山)인데, 목멱의 원래 이름은 '마뫼'다. 즉 고유어 '마뫼'를 한자로 목멱이라 적은 것이다. '마'는 남쪽을 가리키는 고유어다. 삼한 중 마한(馬韓)은 남쪽의 한(韓)이란 뜻이다. 또 남풍을 가리켜 '마파람'이라 하는 것도 이런 뜻이다. '뫼'는 산이란 말이니, 목멱산 즉 마뫼는 남산이란 뜻이다.

그래서 남(南)은 앞이란 뜻으로 일반화되었다.

도연명의 대표작인 음주라는 시의 유명한 시구 '동쪽 울타리 아래에서 국화

한 송이 꺾어들고, 물끄러미 남산을 바라본다.[彩菊東籬下 悠然見南山]'에 나오는 남산도 앞산을 가리킨다.

또 정철의 산사야음(山寺夜吟)이란 시에 '계남(溪南)'이란 말이 나오는데, 이는 시내 앞이란 뜻이다.

蕭蕭落木聲(소소낙목성)　　우수수 떨어지는 낙엽 소리에
錯認爲疏雨(착인위소우)　　성긴 비 내리는 줄 잘못 알았네
呼僧出門看(호승출문간)　　중을 불러 문 밖에 나가보라니
月掛溪南樹(월괘계남수)　　시내 앞 나무에 달이 걸렸다네

안산(案山)은 마을의 앞에 있는 산을 가리킬 뿐만 아니라, 풍수설에서 집터나 묏자리의 맞은편에 있는 산을 가리키는 말이다. 민간에서 마을 앞에 있는 산을 가리켜, 앞산이라 하기도 하고 안산이라 하기도 하는데, 그 안산이란 이름은 어디서 온 것일까?

이것은 案 자가 책상을 가리키는 데서 생각할 수 있다. 案은 '책상 안' 자다. 안산은 곧 '책상 산'이란 뜻이다. 궁궐에서 봤을 때, 앞에 놓여 있는 산을 임금의 책상이라 생각한 것이다. 여기서 우리는 조상들이 배우고 공부하는 것을 얼마나 높이 생각했던가를 알 수 있다.

이러한 연유로 앞에 보이는 산인 앞산이 남산이 되고 안산이 되었다.

이렇게 앞쪽이 남(南)이 됨으로써 뒤는 자연히 북(北)쪽이 되었다. 북(北) 자의 원래 뜻은 '등'이었고 음은 '배'였다. 배(北) 자는 두 사람이 서로 등을 맞대고 있는 모습을 상형한 글자다. 그러니 배(北) 자는 등쪽 즉 '뒤쪽'을 나타낸 글자다. 그런데 이 배(北) 자가 후대로 내려오면서 '북쪽'을 가리키는 글자로 주로 쓰

이자, 등을 나타내는 글자는 北에 월(月=肉)을 더하여 배(背) 자를 새로 만들게 되었다. 어떻든 북은 뒤를 나타내는 말이다. 삼국지 위지 동이전에 북옥저(北沃沮)를 뒷골[置溝漊]이라 한다는 기록은 그 증좌다. 삼국유사 가락국기(駕洛國記)에 보이는 북구지(北龜旨)는 '뒷거붑무르'를 한자로 표기한 것이다.

뒤가 북쪽을 가리키는 예는 지금도 민간 습속에 많이 남아 있다. 집을 지을 때 뒷간은 북쪽에 배치했다. 북쪽에 있는 건물이 곧 뒷간이다. 또 뒤쪽으로 이사 가지 말라고 하는 것은 북쪽으로 이사하지 말라는 의미로 쓴다.

그리고 지금도 책이나 글에서 뒤가 곧 북이라는 의미로 쓴 글을 가끔 볼 수 있다. 제례의 절차를 설명한 어느 책에, "제상의 뒤쪽(북쪽)에 병풍을 치고 제상 위에 제수를 진설한다."고 되어 있었고, 또 "멀리서 보니 우리 집 근처에 불이 난 것 같았는데, 와서 보니 다행이도 우리 동네보다 더 뒤쪽(북쪽)이네요."란 글을 최근에 인터넷에서 읽은 일이 있다. 뒤쪽이란 말에 잇달아 괄호를 치고 '북쪽'이란 말을 삽입하고 있는데, 이는 뒤쪽을 북쪽이라 생각하고 있다는 증좌다.

이와 관련하여 방위와 오행과의 관련에 대해 간단히 덧붙일까 한다.

음양오행설에서는 산과 물의 방위에 따라 양과 음이 달라진다. 물의 북쪽은 양(陽)인데, 산은 남쪽이 양이다. 반대로 물의 남쪽이 음인데, 산은 북쪽이 음(陰)이 된다. 서로 반대다. 서울의 옛 이름이 한양(漢陽)인 것은 한수(漢水)의 북쪽에 도읍한 데서 나온 이름이다. 그리고 경북의 하양(河陽)은 금호강의 북쪽에, 단양(丹陽)은 남한강 북쪽에, 청양고추로 유명한 청양(靑陽)은 금강 북쪽에, 밀양(密陽)은 밀양강 북쪽에, 제철소가 있는 광양(光陽)은 섬진강 북쪽에 위치한 데 따른 이름이다. 그 유명한 낙양(洛陽)도 낙수의 북쪽에 있기 때문이다.

한국의 금기어와 길조어

호랑이도 제 말 하면 온다는 속담이 있다. 어떤 자리에서, 마침 이야기에 오른 바로 그 사람이 나타났을 때 이르는 말이다. 물론 이 말은 까마귀 날자 배 떨어지는 격으로, 공교롭게도 우연히 그런 일이 일어난 것을 가리키는 말이지만, 말에는 마력성이 있다는 의미를 그 밑바탕에 넌지시 깔고 있다. 말이 씨앗이 된다는 말도 있다. 이 역시 말이 어떤 일을 일으키게 하는 힘을 가졌다는 뜻을 은연중에 함축하고 있는 것이다.

이와 같이, 사람들은 말이 단순히 생각을 전달하는 음성 기호일 뿐만 아니라, 그 속에 이상한 마력성을 가지고 있다고 생각한다. 인간은 이 땅에 생겨나면서부터 항상 여러 가지 위험에 노출되어 생활해 왔다. 그래서 그들은 늘 안전하게 살아갈 수 있는 생존방식을 찾아 왔다. 이러한 위험을 피하기 위한 염원을 말로 표현한 것이 금기어(禁忌語)다.

한편 인간은 바깥의 세계와 항상 갈등하면서 살아야 하는 존재이기 때문에, 좀 더 행복하고 평안한 삶이 되기를 늘 기원하면서 살아왔고, 앞으로도 그러한 꿈을 꾸면서 살아갈 것이다. 그러기에 사람들은 언제나 그러한 꿈이 이루어지리라 믿고 싶은 나머지, 주위의 대상 속의 어떤 일이 그 꿈을 실현시킬 길한 징조가 될 것이라고 생각하며, 그 상황을 말로 지어 자기편에 갖다 붙였다. 이것이 바로 길조어(吉兆語)다. 그래서 금기어와 길조어는 단순한 말의 유희가 아니라, 필수적인 생존방식의 하나라 볼 수 있다.

우리의 금기어는 타부(taboo)와는 그 의미가 다르다. 일상생활에서 해서는 안 될 일, 다시 말하면 위험이 따를 일을 방지하기 위하여 말로 나타낸 것이 금기어(禁忌語)다. 그러므로 금기어는 우리의 생활과 밀접한 관계를 맺고 있으며, 그 유형은 일상생활 전반에 걸쳐 나타난다. 그래서 금기어는 사람들에게 안전한 삶을 살아가기 위한, 많은 충고와 금지의 효과를 제공한다.

금기어는 그 속에 과학성을 품고 있는 것도 있다. 건강과 관련 있는 금기어의 몇 가지 예를 들면, '문 앞에서 귀를 후비지 말라'라든가 '밤에 손톱을 깎지 말라', '생쌀을 먹으면 엄마가 죽는다', '겨울에 길 가다가 양지쪽에 앉아 쉬면 죽는다', '다듬잇돌을 베고 누우면 입이 비뚤어진다'와 같은 것들이다.

만약에 '문 앞에서 귀를 후비다가' 이를 모르고 밖에서 갑자기 여닫이문을 열고 사람이 들어오면, 안에서 귀를 후비고 있던 사람은 그 도구에 귀를 찔릴 위험성이 있다. 또 조명시설과 손톱 깎는 기구가 좋지 않았던 시절에 '밤에 손톱을 깎으면' 손톱을 다칠 위험성이 매우 크다. 또 양식이 모자랐을 뿐만 아니라, 치아 관리도 어렵던 시절에, 어린 아이가 '여문 생쌀을 씹는' 군것질은 부족한 먹거리를 낭비하고, 게다가 이를 상하게 할 여지가 많았기 때문에 이를 경계한 것이라 할 수 있다. '겨울에 길 가다가 양지쪽에 앉아 쉬면 죽는다'나 '다듬잇돌을 베고 누우면 입 비뚤어진다'는 사실 그대로다. 겨울에 양지쪽에 앉아 쉬면 몸이 노곤하여 자기도 모르게 졸기 쉬운데, 이렇게 졸면 실제로 동사하기 쉽다. 또 다듬잇돌은 차가워서 거기에 볼을 대고 오래 있으면 와사증이 오기 쉽다.

'밤에 휘파람을 불면 뱀 나온다', '아이 머리 위로 밥상을 넘기면 키가 안 큰다' 등도 그러한 유형에 속한다. 밤에 휘파람을 부는 것은 남에게 부정한 신호를 보낼 때 주로 사용되는 행위였으므로 이를 경계한 것이다. 아이의 머리 위로 밥상을 넘기는 행위는 그렇게 밥상을 옮기다가 잘못하여 상 위의 음식이 쏟아지기라도 하면, 뜨거운 음식 따위가 아이에게 떨어져 상처를 입을 수도 있기 때문에 이를 경계한 것이다.

인간관계를 강조하는 금기어도 많다.

'갓을 비뚤게 쓰면 상처한다'는 금기어는 남자들의 의관정제를 강조한 것이며, '해 진 뒤에 세수하면 남편 죽는다'는 말은 여자가 밤에 얼굴을 다듬는 것은 다른 의도가 있는 행동으로 비칠 수 있는 것이므로 이를 경계한 것이라 보인다. '남에게 주었다가 다시 뺏으면 궁둥이에 술(종기) 난다'는 도로 빼앗으면 인간관계가 멀어지게 되므로 그런 행위를 삼가라는 뜻이다. '남에게 침 뱉으면 버짐난다', '누워서 공부하면 공부가 발끝으로 새어 나간다', '누운 사람을 넘어 다니면 그 사람의 키가 안 큰다', '어린 아이가 담배 피우면 뼈 녹는다' 등도 다 그런 범주에 속한다.

또 실제의 상황과 유사하거나 연상되는 행위를 금지하는 것도 있는데, '신랑될 사람이 닭 날개를 먹으면 달아난다'거나 '신랑에게 구두를 선물하면 헤어진다' 등이 그러한 예들이다.

대부분의 금기어는, 지금의 눈으로 보면 과학성이 떨어지거나, 미신적인 요소가 많다. 그런데 그것은 앞에서 말한 바와 같이, 원래는 하나의 삶의 방식에서 나온 필수적이고 생동하는 법칙이었지만, 시대의 흐름에 따라 그 본래의 기능이 사라졌을 뿐이다. 시대가 변하면서 그 기능은 비록 약화되었지만, 여전히 특정 사회의 저변에 살아 숨 쉬는, 하나의 문화 영역으로 자리하고 있다.

금기어는, 금하거나 꺼리는 내용이 문장(Sentence)으로 표현되어 구전되어 온 말이다. 그래서 금기어는 크게 보아 두 가지 즉 꺼리는 것과 금해야 할 것을 담은 내용으로 나누어진다.

첫째 유형 : 아침에 여자를 보면 재수 없다.
둘째 유형 : 사내가 부엌에 들어가면 불알 떨어진다.

첫째 유형은 어떤 상황이 꺼려지는 내용이므로, 그래서 그런 경우가 생기면 행동을 조심하라는 가르침이 그 속에 들어 있다. 현재의 눈으로 보면, 남존여비 사상이 배어 있는 표현이지만, 당시 사회의 관념으로는 하고자 하는 일이 실패 없이 원만히 이루어지기를 바라는 소망이 거기에 담겨 있다. 이런 상황은 위험한 일을 하는 경우에 더욱 강하게 기능하였다.

탄광에서 일하는 광부들은 출근할 때 길에서 여자를 만나면, 그날은 출근하지 않고 그 여인의 집까지 따라가 심한 욕설을 퍼붓는 사례를 직접 본 일이 있다. 필자가 어릴 때만 하더라도 여자는 아침 일찍 남의 집에 심부름을 가거나 그 외 용무를 보러 가지 않았다.

둘째 유형은 어떤 상황에 접근하지 말라는 금지의 가르침으로 되어 있다. 남자가 부엌에 들어가면 불알 떨어진다는 말이 있다. 남자는 부엌에 들어가 요리를 하거나 부엌일에 참견하는 행동 따위를 해서는 안 된다는 뜻이다. 이것도 겉으로 보면 남존여비에 지나지 않을 것 같지만, 전통사회에서 남녀 간의 엄격한 업무 분담을 함으로써 가정의 화평을 가져 오겠다는 의미가 그 밑에 깔려 있다.

그러면 우리의 금기어를 찾아보자..

- 아이를 안을 때는 무겁다고 하지 않는다.
- 앉아서 다리를 흔들면 복 나간다.
- 제사가 든 날은 초상집에 가지 않는다.
- 밤에 휘파람을 불면 뱀 나온다
- 어린애가 말을 배울 때 아버지를 먼저 부르면 안 좋다.
- 업구렁이를 잡으면 집안이 망한다.
- 까마귀나 여우가 울면 사람 죽는다
- 문지방을 베고 자면 입이 삐뚤어진다.
- 꿈에 음식을 먹으면 감기 걸린다.
- 꿈에 이가 빠지면 부모가 죽는다.
- 눈 밑에 사마귀는 눈물 받아먹고 산다.
- 발이 크면 도둑놈 된다.
- 꿈에 소를 보면 근심이 생긴다.
- 바가지로 물 먹으면 수염 안 난다.
- 귀문이 넓으면 복이 샌다.
- 둘째 발가락이 엄지발가락보다 길면 아버지가 먼저 죽는다.
- 두 손을 목에 베고 자면 어머니가 죽는다
- 등잔 앞에서 불장난 하면 밤에 오줌 싼다.
- 그 해에 흰나비를 처음 보면 상제 된다.

　길조어(吉兆語)는 행복하고 평안한 삶을 살아가길 원하는 사람들의 원초적 기원이 담긴 말이다. 길조어는 많은 부와 명예 나아가 장수의 염원 등 삶의 전반에 걸쳐 나타난다. 사람은 항상 생활이 평안하고, 복이 오기를 바라며 살아가는 존재이기 때문이다. 그러기에 길조어는 그 제재가 인간은 물론 동물, 식물, 물, 불, 등 인간의 삶과 관련된 전반적 사물에 걸쳐 있다.

길조어는 일어나는 현상을 그와 유사한 좋은 징조와 관련지은 것과 앞에 벌어진 좋지 않은 현상을 역으로 해석하는 것으로 크게 대별할 수 있다. '까치가 울면 반가운 소식이 온다'거나 '귀가 길면 오래 산다'는 것은 대표적인 전자의 예다. 까치 소리를 전해 주는 소식과 관련짓고, 귀 긴 것과 명이 긴 것을 관련짓고 있다. 서로 유사한 것끼리 관계를 맺고 있는 것이다. 또 '꿈에 돼지를 보면 재수 있다'거나 '똥을 밟으면 재수 있다'는 것들도 이와 유사한 종류에 속한다. 돼지를 나타내는 한자 돈(豚) 자가 화폐의 돈과 음이 유사하고, 똥은 그 색이 누래서 금과 관련지은 것이다.

그리고 좋지 않은 현상을 역으로 해석하는 경우로는, '문둥이를 보면 재수 있다'거나 '상여를 만나면 재수가 좋다' 등이 이에 속한다. 보통 문둥이나 상여는 꺼리는 대상에 속하는 것인데, 이를 거꾸로 해석하여 좋은 조짐을 보이는 것으로 풀이한 것이다. 흔히 우리가 '꿈은 실제와 반대다'란 말을 쓰는데, 이것처럼 당사자의 기분을 전환시키는 효과를 노린 것이라 생각된다.

길조어 역시 그 지방의 관습이나 민간신앙 등의 문화를 담고 있기 때문에 우리의 소중한 문화 유산이다. 그러므로 길조어는 금기어와 더불어 기록으로 남겨 보존해야 할 것이다.

그러면 우리의 길조어를 간략히 열거해 본다.

- 아침에 천장에서 거미가 떨어지면 재수가 좋다.
- 까치가 울면 반가운 소식(손님)이 온다.
- 귀가 길면 오래 산다.
- 귓밥이 크면 부자가 된다.
- 밥숟갈을 크게 떠야(밥을 많이 떠야) 부자가 된다.

- 보이지 않는 곳에 난 사마귀는 복사마귀다.
- 새로 이사 가서 거꾸로 자면 부자가 된다.
- 손끝이 뾰족하면 재주가 있다.
- 손이 두툼하면 잘 산다.
- 아침 일찍 상제를 보면 좋다.
- 아침에 일찍 남자를 보면 재수가 좋다.
- 어린애가 이마를 긁으면 집에서 나갔던 사람이 되돌아온다.
- 이마가 넓으면 소견이 넓다.
- 정월 보름날 다리를 밟으면 다릿병을 안 앓는다.
- 코가 오목하면 식복이 많다.
- 돌날 어린애가 연필을 집으면 공부를 잘 한다.
- 송편을 예쁘게 만들면 예쁜 딸을 낳는다.
- 부엌 바닥이 고르지 못하고 울퉁불퉁 하면 부자로 산다.
- 생일날 국수를 먹으면 명이 길다.
- 설날에 널을 뛰면 발에 부스럼이 안 난다.
- 식사 후 물 먹지 않으면 오래 산다.
- 이사 가는 날 시루떡 해 먹으면 좋다.
- 정월 보름날 복조리를 사두면 복이 온다.
- 집 안에서 제비가 집을 지으면 좋다.
- 윤달 든 해에 수의를 해 놓으면 좋다.
- 꿈에 높은 데서 떨어지면 키가 큰다.
- 꿈에 돼지를 보면 복이 온다.
- 꿈에 똥을 밟거나 똥이 옷에 묻으면 술이 생긴다.
- 꿈에 문둥이를 보면 재수가 있다.
- 길 가다가 상여를 만나면 재수 좋다

이러한 전래의 금기어와 길조어는 지금의 눈으로 보면 한갓 미신적인 말로 치부될 수 있지만, 그 당시에는 살아있는 믿음으로 우리 생활에 깊숙이 존재하고 기능해 왔던 것이다. 여러 가지 위험이나 고난과 싸우면서 불안하게 삶을 이어가야 하는 약한 인간에게는 그 정도의 차이는 있겠지만, 이러한 금기어나 길조어는 어느 시대 어느 곳을 막론하고 존재했으며, 앞으로도 새로운 금기어와 길조어는 생겨나 그 생명을 이어갈 것이다.

　이와 같은 금기어나 길조어는 지난날 우리 선인들의 사고체계와 생활방식을 엿볼 수 있는 귀중한 자료가 되므로, 보존·기록에 힘써야 할 것이다.

숙주나물은 신숙주와 관련된 이름일까

녹두나물을 달리 숙주나물이라고 하는데, 여기에는 몇 가지 이야기가 전한다. 세조 때의 공신인 신숙주가 유별나게 녹두나물을 좋아하였는데, 이를 본 세조가 앞으로 이것을 숙주나물이라고 부르라 하여, 오늘에 이른 것이라는 이야기가 있다.

그런가 하면 세종의 고명(顧命)을 어기고, 세조의 편이 되어버린 신숙주를 못마땅히 여겨 생겼다는 이야기도 있다. 변절한 신숙주를 미워하면서 그 나물을 질근질근 씹었다는 데서 유래했다는 것이다.

이러한 이야기들은 다 근거가 있는 것일까?

세종의 명을 받든 사육신들은 끝까지 절개를 지켰는데, 함께 세종의 사랑을 받던 신숙주는 수양의 참모가 되었다. 그는 수양의 집권을 도왔을 뿐만 아니라 끝까지 충성하였기 때문에, 세인들이 그의 변절을 미워했을 것임은 분명하다.

이러한 민심을 반영한 것이 신숙주 아내의 자살 설화다. 신숙주가 세조에게 충성을 맹세하고 집으로 돌아왔을 때, 이를 안 그의 아내가 신숙주에게 침을 뱉으며 "어찌 죽지 않고 비겁하게 살아왔느냐?"며 꾸짖고는 이내 자살을 했다는 이야기다. 그러나 이것은 사실이 아니다. 후세 사람들이 신숙주를 미워하여 꾸며낸 이야기다. 춘원이 소설 단종애사에서 그런 이야기를 삽입하였으나, 실제로 신숙주의 아내 윤씨는 사육신 사건이 일어나기 전에 이미 병사하였다. 아내까지 죽일 만큼 신숙주의 변절은 증오스럽다는 것을 뭇사람들이 만들어 낸 것이다.

이러한 세상의 비난을 집약한 것이, 조선말 이건창(李建昌)의 장편시 고령탄(高靈歎)이다.

세조에 의해 고령군(高靈君)에 봉해져 갖은 영화를 누렸던 신숙주(申叔舟)가, 죽음에 임해서 자신의 과거에 대한 후회와 한(恨)을 스스로 탄식하는 내용으로 구성된 작품이다. 이 시는 "인생이 결국 여기서 그치는구나[人生會止此]."라는 자탄사로 시작하여 "온 세상 사람들아, 다시는 나 같은 탄식의 길 걷지 말지라.[願世爲臣者 勿復有此歎]"로 끝난다. 세종이 자신에게 단종의 보위를 부탁하였던 일을 상기하면서, 그러한 부탁을 저버린 채 세조의 왕위찬탈 음모에 가담하여 옛 집현전 동료였던 박팽년, 성삼문, 하위지, 유성원, 이개(李塏) 등을 죽게 하고, 홀로 살아남아 수십 년 간 부귀를 누렸다고 고백하고, 죽어서 어떻게 세종과 집현전 동료들을 대할 수 있겠는가 하고 괴로워 한다. 후반부에서는 이 같은 자신의 일생을 거울 삼아, 세상에서 신하 노릇하는 자들은 자기처럼 변절하지 말 것을 부탁하는 내용으로 되어 있다.

이와 같이 신숙주를 미워한 데서 숙주나물이란 물명이 생겼다는 것이다. 그러나 이것은 사실과는 거리가 멀다. 우선 숙주나물이란 이름은 전국적인 분포를 갖고 있지 않다. 경기도, 충청도 일원에서는 숙주나물이라고 하지만, 전라도, 경상도 등 다른 지방에서는 이 말을 쓰지 않고 녹두나물이라고 한다. 만약에 신숙주를 미워하여 생긴 이름이라면, 일부 특정 지역에서만 그 말을 쓸 리가 없다. 숙주나물은 그저 경기, 충청 지방의 방언이요, 녹두나물은 전라, 그 외 지방의 방언일 뿐이다.

또 언어는 사회성이 있어서 어느 한 개인의 힘으로 바뀌는 것이 아니므로, 설령 세조가 그런 말을 했다손 치더라도, 녹두나물이 숙주나물로 변할 수는 없다. 또 그때 사람들이 변절을 미워해서 나물을 씹었다면, 허다한 나물을 다 남겨 두고 왜 하필이면 희귀한 녹두나물을 택하였을까? 그렇게 미웠다면 오히려 일상으로 먹는 흔한 나물을 택하였을 것이다.

굳이 거기에 의미를 부여한다면, 원래 있던 숙주나물이 다른 나물보다 잘 쉬기 때문이 아닌가 한다. 신숙주 이전에 숙주나물이란 말이 이미 쓰이고 있었는데, 숙주란 말이 신숙주의 이름과 공교롭게도 음이 같은데다가, 숙주나물이 잘 쉬고 변하는 속성을 갖고 있는 점이 신숙주의 변절과 일맥상통하는 바가 있어서 사람들이 그렇게 생각한 것이 아닌가 한다.

다시 말하면, 숙주나물이 신숙주 때문에 생겨난 것이 아니라, 숙주나물이란 이름이 먼저 있었고, 후대에 와서 신숙주의 변절을 비난하는 과정에서 공교롭게도 똑같은 '숙주'란 이름에 게다가 둘 다 잘 변하는 속성이 있으므로, 이를 관련지어 그런 이야기를 만들어 낸 것이다.

쌀을 사러 가면서 왜 팔러 간다고 할까

    '팔다'라는 말과 관련지어 어떤 이야기를 해 보라면, 아마도 대다수 사람들은 '팔러 가는 당나귀'라는 동화를 떠올릴 것이다. 티 없이 맑고 곱던, 아련한 어린 시절의 그리움과 함께.

    그런데 이 이야기도 문화의 차이에 따라 나라마다 조금씩 번역을 달리하고 있다. 제목부터 다르다. 영어권에서는 '어른과 소년 그리고 당나귀(The man, the boy and the donkey)'라 되어 있으나, 우리나라는 '팔러 가는 당나귀'로 되어 있다. 또 서두도 저쪽은 '아버지와 아들 그리고 당나귀가 길을 가고 있었다'거나 '아버지, 아들, 당나귀 셋이서 장에 가고 있었다'로 시작된다. 그러나 우리는 '당나귀를 팔러 간다'고 하여 목적성을 부여함으로써 한층 더 이야기의 필연성을 높이고 있다. 그냥 '길을 가고 있었다'보다는 '팔러 간다'고 하는 것이 훨씬 생동감을 더해 주고 또 우리의 정서에도 맞다.

    '팔다'라는 말은 기본적으로 돈을 받고 물건을 남에게 주다의 뜻이다. 그런데 땔감이나 당나귀, 소, 말 등을 사거나 팔 때는 그냥 '사다, 팔다'라고 하는데, 쌀을 살 때나 콩을 살 때는 사러 간다고 하지 않고 '팔러 간다'고 한다. 사러 가면서 왜 팔러 간다고 할까?

이에 대해서 어떤 이는 '팔다'라는 말이 원래 '흥정하다'라는 뜻이 있어서 그렇다고 한다. 그러나 그러한 의견은 설득력이 없다. 그렇다면 왜 하필이면 양식을 사는 경우에만 그 말을 사용하겠는가? 흥정의 과정 때문에 그렇다면, 흥정을 거치는 다른 물건들의 경우에도 가끔은 판다고 해야 하지 않겠는가?

사는 것을 판다고 하는 품목을 살펴보면, 양식을 판다, 콩을 판다, 쌀을 판다 등 곡식류의 거래에만 적용된다. 돈을 주고 벼를 사들이는 일을 '벼팔이'라고 하는 것도 이와 같은 계열이다.

아마도 이것은 가난과 굶주림에 따른 부끄러움을 감추고자 하는, 우리의 의식에서 표현되는 하나의 아이러니라 생각된다. 굶기를 밥 먹듯이 하며 살아 왔던 우리의 치부를 가리고자 했던 넋두리이기도 하다. 가난의 극단이 굶는 것이며, 양식이 없는 것보다 더 서러운 일은 없을 것이다. 체면을 중시했던 문화 속에서, 그것은 한없는 부끄러움이기도 하였다.

우리 민족은 대대로 가난을 이고 살아 왔다. 조선시대에서 가장 안정된 태평성대를 누렸다는 세종 때에도, 먹을 것이 없어 어린애나 늙은이를 내다 버리는 일이 수없이 벌어져, 이에 대한 대책을 요구하는 지방관의 호소가 실록에 빈번하게 보인다. 멀리 갈 필요도 없다. 지금의 나이 많은 세대는 다 안다. 민초들이 보릿고개를 넘으며 얼마나 굶으며 살았던가를.

이렇게 체질화되었던 가난 속에서, 그들은 속으로 울면서 겉으로는 부끄러워했던 것이다. 그래서 그들은 양식이 떨어졌을 때 근근이 모은 얼마를 가지고 양식을 사러 가면서, 없이 사는 그 서러움과 부끄러움을 겉으로 덮기 위하여 팔러 가는 척했던 것이다. 자인 장에 쌀 팔러 간다고 하고, 영천 장에 콩 팔러 간다며, 밀려오는 서러움과 부끄러움을 가슴에 묻고 그것을 가렸던 것이다.

‘팔러 가는 당나귀’의 주제는 남의 이러저러한 이야기에 귀 얇게 흔들리지 말고 자기의 줏대를 세워 가라는 것이다. 세상은 원래가 남의 이야기하기를 좋아하기 마련이니 그저 그러려니 하고 소신대로 하는 것이 상책이다. 그래서 일찍이 공자도, "뭇사람이 좋아해도 자기가 살펴서 해야 하고, 뭇사람이 싫다 해도 자기가 살펴서 해야 한다."고 가르쳤고, 한비자도 "오른손으로 동그라미를 그리고 왼손으로는 네모를 그리려면 둘 다 못 이룬다"고 경계하였다.

　그러나 사람의 일이란 이치대로 되지 않는 것이 또한 현실이다. 남이야 뭐라 하건 내 방식대로 살면 그만이겠지만, 어디 그것이 말대로 쉬운 일인가? 뿐만 아니라 체면 문화가 힘을 발휘하는 우리 민족은 남의 눈치를 의식하지 않을 수가 없었다. 그래서 식량을 사러 가면서, 팔러 간다고 했던 것이다.

양밥에는 어떤 것이 있나

어릴 때 눈에 다래끼가 나면, 할머니는 길 한가운데 돌 서너 개를 탑처럼 쌓아 두고, 거기에 눈썹 하나를 뽑아 숨겨 두곤 하셨다. 길 가던 사람이 그 돌을 차서 무너뜨리면, 다래끼가 그 사람에게 팔려간다는 것이었다.

이와 같이, 민간 습속에서 재액을 물리치거나 저주를 가하기 위하여 행하는 민간 주술법을 양밥이라 한다. 양밥이란 말은 전국적으로 쓰이는 말이지만 사전에는 올라 있지 않다. 이 양밥이란 말은 아마도 한자어 양법(禳法)의 변한 말이 아닌가 싶다. 양(禳)은 원래 제사 이름인데, 희생을 잡아 사방의 신에게 바치고 돌림병이나 악귀를 물리쳐 주기를 기원하는 제사였다.

신에게 제사지내어 재앙을 없애고 행복을 비는 일을 양도(禳禱)라 하고, 재앙을 물리치는 굿을 양회(禳繪)라 한다. 그래서 이 글자는 '푸닥거리하다'는 뜻을 가지게 되었는데, 재액을 막기 위해 푸닥거리하는 것을 불양(祓禳)이라 한다. 그러니 불양하는 법이 양법이다.

이 양밥은 일종의 민간 주술이라 할 수 있다. 민간에서 주술 행위를 행할 때는 이에 따른 매개물 즉 미끼를 반드시 사용하게 되는데, 이때 주어지는 미끼가 액을 꾀어내는 밥으로 인식되고, 그에 따라 일정한 행위 의례가 따른다.

그런데 양법이란 말에서 바뀐 이 양밥이란 말 이외에 지방에 따라 다른 이름들이 있는데, 충청과 전라 지방에서는 '뱅이'란 말과 함께 '방법', '방사'라 부르고, 경남의 남부지역에서는 '이방[豫防]', 제주도에서는 '방쉬'[防手]라고 일컫는다.

주술 행위는 민간이나 궁중 할 것 없이 널리 행해져 왔다. 그 대표적인 것으로는 민간에서 널리 행해지던 제웅치기와 궁중의 저주 사건 등을 들 수 있다.

제웅치기는 짚으로 만든 인형의 배 속에 돈이나 곡식을 넣어 길가에 버리면 행인이 그것을 줍는데, 제웅에 있는 돈이나 곡식을 빼 가면 제웅을 버린 사람의 모든 액이 사라진다고 해서 행해졌다. 또한, 장희빈이 인형왕후를 저주하기 위하여 인현왕후의 화상을 붙여놓고 거기에다 하루에 세 번씩 활을 쏜 것은 유명한 이야기로 남아 있다.

과학이 주술에서 나왔다고 주장한 문화인류학자 J. G. 프레이저는, 주술을 유감주술(類感呪術)과 전염주술(傳染呪術)로 나누어 설명했다. 유감주술은 유사한 것이 유사한 것을 발생시킨다는 것으로, 예를 들면 가뭄이 심할 때 물을 뿌리면 비가 온다고 믿는 것 따위다. 또 힘의 상징인 물소 뿔을 먹거나 해구신을 먹으면 정력이 좋아진다는 것도 여기서 나온 주술 방법이라 할 수 있다.

전염주술이란 한 번 접촉이 있던 것과는 그 접촉이 단절된 뒤에도 실질적 관계가 유지된다는 것인데, 깎은 손톱을 아무데나 버려 그것을 닭이 먹으면 손톱의 주인공이 문둥이가 된다는 것이 여기에 속한다.

양밥의 갈래는 액막이를 위한 것과 저주하기 위한 것으로 대별할 수 있겠는데, 그 방법이 수없이 많을 뿐만 아니라 지방에 따라서도 차이가 있다. 그러면 우선 널리 알려진 양밥 몇 가지를 적어 본다.

1. 액막이에 관한 것

- 야외에서 식사를 할 때 음식을 조금 떼어 내 '고시레' 하면서 그것을 버린다.
- 정월 대보름날 액땜하는 연을 만들어 멀리 날려 보낸다.
- 정월 대보름날 아침에 "앞들에 후여, 뒷들에 후여" 하고 새 쫓는 시늉을 하면 새들이 곡식을 해치지 않는다.
- 정월 대보름날 "쥐 치자 뱀 치자" 하고 외치면 쥐나 뱀의 재해를 막는다.
- 정월 대보름날 두부를 먹으면 몸새우(피부 알레르기)를 막는다.
- 정월 대보름날 아침 일찍이 친구나 상대방의 이름을 불러 대답할 때 "내 더위 사 가거라." 하면 그 해에 더위를 먹지 않는다.
- 정월 대보름날 묵나물인 피마자 잎을 먹으면서 "꿩 알 줍자"하고 말하면 그 해에 꿩 알을 줍는다.
- 짚으로 사람 모양의 제웅(인형)을 만들고 그 속에 돈을 넣어 집 밖에 버린다. 지나가는 사람이 제웅을 주워 안에 든 돈을 빼 가면 액이 사라진다.
- 동짓날 팥죽을 쑤어 집 안의 사방에 뿌린다.
- 발인하는 날 상제들은 관을 들고 방의 네 구석을 향해 관을 올렸다 내렸다 하며 인사를 한 뒤에 문을 나선다.
- 관을 방에서 상여가 있는 밖으로 옮길 때, 도끼나 톱으로 문지방을 살짝 찍거나 자른 뒤에 문지방을 넘는다.
- 장가드는 신랑이 초례청에 들어올 때 불 붙인 짚단을 넘거나 바가지를 깨고 들어온다.
- 목이 아프면 목젖이 떨어졌다 하여, 찔레나무 가시를 나이만큼 떼어 낸 뒤, 동쪽을 향하여 귀를 잡아 위로 당기면서, '목젖 올리자'를 세 번 외친다.

- 언짢은 사람이 나간 뒤에 소금을 뿌린다.
- 오줌을 싼 아이는 키를 머리에 쓰고 이웃집에 가서 소금을 꾼다.
- 서낭당을 지날 때에는 돌을 던지거나 침을 세 번 뱉는다.
- 병이 잘 낫지 않을 때는 이불을 덮어씌우고 복숭아나무 가지로 그 위를 두드린다.
- 어린아이가 밤에 똥 누는 습관을 고칠 때는 닭장 앞에 가서, "닭이 밤에 똥을 누지 사람이 어찌 똥을 누나?" 하고 세 번을 말한다.
- 재수를 좋게 하기 위해서는 부잣집 숟가락을 훔쳐 와서 쓴다.
- 괴질을 앓는 집 앞을 지날 때는 왼발로 세 번 땅을 구른다.
- 괴질이 돌 때는 고약한 냄새에 병마가 도망가도록 뒷간을 푼다.
- 부정 탄 집에 다녀온 뒤에는 소나무 태우는 연기를 쐰다.
- 상가(喪家)에 갈 때는 팥 여섯 알을 지니고 가서, 들어갈 때 세 알을 뿌리고 나올 때 세 알을 뿌린다.
- 차멀미를 막기 위해서는 황토를 넣은 주머니를 가슴에 찬다.
- 새 자동차를 사면 막걸리를 네 바퀴 밑에 뿌리고, 달걀을 바퀴 밑에 둔 채 차를 전진시켜 깨뜨리면 사고가 안 난다.
- 구렁이 껍질을 쌀독에 넣으면 부자 된다.
- 복숭아 벌레를 먹으면 얼굴이 예뻐진다.
- 도마뱀의 꼬리를 몸에 지니고 다니면 병에 걸리지 않는다.
- 닭의 목을 먹으면 목청이 좋아진다.
- 두드러기가 났을 때 몽당 빗자루로 그곳을 쓸면 낫는다.
- 이를 빼서 지붕 위에 던지면 좋은 이가 난다.
- 발이 저릴 때 침 바른 종잇조각을 코에 붙이면 낫는다.
- 도둑질하고 난 뒤에 그곳에 똥을 누고 가면 들키지 않는다.
- 정낭(변소)에 빠졌을 때는 떡을 해 먹으면 뒤탈이 없다.

2. 저주를 위한 것

- 미운 사람의 인형을 만들어 눈에 바늘을 꽂아 두면 그 사람이 죽는다.
- 소를 잃었을 때는 고양이를 거꾸로 가마솥 위에 매달고, 김을 쐬어 죽이면 그 도둑이 죽는다.
- 귀중품을 잃었을 때는 소고기에 도둑을 저주하는 말을 써서 묻으면, 소고기가 썩을 때 그 도둑이 죽는다.

삼복과 개장국

삼복(三伏)은 초복, 중복, 말복을 말하는데 일 년 중 가장 무더운 때다. 글자 그대로 풀이하면 세 번 엎드려 있는 날이다.

그런데 이 '엎드려 있다'는 삼복이란 말을 개장국과 관련지어 생각하는 사람들이 더러 있다. 삼복에는 개장국을 많이 먹기 때문에, 개가 죽을까 두려워 바짝 엎드리기 때문이라는 것이다. 그러나 이것은 근거가 없는 말이다. 삼복이 개와 관련이 있는 것은 어느 정도 맞지만, 그렇다고 하여 삼복이란 말이 개가 엎드려 있다 하여 생긴 말은 아니다.

삼복은 2600여 년 전 중국의 진나라 때부터 시작되었다. 진나라 덕공 2년에 삼복 제사를 지냈는데, 개를 잡아 해충의 피해를 막았다는 기록이 사기에 전한다. 이로 보아 개를 잡아 개장을 먹는 것이 삼복의 습속이긴 했다. 그렇다고 해서, 개가 죽는 것이 두려워 엎드려 있기 때문에 삼복이라 하는 것은 아니다. 이에는 다른 이유가 있다.

삼복은 동양의 고유 사상인 오행설과 관련되어 생긴 말이다. 삼복 날은 십간 (十干) 중에서 경(庚) 자가 들어가는 날 곧 경일(庚日)이다. 지난날에는 연월일을 간지로 나타냈는데, 연도를 갑자년, 을축년 등으로 나타내듯이, 날짜도 갑오일,

을미일 등으로 나타냈다. 경일은 이 중 경(庚)자가 들어가는 날 즉 경진(庚辰), 경인(庚寅) 등과 같은 날을 가리킨다.

이와 같이 경일을 기준으로 삼복 날을 정한 것은 무엇 때문일까? 그것은 경(庚)이 지니는 오행상의 특성 때문이다. 경(庚)은 오행의 금(金)에 해당하는데, 계절로는 가을이다. 반면 여름은 오행의 화(火)에 해당된다. 불[火]은 쇠[金]를 녹인다. 그러므로 금(金) 즉 가을 기운에 해당하는 경(庚)은, 여름의 화(火)에 꼼짝을 못하고 엎드려 있을 수밖에 없다. 오행의 상극(相剋) 중에 화극금(火剋金)이란 용어가 있는데, 불은 쇠를 녹인다는 뜻이다. 쇠에 해당하는 경일(庚日) 곧 복날은 화에 해당하는 여름 동안에는 녹지 않기 위하여 바싹 엎드려 숨어 있어야 하는 것이다. 그래서 경일인 삼복은 엎드려 있는 날이 된 것이다.

복날 개고기를 먹는 것은 단순히 더위를 이기고 몸을 보호하기 위한 것만이 아니라, 사실은 거기에도 오행의 원리가 숨어 있다. 오행으로 보면, 개는 서쪽에 해당하며 금(金)에 속한다. 강한 불의 기운에 약해진 경일(복날)에는 금의 기운을 북돋우어 화기에 견뎌내야 하기 때문에, 금의 기운인 개고기를 먹어 부족해진 쇠의 기운을 보충하여 불에 녹지 않고자 한 것이다.

삼복이 생긴 유래가 이러하므로, 초복은 하지가 지난 세 번째 경일(庚日)로 정하고, 이로부터 열흘 뒤의 경일을 중복으로 삼았다. 그리고 입추 뒤의 첫 경일을 말복으로 정하였다. 이로 보면 초복, 중복, 말복은 열흘을 간격으로 이어진다. 왜냐하면 십간(十干)으로 세는 경일은 10일 만에 한 번씩 돌아오기 때문이다. 이와 같이 20일 안에 삼복이 다 들면 이를 매복(每伏)이라 한다.

그런데 여기서 말복이 정기적인 날짜에서 벗어나는 경우가 생길 때가 있다. 원래 말복은 중복 열흘 뒤에 오는 경일이 되어야 한다. 그러나 중복은 입추 뒤의 첫 경일을 기준으로 정하는 규정 때문에, 그 열흘 뒤에 설령 경일이 있다 하더라도, 입추가 그 경일 뒤에 오게 되면 그날을 말복으로 삼을 수 없는 것이다. 그 경일을 걸러 입추 다음에 오는 첫 경일을 말복으로 삼아야 하는 것이다. 이런 경우를 정상적인 복(伏)을 넘었다고 해서 월복(越伏)이라 한다. 이렇게 되면 중복과 말복 사이가 열흘이 아니라 20일이 된다. 월복이 드는 해는 늦더위가 심하다고 전해 온다.

이와 관련하여 개장국에 대해 잠깐 생각해 보자. 개장국은 원래 개장, 구장(狗醬) 등으로 일컬었는데, 개고기를 금기시하는 시대상에 따라 지금은 보신탕이란 이름으로 바뀌었고, 개고기 식용 문제에 대해서도 논의거리가 되고 있다.

개고기는 우리의 오랜 전통 음식이었다.

안동 장씨의 음식디미방이란 책에는 개장국, 개장찜, 개 삶는 법과 고는 법 등 각종 개고기 조리법이 상세하게 적혀 있고, 빙허각 이씨의 규합총서(閨閤叢書)에도 증구법(蒸狗法)이라 하여 개장 조리법이 기록되어 있다.

우리나라 풍습을 기록한 동국세시기(東國歲時記)와 열양세시기(洌陽歲時記)에는 삼복이 되면 개장국 먹는 것이 유행했다고 적혀 있다.

또 정학유의 농가월령가 8월령에도, "며느리 말미 바다 본집에 근친(覲親)갈 제, 개 잡아 살마 건져 떡고리와 술병이라."라는 구절이 있다. 며느리가 여가를 얻어 친정에 부모님을 뵈러갈 때, 개를 잡아 삶아 건져서 떡고리와 술병을 갖추어 뵈러간다는 뜻이다. 이에서 우리는 개고기가 당시에는 귀한 음식으로 인식되었음을 알 수 있다.

동의보감에는 "개고기는 오장을 편안하게 하며 혈맥을 조절하고 장과 위를 튼튼하게 하며, 골수를 충족시켜, 허리와 무릎을 따뜻하게 하고, 양도(陽道)를 일으켜 기력을 증진시킨다."고 그 효능을 구체적으로 기록하고 있다.

이와 같이 개고기는 널리 식용되었을 뿐만 아니라 약용으로 사용되었다. 시대

에 따라 문물은 변하기 마련이다. 그런데 지금 논의되고 있는 개고기 식용 문제
는, 우리의 그러한 전통문화가 그 밑동으로 고려되어야 할 것이다.

선덕여왕이 받은 모란꽃에 나비가 없는 진짜 이유

모든 예술 작품이 다 그렇지만, 특히 동양화를 감상할 때는 거기에 그려진 소재에 담긴 뜻을 알고 봐야 그림의 참맛을 알 수가 있다. 그래서 동양화는 그림을 보는 것이 아니라, 그림을 읽는 것이라 하였다. 동양화 감상은 글자 그대로 독화(讀畵)다. 그래서 곽희란 사람은 "그림은 소리 없는 시고, 시는 형태 없는 그림이다."란 말을 남겼고, 소동파는 왕유의 그림에 대해 "왕유의 시에는 그림이 있고, 왕유의 그림에는 시가 들어 있다."고 하였다. 이러한 독화의 관념은 후대로 내려오면서 더욱 굳어져, 북송 때에는 화원을 선발할 때 그림을 그리는 기능을 주로 하여 뽑지 않고, 문관을 뽑는 과거시험처럼 그릴 제목을 시제(詩題)로 내거는 일까지 생겼다. 제목을 따라 시를 잘 표현하듯이 그림도 시를 쓰는 것처럼 제목의 내용이 잘 담기도록 그려야 한다는 것이었다. 동양화의 소재 배열이 이치에 맞지 않아 보이는 경우가 있는 것도 이 독화법 때문에 나타난 현상이다. 개화 시기가 같지 않은 꽃을 함께 그리거나, 함께 그려진 철새와 꽃의 계절이 서로 어긋나는 것이 그러한 예다. 또 학은 늪에 사는 새인데 파도치는 바닷가에 서 있는가 하면, 호랑이가 까치와 같이 있고, 고양이가 참새와 같이 있기도 하다. 이러한 배치는 우리의 일상적 개념과는 매우 다르다.

동양화에 등장하는 소재는 동물, 식물, 달, 바위 등 다양하다. 그런데 이들 소재들이 의미하는 바는, 그것들의 외형의 특성에서 비롯되는 것도 있고, 소재를 나타내는 한자의 뜻이나 음과 관련지어진 것도 있으며, 고전의 명구나 일화를 담고 있는 것 등 매우 이채롭다.

모란과 장미는 꽃이 매우 크고 아름다워 부귀와 장수를 뜻하고, 석류와 포도, 대추는 씨나 낟알이 많아서 자손 번영이나 다자(多子)를 의미하는 것은 소재의 외형과 관련된 경우이다. 그리고 동양화에는 박쥐와 표범이 많이 등장하는데, 박쥐는 '박쥐 복(蝠)' 자가 '복 복(福)' 자와 음이 같아서 다복을 뜻하고, 표범을 나타내는 한자 '표범 표(豹)' 자는 음이 '알릴 보(報)' 자의 음인 [bào]와 같기 때문에, 기쁜 소식을 알린다는 의미를 나타낸다. 이는 소재를 나타내는 한자의 음과 뜻에 관련지은 경우다. 그림의 기법을 중국에서 들여왔기 때문에, 우리나라 그림이라도 음의 상통은 주로 중국 음이 기준이 되어 있다.

다음으로 고전의 명구나 일화를 재제로 한 그림을 보자.

한 동자가 소나무 아래에서 어떤 선비에게 구름 긴 산을 가리키고 있는 그림은, 가도의 유명한 송하문동자(松下問童子)란 시를 바탕으로 한 그림이다. 이는 고전의 명구를 그림으로 나타낸 대표적인 작품이다.

소나무 아래에서 동자에게 물으니　松下問童子(송하문동자)
선생님은 약 캐러 갔다고 하네　　言師採藥去(언사채약거)
지금 이 산중에 계시지만　　　　只在此山中(지재차산중)
구름이 깊어서 알 수가 없다 하네　雲深不知處(운심부지처)

송하문동자(松下問童子)도

탁족도(濯足圖)는 선비가 계곡에 발을 담그고 있는 모습을 그린 것이다. 이 그림은 초나라의 굴원(屈原)이 지은 어부사(漁父辭)의 내용에 그 뿌리를 두고 있다. 성품이 너무나 고결하여 타협할 줄 모르던 굴원이, 왕에게 옳은 말을 고하다가 쫓겨나 한탄하는 모습을 보고, 어부가 그를 안타깝게 여겨 이르기를,

> "창랑의 물이 맑으면 갓끈을 씻고　滄浪之水淸兮 可以濯我纓
> 창랑의 물이 흐리면 발을 씻는다　滄浪之水濁兮 可以濯我足"

라고 하였다. 이는 자기만 고결하다 하여 남을 너무 탓하지 말고, 세상 돌아가는 세태에 적응하여 처신하라는 것을 은유적으로 표현한 것이다. 즉 세상이 맑으면 갓을 쓰고 관직에 나아가 꿈을 펼치고, 세상이 흐리면 발이나 씻으며 은둔하며

기다리라는 뜻이다.

탁족도

　그런데 여기에는 또 다른 뜻이 담겨 있다. 어느 날 공자의 제자가 어부사의 이 구절에 담긴 뜻을 공자에게 물었다. 그러니 공자가 답하기를, 그것은 스스로 취하기에 달렸다는 뜻이라[自取之也]고 대답하였다. 모든 것은 자기가 처신하기에 달렸다는 것이다.

　공자는 그것을 사람의 입장에서 해석하지 않고, 물의 처지에서 해석하였다. 즉 물이 흐릴 때 사람들이 더러운 발을 씻는 것은, 사람이 물을 홀대해서가 아니라 물 자신이 스스로 탁한 모습을 하고 있기 때문이고, 물 스스로가 맑은 상태를 유지하면 사람들도 자기가 중히 여기는 갓끈을 거기에 씻는다는 것이다. 그러니 모든 것은 자기가 처신하기에 달려 있으니, 각자가 스스로 수신(修身)에 힘쓰라는 뜻이다.

이와 같이 탁족도에는 깊은 뜻이 들어 있다. 단순한 피서 모습을 그린 것이 아니다.

또 네 명의 노인이 산속에서 바둑을 두고 있는 그림이 있는데 이는 은사(隱士)로 유명한 상산(商山)의 사호(四皓)를 화제로 삼은 그림이다. 그래서 이런 그림을 상산사호도(商山四皓圖), 상산위기도(商山圍碁圖) 또는 상산위기사호도(商山圍碁四皓圖)라 부른다. 상산은 섬서성(陝西省) 상현(商縣)의 동쪽에 있는 산으로서, 이곳에는 진나라 말기의 난세를 피하여 네 명의 노인이 은거하였다. 동원공(東園公), 하황공(夏黃公), 기리계(綺里季), 녹리선생(甪里先生)이 그들인데, 머리와 수염이 모두 희었기 때문에 사호(四皓)라 불렸다.

그들은 난리가 끝난 뒤에도 한(漢) 고조(高祖)가 불렀으나 세상에 나오지 않았다. 그래서 한 고조가 항우(項羽)에게는 이겼으나 사호에게는 졌다는 말이 생겨나기도 했으며, 소부(巢父) 허유(許由)와 함께 은사로 널리 추앙받았다. 이처럼 상산사호는 탐욕과 세속에 물들지 않은 전범이 되었기로, 그림의 재제로도 많이 올랐고 시인들의 시제로도 널리 씌었다.

고려 때의 원천석이 쓴 제사호도(題四皓圖)와 서거정의 사호위기도(四皓圍棋圖)도 그러한 내용의 시다.

상산 깊은 곳에 함께 들어와　　　　共入商山裏 (공입상산리)
어느덧 세월 흘러 머리엔 서리가 가득　　霜鬢歲月深 (상빈세월심)

소나무 그늘 아래서 바둑을 두며 　　　　　松陰棋一局 (송음기일국)
세상으로 향한 마음 휘둘러 끊었네 　　　　揮斷世途心 (휘단세도심)
　　　　　　　　　　　　　　　　　　— 원천석의 〈제사호도〉

세상도 명예도 모두 다 버리고서 　　　於世於名己兩逃 (어세어명이양도)
한가로이 마주앉아 바둑만 두는구나 　閑圍一局子頻敲 (한위일국자빈고)
이중에 묘수 있건만 알아줄 사람 없더니 　此中妙手無人識 (차중묘수무인식)
때마침 유비가 있어 높은 한 수 두어 주리 　會有安劉一着高 (회유안류일착고)
　　　　　　　　　　　　　　　　　　— 서거정의 〈사호위기도〉

상산사호위기도

　또 산속 개울가에서 스님 한 사람과 선비 두 사람이 웃으며 서 있는 그림이
있는데, 이를 여산삼소도(廬山三笑圖) 또는 호계삼소도(虎溪三笑圖) 또는 줄여서
보통 삼소도(三笑圖)라 한다. 이는 혜원(慧遠)이라는 스님과 유학자인 도연명(陶淵
明) 그리고 도교 신봉자인 육수정(陸修靜) 사이에 얽힌 일화를 배경으로 그린 그
림이다.

혜원 법사가 여산의 동림사에 있었는데, 이들 두 사람이 찾아왔다가 돌아갈 때, 도(道)에 대한 담론에 몰두하여 혜원이 평소 손님을 전송할 때 절대로 넘지 않던 호계를 그만 지나버려, 세 사람이 모두 웃었다는 이야기다. 수십 년간 계율처럼 지켰던 선을 넘어버렸는데, 그것도 그냥 안 것이 아니라 범의 울음소리에 놀라 그 사실을 알았다. 진리에 대한 이야기에 너무 깊이 빠져서 금지선인 호계를 지나친 것도 몰랐던 것이다. 이 웃음의 의미는 아마도 유불선이 각기 가는 길이 다를 뿐, 닿고자 하는 궁극적 목적지는 같다는 것을, 깊은 사색 끝에 깨닫고 웃는 웃음이 아닐까 싶다. 또 다른 염화미소가 아닐까? 어떻든 삼소도는 일화가 그 배경이 된 그림이다.

물고기 세 마리를 그린 삼여도도 일화를 배경으로 한 그림이다. 물고기 세 마리를 그린 것을 삼어도(三魚圖)라 하지 않고 삼여도(三餘圖)라 하는 것은 '물고기 어(魚)' 자와 '남을 여(餘)' 자의 음이 [yú]로 같기 때문에 그렇게 바꿔 부른다. 삼여는 공부하기에 좋은 세 가지 때 곧 겨울, 밤, 궂은날을 가리키는데, 삼여도는 이 세 가지의 의미를 함축한 면학(勉學)을 뜻하는 그림이다.

이것은 삼국지 위지(魏志) 왕숙전(王肅傳)의 동우(董遇)에 얽힌 고사에 그 연원을 두고 있다. 어떤 농부가 학문 높은 선비인 동우를 찾아와서 배우기를 청하자, 그는 책을 백 번 읽으면 그 뜻이 저절로 나타난다며 받아주지 않았다.[讀書百遍 意自見] 이에 농부는 농사일이 바빠서 도저히 책을 읽을 시간이 없다고 말했다. 그러자 동우는 농사일이 아무리 바쁘더라도 세 가지 여가가 있으면 충분하다고 하면서, 겨울은 1년의 여가이고, 밤은 낮의 여가이며, 비 오는 날은 맑은 날의 여가이니, 어찌 시간이 없다고 하는가라고 하였다.[冬者歲之餘 夜日之餘 陰雨時之餘] 그 세 가지는 다 농사짓는 일을 할 수 없기 때문에, 그 여유만 이용해도 충분히 공부를 할 수 있다는 것이었다.

이 이야기에 연유하여 '삼여(三餘)'라는 말이 생겨났고, 학문하는 사람들에게 그러한 정신을 일깨우기 위해 세 마리의 물고기로 그려 그 뜻을 살린 것이다.

한 선비가 당나귀를 타고 다리 위를 건너가는 모습을 그린 그림이 있다. 어떤 경우에는 뒤따르는 시동이 함께 등장하기도 하는데, 주로 풍설(風雪)이 분분한 겨울 경치를 그 배경으로 하고 있다. 이런 그림을 파교려상도(灞橋驢上圖)라 한다. 한자음을 다르게 읽어 패교노상도, 또는 패교기려도(灞橋騎驢圖)라 일컫기도 한다. 파교는 섬서성 남전현에서 발원하여 위수로 흘러드는 파수(灞水)에 놓인 다리 이름이다. 한(漢)나라 사람들이 이별할 때 이 다리에 이르러 버들가지를 꺾어 주면서 송별의 뜻을 나누었다.

그런데 이곳은 시에 얽힌 또 다른 일화가 전한다. 당나라 때 어떤 사람이 시인 정계선에게 묻기를, 요즈음 지은 시 중에 좋은 작품이 있느냐고 하니, '시상은 풍설이 몰아치는 날 파교에서 당나귀 등을 타야 옳게 떠오르는 것'이라고 답하였다. 이 말을 높이 산 후세의 선비들이 그것을 화제로 하여 그린 그림이 바로 파교려상도다.

파교려상도

그러면 일반적인 소재가 품고 있는 그림들을 살펴본다.

게와 갈대가 그려진 것은 과거에 장원급제하라는 뜻을 담고 있다. 게는 갑각류로 등이 딱딱한 갑(甲)으로 싸여 있어서 우두머리 곧 장원을 의미하고, 갈대를 나타내는 '갈대 로(蘆)' 자는 장원 급제자에게 임금이 내리는 음식 이름인 려(臚) 자와 음이 같은 [lu²]이기 때문이다.

갈대와 기러기를 함께 그린 것을 노안도(蘆雁圖)라 하는데, 늘그막에 편안히 지내라는 의미를 갖고 있다. 이것은 '갈대 로(蘆)' 자가 '늙을 로(老)' 자와 음이 같고, '기러기 안(雁)' 자는 '편안 안(安)' 자와 음이 같은 데서 비롯된 것이다.

노안도(蘆雁圖)

향나무와 (흰)사슴을 그린 백록도(柏鹿圖, 白鹿圖)는 백록(柏鹿, 白鹿)이 백록(百祿)과 통하므로, 많은 녹을 받는 벼슬길에 오르라는 뜻이고, 까치와 버드나무를 그린 것은 '버들 류(柳)' 자가 '머무를 류(留)' 자와 음이 같아서 까치가 전하는 기쁨이 오래 머물라는 뜻이다.

백로 한 마리를 연밥과 함께 그린 것을 일로연과도(一鷺蓮果圖)라 한다. 이는 일로연과(一路連科)란 말과 음이 같아서, 과거에 계속 합격하라는 뜻이다. 한 마리 백로 즉 일로(一鷺)는 하나의 길을 뜻하는 일로(一路)와 음이 같고, 연밥 즉 연과(蓮果)는 잇달아 과거에 합격하라는 연과(連科)와 음이 같음에 바탕을 둔 것이다.

일로연과도(一鷺蓮果圖)

부용(芙蓉)을 그린 그림은 용(蓉) 자의 음과 영(榮) 자의 음이 [róng]으로 같아서 영화롭게 되라는 뜻이다.

모란, 목련, 해당화를 함께 그린 것은 모란의 딴 이름인 부귀화와, 목련의 딴 이름 옥란화(玉蘭花), 해당화(海棠花)의 당(棠) 자와 같은 음인 '집 당(堂)' 자를 연결지어, 부귀하고 훌륭한 집인 부귀옥당(富貴玉堂)이 되라는 뜻이다.

또 고양이와 나비를 함께 그린 것을 모질도(耄耋圖)라 하여 장수를 기원하는 뜻을 표현하는데, 이것은 '고양이 묘(猫)' 자와 '늙은이 모(耄)' 자의 음이 [māo]로 같고, '나비 접(蝶)' 자와 '늙은이 질(耋)' 자의 음이 [dié]로 같기 때문에 그렇게 부른다. 여기서 모는 70세, 질은 80세를 가리키는 글자다.

삼국사기에는, 당 태종이 선덕여왕이 왕위에 오르기 전인 공주 시절에 모란꽃을 보내왔는데, 거기에 나비가 없는 것을 보고 이 꽃은 아름답긴 하지만 틀림없이 향기가 없을 것이라고 하였는데, 나중에 심어보니 실제로 향기가 없었다는 기록이 있다. 또 삼국유사에는, 당나라 임금이 이 그림을 보낸 것은 내가 짝이 없다는 것을 희롱하기 위함이라고 했다는 말도 덧붙이고 있다.

그러나 이는 사실과 맞지 않은 이야기다. 결론부터 말하자면, 그것은 그림을 잘못 읽은 데서 빚어진 것이다. 위에서 본 바와 같이, 모란은 부귀를 상징하고 나비[耋]는 80세를 뜻한다. 그러므로 모란에 나비를 그리면 80세까지만 부귀를 누리라는 의미가 되어 영원성을 제한받게 된다. 그래서 모란과 나비는 함께 그리지 않는다. 당시에 선덕여왕과 신료들은 그러한 독화법을 몰랐던 것이다. 또 이 일화를 두고 선덕여왕이 영민했다고 칭송한 것이나, 모란이 향기가 있는 꽃임에도 향기가 없다고 한 것 등은 다 사실에 어긋난 이야기다.

사학자 문일평은 이 이야기를 바탕삼아, 그의 화하만필(花下漫筆)이란 책에서 이르기를, 후세 화가들이 모란에 나비를 그려 넣지 않은 까닭은 그런 선덕여왕을 기리고, 중국 화풍에서 벗어나기 위하여 반기를 든 것이라 하였는데 이것도 좀 지나친 언설이라 하겠다.

그런데 모란꽃에 나비를 그린 경우가 있는데, 이때는 반드시 고양이를 함께 넣어 그린다. 모란꽃은 부귀, 고양이는 모(耄 70세), 나비는 질(耋 80세)이 되어 부귀모질(富貴耄耋) 곧 부귀를 누리며 장수한다는 뜻을 갖게 된다.

연꽃과 원앙새를 같이 그린 그림은 원앙과 같이 금실이 좋아서 해마다 귀한 아들을 낳으라는 의미다. 이때의 '연꽃 련(蓮)' 자는 '이을 련(連)' 자와 음이 같아서 '이어서 해마다'의 뜻이다.

연뿌리 그림은 우단사련(藕斷絲連)이란 성어와 관련되어 있는데, 이는 연뿌리[藕]는 끊겨도[斷] 거기서 나오는 실[絲]은 이어져[連] 있다는 뜻이다. 즉 표면적으로는 관계가 단절되었으나, 실제로는 여전히 이어져 있다는 것으로, 남녀 간의 정이나 형제간의 우애가 끊어지지 않기를 바라는 뜻이 거기에 담겨 있다.

버드나무 아래 오리 두 마리가 헤엄치는 그림은 연달아 과거에 급제하라는 뜻이다. 오리를 뜻하는 '오리 압(鴨)' 자의 왼쪽에 들어 있는 갑(甲) 자가 으뜸을 의미하고, 두 마리는 초시와 전시(殿試 대과의 최종 시험)에 연달아 급제하라는 것이다. 버드나무를 나타내는 '버들 류(柳)' 자는 머물다는 뜻의 '머무를 류(留)' 자와 음이 같아서, 그런 행운이 오래도록 머물라는 뜻이다. 또 물고기 두 마리를 그릴 때 한 마리는 작고 다른 한 마리는 크게 그리는 것도 소과와 대과에 다 합격하라는 뜻이다.

쏘가리는 그것을 가리키는 '쏘가리 궐(鱖)' 자의 음인 '궐'이 '대궐 궐(闕)' 자와 소리가 같으므로, 대궐에 들어가 벼슬하라는 뜻이다. 이것을 오리와 함께 그리면 앞에서 말한 바와 같이, 장원 급제하여 대궐에 들어가라는 뜻이다. 그런데 쏘가리를 두 마리 그리면 모반을 뜻하게 된다. 왜냐하면, 그것은 대궐이 둘이란 의미가 되기 때문이다.

목련과 바위가 함께 그려진 것은 목련의 다른 이름이 목필화(木筆花)인데, '필'이 '반드시 필(必)' 자와 음이 같고 바위는 장수를 뜻하므로, '반드시 오래 살라'

라는 의미를 안고 있다.

밤과 대추를 함께 그림 것은 자식을 빨리 낳으라는 의미다. 원래 대추는 남자를 뜻하고 밤은 쪽이 나 있으므로 여자를 상징한다. 그런데 '대추 조(棗)' 자는 '일찍 조(早)' 자와 음이 같고, '밤 률(栗)' 자는 '설 립(立)' 자와 음이 [lì]로 같은데, 여기에다 열매를 뜻하는 자(子)를 합하면 조립자(早立子)가 되기 때문에 그런 뜻이 생긴 것이다.

닭과 맨드라미를 그린 것은 벼슬하라는 축원을 담은 것이다. 닭의 '볏'을 가리키는 또 다른 말이 '벼슬'이고, 맨드라미의 딴 이름이 '닭벼슬'인 데서 온 것이다. 지금도 방언에서 널리 쓰는 말이다. 그런데 이 두 가지 소재를 그릴 때는 나란히 그리지 않고 반드시 위아래로 그린다. 그것은 지금의 벼슬에서 위의 벼슬로 승진하라는 뜻이다.

그리고 민화에서 많이 볼 수 있는 책걸이 그림은 주로 병풍을 만들어 감상했다. 일반적으로 책걸이란 말은 책씻이라고도 하는데, 책 한 권을 다 배우고 나면 이를 축하하기 위하여 음식을 벌여 놓고, 선생과 학동들이 함께 즐기는 것을 말한다. 그러나 책걸이 그림은 이런 행사와는 별로 연관이 없는 것 같다. 그보다는 책을 숭상한다는 의미의 상서(尚書)란 말과 관련되는 것으로 보인다. 상서는 육부의 우두머리를 가리키는 벼슬 이름이다. 그래서 이 책걸이도는 6부의 으뜸 곧 6판서가 되라는 의미를 담고 있다.

그 외 몇 가지 소재들의 의미를 간략히 덧붙이면 아래와 같다.

매화 : '매화 매(梅)' 자와 '눈썹 미(眉)' 자의 음이 [mèi]로 같아서 미수(眉壽),
　　　즉 눈썹이 희도록 살라는 축수(祝壽)의 뜻.

소나무 : 십장생의 하나로 장수의 뜻. 또 송(松)은 송(頌)과 음이 같아 칭송의
　　　　뜻을 지녀, 신년 축하 등의 의미를 담음.

대나무 : 곧은 절개. 또 죽(竹)과 축(祝)의 음이 같은 [zhú]이므로 축하를 뜻함.

난초 : 난을 난손(蘭蓀)이라고도 하는데, 손(蓀) 자가 손(孫)과 통하여 자손번창
　　　 을 뜻함.

여뀌 : '여뀌 료(蓼)' 자가 '마칠 료(了)' 자와 음이 같아 학업을 마친다는 뜻을
　　　 지님.

덩굴 : 덩굴을 한자로 만대(蔓帶)라 하는데, 음이 만대(萬代)와 같아 (자손)만대
　　　 란 뜻을 나타냄

메추리 : '세가락메추라기 안(鷃)' 자가 '편안 안(安)' 자와 음이 같아 편안함을
　　　　 뜻함.

참새 : '참새 작(雀)' 자가 '까치 작(鵲)' 자와 음이 같아 기쁜 소식을 뜻함.

이와 같이 우리 그림에는 자연에 존재하는 모든 것에서 의미를 찾고 그것을
인간의 삶과 연결시켰다. 그 속에서 효와 우애와 소망, 그리고 처세의 정신을 담
아 옆에 두고, 항상 자신을 다스리기 위한 경계로 삼았다.

파자점(破字占)의 가르침

파자(破字)는 한자의 자획을 나누거나 합쳐서 글자를 맞추는 놀이를 말한다. 탁자(拆字)라고도 한다. 생(生) 자를 풀어, 쇠[牛]가 외나무다리[一] 위에 서 있는 자라 하는 따위다. 어미가 갓 쓰고 조개 줍는 자는 실(實 : 母+宀+貝)자다. 나무 위에 서서 보는 자는 친(親 : 木+立+見) 자다. 이런 파자를 이용하여 한자를 재미있게 학습하는 방법으로 활용하였다.

또 한자 놀이에는 한자의 모양이나 뜻을 빗대어 묻고 답하는 방법도 있었다.

들기 좋고 놓기 좋고 먹기 좋은 자는 '달 감(甘)' 자라 하는 것이나, 집 안이 고요한 자는 '아들 자(子)' 자라 하는 것 따위다. 감(甘) 자는 양쪽 손잡이가 있어 들거나 놓기 좋고, 맛이 달콤하니 먹기가 좋아 그렇고, 아들이 자면 집 안이 고요하니 그렇다는 뜻이다.

삼국지에 보면, 동탁의 운이 다했다는 것을 암시하는 동요가 나온다. 아이들이 천리초하청청(千里草何青青) 십일상부득생(十日上不得生)이라는 노래를 부르는데, 이 또한 그 속에 파자의 의미가 담겨 있다. 천리초는 동탁(董卓)의 董[千+里+卅]을 파자한 것이고, 십일상은 동탁의 卓[十+日+上] 자를 파자한 것이다. 글자 그대로 풀이하면, '천리초는 얼마나 푸를꼬? 십일을 더 살지 못 할 것이네'의 뜻이지만, 기실은 동탁은 열흘을 더 못 살고 곧 죽을 것이란 의미를 담고 있다.

우리 선조들은 이와 같은 파자와 같은 놀이를 통하여, 그 어려운 한자를 재미있게 익히도록 하였다.

한글 전용 시대인 오늘날도 이 파자 수수께끼는 꾸준히 만들어지고 있다. 진서를 잘 안다고 뽐내며 보통 사람을 얕보는 선비가 있었다. 이 선비에게 평소 무식하다고 핀잔을 자주 당하던 사람이, 복수를 하고자 파자 놀이로 시험을 걸었다. "입 구(口)에 점 복(卜)을 한 것이 무슨 자냐?"고 물었다. 한자에는 그런 글자가 없다. 그러니 제 아무리 유식한 선비라도 답을 할 수가 없어, 그게 무슨 자냐고 되물었다. 이 사람 왈, 선비가 그런 쉬운 글자도 모르고 그렇게 뽐내었느냐고 핀잔을 주면서, "그건 '마' 자"라고 하였다. 속은 것에 분한 선비는 이를 만회하기 위하여, 한 번만 더 문제를 내어 달라고 간청하였다. 이에 그 사람은, "또 물어도 모를 텐데." 하고 능청을 떨면서, "여섯 륙(六) 자 밑에 한 일(一) 자 한 것이 무슨 자냐?"고 물었다. 선비가 퍼뜩 답하기를, "'츠' 자 아니냐?"고 하였다. 그러자 이 사람이 점잔을 빼면서, "설 립(立) 자도 모르는 놈이 무슨 선비라고……." 하는 것이었다.

옛 사람들은 이 파자를 이용하여 점을 쳤는데, 이를 파자점 혹은 탁자점(拆字占)이라 한다.

임신한 두 부인이 아들인지 딸인지를 알아보기 위해 점을 치러 가니, 점쟁이가 초(初) 자를 내보이며 짚으라 하였다. 한 부인은 초(初) 자의 왼쪽, 의(衣) 자 부분을 짚고, 또 한 부인은 오른쪽, 도(刀) 자 부분을 짚었다. 그러자 점쟁이는 의(衣) 자를 짚은 여인에게는 딸을 낳을 것이라고 하고, 도(刀) 자를 짚은 여인에게는 아들을 낳겠다고 하였다. 옷을 만드는 것은 여자의 몫이니 딸을 낳겠다고 하고, 칼은 사나이가 전장에서 휘두르는 것이니 아들을 낳겠다고 한 것이다.

또 사내 두 사람이 점을 보러 가니, 점쟁이가 일(一) 자를 보여주며 짚어 보라 하였다. 한 사람은 一 자의 첫머리를 짚고, 한 사람은 一 자의 끝 부분을 짚었다. 그러자 점쟁이가 말하기를, 먼젓번 사람은 사(死) 자의 첫머리를 잡았으니 죽을 것이라 하였고, 두 번째 사람은 생(生) 자의 끝 부분을 잡았으니 살 것이라 하였다. 다 같은 一 자지만 한 사람에게는 사(死) 자의 첫 획을, 다른 한 사람에게는 생(生) 자의 끝 획을 적용하여 운을 점치고 있다. 이런 걸 보면, 점이란 그야말로 귀에 걸면 귀걸이, 코에 걸면 코걸이가 아닌가 싶다.

점쟁이가 말하는 운은 믿을 것이 못 된다. 그러나 운 자체는 있는 것일까 없는 것일까? 어떤 이는 운이라는 말만 하면 그런 것은 없다고 말한다. 또 운명론은 약한 자의 변명이라고도 한다. 미국의 어느 공학연구소에서 발표한 바에 의하면, 75%는 운이고, 25%는 노력의 결과라고 하였다. 운칠기삼(運七技三)이란 말도 있으니 어느 정도 일리가 있을 성도 싶다. 팔자라는 말이 있다. 우리 조상들이 수없이 오랜 세월을 살아오면서 터득한 지혜가 담겨 있는 말이다. 옛말 틀린 데가 없다는 말과 같이, 선조들이 턱없이 지어낸 말은 아닐 것이다.

성인들 또한 인연 또는 업(業)이라는 가르침으로, 또는 하늘의 뜻이라는 말로 그 진리를 일깨웠다. 우리를 속이려고 아무렇게나 지어낸 것은 아닐 것이다. 우리의 경험을 돌아보아도, 시작한 일이 의외로 어렵잖게 잘 되는 경우가 있는가 하면, 아무리 노력해도 안 되는 경우도 있다. 혹자는 그것을 두고 때와 여건을 맞추지 않았거나, 방법이 틀려서 그렇다고도 한다. 그러나 그 당시에는 그것이 상책이었다. 그 시와 때와 방법이란 것 자체가 인력으로 가늠할 수 없는 운이라고 설명하는 것이 오히려 이치에 맞지 않을까 싶다. 삼국지에도, "일을 도모하는 것은 사람이지만, 일을 이루는 것은 하늘이다."란 말이 있다.

이로 보면 운은 운대로 받아들이는 것이 현명한 삶의 방식이라 생각한다.

어부들은 하나같이 고기가 잡히고 안 잡히고는 용왕님에게 달려 있다고 생각한다. 그래서 그들은 오늘 안 잡히면 내일 잡힐 것이라 생각하면서 편안한 삶을 살아간다. 그것이야말로 유익한 삶의 지혜가 아닐까.

토정비결과 목성 가진 사람

토정비결(土亭秘訣)은 조선 중기의 학자인 이지함(李之菡)이 지은 것이라고 전해 온다. 그의 호 토정(土亭)은 생의 대부분을 마포 강변의 흙담으로 된 움막집에서 살았기 때문에 붙여진 것이다. 낡은 옷에다 무쇠솥을 갓처럼 쓰고 다닌 기인으로 전해 온다.

이지함은 사대부가의 자손이다. 아버지는 현령 이치(李穉)이고, 어머니는 광산 김씨인데 판관을 지낸 김맹권(金孟權)의 딸이다. 김맹권은 수양대군이 집권하여 단종을 죽이자 낙향하여 은거한 인물이다.

14세에 아버지를 여의고 맏형인 이지번(李之蕃)에게서 글을 배웠고, 16세에 어머니를 여의었다. 이후 형 지번을 따라 서울로 거처를 옮겼으며 형의 보살핌을 받았다. 후에 서경덕(徐敬德)의 문하에서 공부하였는데, 그의 영향을 받아 점술, 의학, 천문, 지리에 달통하게 되었다.

1573년 주민의 추천으로 천거되어 포천 현감이 되어, 임진강의 범람을 막아 많은 인명을 구제하였다. 이듬해에 사직하고 귀향했으나, 1578년 다시 아산 현감으로 등용되었다. 이때 걸인청(乞人廳)을 만들어 관내 걸인과 노약자 및 굶주린 자의 구호에 힘썼다.

특히 포천 현감을 사직하는 상소문 등에는 그의 민생에 대한 견해가 잘 나타나 있는데, 농업과 상업의 상호 보충, 자원개발과 해외 통상을 강조하였다.

토정이 의학과 점술에 능하다는 말을 듣고, 많은 사람들이 찾아와 일 년의 신수를 봐 달라 하므로, 이에 응하여 펴낸 책이 토정비결이라는 이야기가 전해 온다. 그러나 이런 이야기는 믿기 어렵다. 왜냐하면, 앞에서 살펴보았듯이 토정은 허황된 사람이 아니라, 현실주의자요 실천주의자이기 때문이다. 사대부가의 출신이지만 그들이 꺼리는 장사를 직접 하기도 하고, 상공업을 강조한 실학자였다. 이런 사람이 허탄에 찬 점술서를 지을 까닭이 없다. 뒷날 후학들이 만든 그의 문집인 토정집(土亭集)에도 토정비결에 대한 이야기는 전혀 없다.

그러므로 토정비결(土亭祕訣)은 이지함이 의학과 복서에 밝다는 소문에 가탁하여, 누군가가 토정의 이름을 빌려 지은 것이라 봄이 타당하다.

그런데 토정비결에는 "북쪽에서 목성을 가진 귀인이 와서 도와주리라" 같은 희망적인 구절이 많은데, 이는 어려움에 처한 사람들에게 희망을 주고자 한 배려로 보인다. 그럼 여기서 토성이니 목성이니 하는 성씨는 어떤 것인가를 알아보자.

목(木)자가 붙은 성은 전부 목성(木姓)일 것 같지만 그렇지도 않고, 김(金)씨는 금성(金姓)일 것 같지만, 이 또한 그렇지 않다. 목자가 붙은 이(李) 씨는 화성(火姓)이고, 권(權) 씨는 토성(土姓)이다. 또 김(金) 씨는 목성(木姓)이다.

토정비결에 따른 성씨를 오행으로 분류하면 다음과 같다.

① 목성(木姓)

간簡 강康 고高 고固 공孔 김金 동董 박朴 연延 염廉
우虞 유兪 유劉 육陸 정鼎 조趙 조曺 주朱 주周 차車
추秋 최崔 홍洪 화火

② 화성(火姓)

강姜 구具 길吉 나羅 단段 당唐 등鄧 변邊 석石 선宣
설薛 신辛 신愼 옥玉 윤尹 이李 전全 정丁 정鄭 주奏
지池 진陳 채蔡 탁卓 함咸

③ 토성(土姓)

감甘 공貢 구丘 구仇 권權 도都 도陶 동童 명明 목睦
민閔 봉奉 손孫 송宋 심沈 엄嚴 우牛 임林 임任 재再
전田 피皮 현玄

④ 금성(金姓)

경慶 곽郭 남南 노盧 두杜 류柳 문文 반班 방方 배裵
백白 서徐 성成 소邵 신申 안安 양梁 양楊 왕王 원元
음陰 장張 장蔣 진晉 편片 하河 한韓 황黃

⑤ 수성(水性)

경庚 고皐 기寄 남궁南宮 노魯 동방東方 마馬 매梅 맹孟
모毛 모牟 변卞 복卜 상尙 선우鮮于 소蘇 어魚 여呂 여余
오吳 용龍 우禹 천千 허許 황보皇甫

윷에 담긴 뜻

윷놀이는 삼국시대 이전부터 전해져 왔던 민속놀이다. 윷놀이 판은 가운데의 한 점을 중심으로 하여 주위에 28개의 점으로 이루어져 있다. 이에 대해서는 28수를 가리킨다는 설과 북두칠성을 상징한다는 두 가지 주장이 있다.

조선 선조 때의 문인 김문표(金文杓)는 윷판설[柶圖說]에서 이렇게 설명하고 있다.

"윷판의 바깥이 둥근 것은 하늘을 본뜬 것이요, 안의 모진 것은 땅을 본뜬 것이니, 즉 하늘이 땅바닥까지 둘러싼 것이다. 별의 가운데 있는 것은 추성(樞星)이요, 옆에 벌여 있는 것은 28수(二十八宿)를 본뜬 것이다. 북신(北辰 : 북극성)이 그 자리에 있으며, 뭇별이 둘러싼 것을 말한다."

지금의 윷판은 정사각형으로 된 것이 대부분인데, 이는 후대로 내려오면서 변형된 것이다. 원래는 원 안에 十자 모양을 그린 것이었다. 고대 암각화나 전래의 윷판 및 문헌에 등장하는 윷판은 모두가 둥근 모양이다. 이는 하늘은 둥글고 땅은 모가 났다는 천원지방(天圓地方)이라는 고대의 우주관을 반영한 것이다.

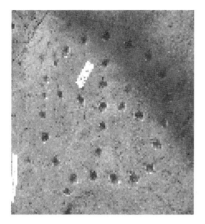

임실군 신평면 상가마을 윷판 암각화

신라 인용사지 출토 윷판
(경주 문화재연구소 제공)

　윷판은 29개의 점으로 되어 있는데, 그 가운뎃점이 북극성이고 나머지 28점
은 28수를 상징하는 것이다. 28수란 고대 중국에서 하늘의 적도를 따라 그 부근
에 있는 별들을 28개 구역으로 나누어 부른 이름이다. 각 구역에는 여러 개의
별자리들이 있는데, 그 중 대표적인 것을 수(宿)로 정했다. 이러한 수는 전부 28
개가 되므로 통칭 28수라고 부른다. '집'이라는 뜻의 사(舍)를 붙여 '28사'라고
도 한다.

　그런데 북극성을 둘러싸고 있는 이 28개의 별이 28수가 아니라, 4방위의 북
두칠성을 나타낸 것이라는 주장도 있다. 즉 네 계절에 따른 북두칠성의 움직임
이 있는 천문도가 윷판이라는 것이다. 북두칠성은 예부터 방향과 그 기울어짐에
따라 시간을 아는 지표로 쓰였다. 후대로 내려오면서 북두칠성은 인간의 수명과
길흉을 관장하는 신성한 별로 의식되었다. 지금도 사찰의 삼성각에는 북두칠성
이 치성광여래 또는 칠원성군이란 이름으로 모셔져 있다.

황룡사지 출토 윷판(경주문화재연구소 제공)

윷판을 보면 도, 개, 걸, 윷, 모의 다섯 점을 가다가 가운뎃점쪽으로 두 점이 구부러져, 북두칠성의 형상을 하고 있다. 이로 보아 윷판의 28개 점이 북두칠성의 상징이라는 설이 상당한 설득력이 있는 것으로 보인다.

어떻든 이 윷판은 고대인의 천문관인 천원지방과 성수(星宿)를 아우른 우주관이 고스란히 그 안에 녹아 있음에는 틀림없다.

윷가락의 호칭은 일반적으로 도, 개, 걸, 윷, 모라 부르는데, 이는 부여의 족장 이름인 저가(猪加), 구가(狗加), 마가(馬加), 우가(牛加)에서 왔다는 설이 유력하다. 즉 돼지, 개, 말, 소 등은 이들 부족의 토템이었다. 도는 돼지, 개는 개, 걸은 양, 윷은 소, 모는 말에서 각각 따 온 것이다.

도는 돼지의 원말 돝의 ㅌ 탈락형이다. 아직도 지방에서는 돼지고기를 돝고기라 하는 데가 있다. 돼지라는 말은 돝에 새끼를 뜻하는 접사 '아지'가 붙어서 이루어진 말이다. 돝아지>도야지>돼지로 변한 말이다. 시골에서는 돼지를 부를 때 지금도 '돌돌'이라 부르는데, 이것도 돝과 관계가 있다.

개는 지금도 개다.

걸은 양의 옛말이다. 자전에 羯 자를 '숫양 결'이라 적고 있는데, 반절로는 '居謁 切'이라 하였으니 원음은 '갈'임을 알 수 있다. 또 갈(羯) 자를 '불깐양 갈'로 읽는다. 이로 보아 '걸'은 이 '갈'에서 온 것으로 보인다.

윷은 소인데, 소의 방언에 '슈, 숫, 쇼'라고 함을 보아 알 수 있다. 윷의 중세어는 '슛'이다. 국어 음운변화의 규칙인 ㅅ>△>ㅇ에 따라 슛>슛>윷으로 변한 것인데, 다만 현재는 맞춤법 규정에 의하여 윷으로 표기할 뿐이다.

모는 말인데, 15세기 국어는 '물'이다. 몽골어와 만주어로는 '모린'인데 어근은 '몰'이다. 이 '몰'은 '물'과 같은 뿌리다. '말을 몰다' 할 때의 동사 어간 '몰'도 '물'과 밑동을 같이 한다. 윷가락의 모는 이 '몰'의 ㄹ 탈락형이라 할 수 있다.

그리고 윷놀이의 끗수는 동물의 몸 크기와 빠르기가 적용된 것 같다. 키 높이로 보면 말>소>양>개>돼지의 순이 되고, 속도로 보면 말이 가장 빠르고 돼지가 가장 느리다. 그래서 말 곧 모는 5칸을 가는 데 비하여 가장 느린 돼지 곧 도는 한 칸밖에 가지 못한다.

주먹구구와 한자 수수께끼

어린 시절 구구단을 외우느라고 한동안 애를 먹은 경험은 누구나 갖고 있을 것이다. 또 처음으로 글자를 익힐 때도 알쏭달쏭하여 머리를 갸우뚱해 본 적도 있을 것이다. 그래서 옛사람들 역시 좀 더 쉽게 구구단을 활용할 수는 없을까, 좀 더 재미있게 글자를 익히는 방법은 없을까를 생각하게 되었다. 이에 대한 답이 바로 주먹구구요, 한자 수수께끼다.

어설픈 계산을 가리켜 주먹구구라 한다. 말 그대로 주먹을 이용하여 구구를 셈하는 것이다. 그러면 실제로 주먹으로 하는 구구는 어떤 것일까?

손가락으로 수를 나타내는 것은, 우리가 일상적으로 사용하는 방법을 쓴다. 즉 6을 나타낼 경우, 엄지손가락부터 구부려 세다가 5가 지나면 새끼손가락을 하나 펴는 방법이다. 이렇게 수를 나타내는 방법으로 6×8=48을 주먹구구로 계산해 보자.

먼저 왼손으로 6을 나타내고, 오른손으로 8을 나타낸다. 그러면 왼손은 새끼손가락 하나가 펴지고, 오른손은 손가락 세 개가 펴진다. 양손의 펴진 손가락 수를 더하여 십 자리수로 하면 40이 된다.

다음에 왼손의 구부러진 손가락 네 개와 오른손의 구부러진 손가락 두 개를 곱하면 8이 된다. 펴진 손가락으로 계산한 40과 뒤의 구부러진 손가락으로 계산한 8을 합치면 6×8의 답인 48이 된다.

5단까지는 펴지는 손가락이 없으므로, 주먹구구가 안 되고 외워야 한다. 이렇게 주먹으로 셈을 하다 보니 틀리는 경우가 많이 생기게 되므로, 정확하지 못한 계획이나 계산을 가리켜 주먹구구식이라는 말을 하는 것이다.

다음으로 한자 수수께끼를 보자. 한자는 획수도 많고, 글자 수도 많아서 익히기에 퍽이나 힘이 드는 문자다. 그래서 옛사람들은 한자를 좀 더 흥미 있게 배우고, 잘 기억할 수 있도록 한자 수수께끼를 만들어 활용하였다.

이를 위해 주로 한자의 획을 쪼개거나 합하는, 이른바 파자(破字)의 방법을 썼는데, 朝를 시월 십일로 풀고, 姜을 八王女로 푸는 따위다. 또 글자의 모양이나 음과 훈(訓)을 이용하기도 하였다. 妻를 집 안에 야단난 자로 푼다든지, 田을 산으로 둘러싸인 자로 푸는 것 따위다. '아내 처'(妻)는 아내를 치면 야단난 집이라는 뜻이고, 田은 사방이 모두 山자로 둘러싸인 모양이기 때문이다.

그러면 한자 수수께끼 몇 개를 풀어 보기로 하자.

- 하루 동안만 지아비 노릇하는 자는? 春(一日 + 夫)
- 들기 좋고 놓기 좋고 먹기 좋은 자는? 甘(글자 모양에 양쪽 손잡이가 있어서 들기나 놓기가 좋고, 맛이 달다는 뜻을 나타내기 때문)
- 죽은 지는 오래나 살았다는 자는? 居[尸(주검 시) + 古(오랠 고)]
- 새가 나뭇가지를 물고 가는 자는? 九[乙(새) + 丿(나뭇가지)]
- 무게가 스무 근인 자는? 斦[卄(스물 입) + 斤]
- 늙은이가 지팡이 짚은 자는? 𠃌[𠄎(늙은이) + 丿(지팡이)]

- 오늘도 다 가고 내일도 다 간 자는? 多(夕 + 夕)
- 남자가 사지를 벌리고 선 자는? 太(大는 사지 벌리고 선 사람, ㆍ는 남자의 성기)
- 알맹이 없이 콩깍지만 남은 자는? 大(太자에서 알맹이를 상징하는 점이 빠짐)
- 많은 나무라는 자는? 桃(兆 + 木)
- 소가 외나무다리 위에 선 자는? 生(牛 + 一)
- 팔월에 지아비가 말을 탄 자는? 騰(八 + 月 + 夫 + 馬)
- 거꾸로 보면 절반 바로 보면 끝인 자는? 未(거꾸로 보면 半)
- 左君 右君이 무슨 자? 問(왼쪽에 君자, 오른쪽을 뒤집으면 또 君자)
- 아흔아홉이라는 자는? 白(百 빼기 一은 99)
- 하늘보다 더 높은 자는? 夫(天자 위에 튀어 나옴)
- 左七 右七에 橫山(횡산 : 산이 가로로 있음)이 倒出(도출 : 出자가 거꾸로 됨)한 자는? 婦(左七右七은 女, 山이 옆으로 누웠고 出이 거꾸로 섬)
- 산 밑에서 개 부르는 자는? 崩(朋은 '월이월이[워리워리]' 개 부르는 소리)
- 한 자 한 치 되는 자는? 寺(十一寸 : 즉 열한 치는 한 자 한 치)
- 원두막에 네 사람이 올라앉은 자는? 傘 [仐 +𠆢𠆢]
- 나무 위에서 나팔 부는 자는? 桑(나무 위에 又又又[또또또])
- 다리도 없는 새가 산으로 올라가는 자는? 島(鳥의 발[灬]이 없음)
- 입 천 개 가진 자는? 舌(千 + 口)
- 임금이 귓속말 하는 자는? 聖(王 + 耳 + 口)
- 주둥이 노란 자는? 歲(햇병아리 곧 햇새)
- 士一이와 工一이가 구촌간이라는 자는? 壽(士一 + 工一 + 口寸)
- 탈모하니 一西洋人이라는 자는? 宿(宀을 벗으면 一白人)
- 어미가 갓 쓰고 조개 줍는 자는? 寶(母 + 宀 + 貝)
- 열 十자를 사방으로 막은 자는? 亞(글자의 가운데가 十자 모양)

- 천당을 생각하는 자는? 惡(十字架 곧 亞+心)
- 묻기 전에 미리 대답하는 자는? 預('미리 예' 하고 대답함)
- 개 두 마리가 서서 말하는 자는? 獄(犭=犬)
- 왕이 혹 달고 있는 자는? 玉
- 저녁 기둥에 파리 앉은 자는? 外
- 위에는 밭이 있고 아래에는 내가 흘러가는 자는? 用(田+川)
- 앉으면 소가 되는 글자는? 尹(앉으면 尹의 아래 꼬리가 안 보이는 표이 됨)
- 서양에서는 서고 동양에서는 누워 있는 자는? 一(서양에서는 1)
- 집 안이 고요한 자는? 子(아들 자면 집이 고요함)
- 동서남북으로 王 자 되는 자? 田
- 입이 아홉인데 하나만 다물고 여덟은 벌리고 있는 자는? 井
- 안에 사람 있는 자는? 肉(內 + 人)
- 입 아래 발 달린 키 작은 자는? 只. 그보다 더 작은 자는? 貝. 그보다 더 작은 자는? 六(只는 입 아래 다리 붙음, 貝는 눈 아래 다리 붙음, 六은 갓 아래 다리 붙음)
- 계속하여 폭행하는 자는? 且(또 차고 또 차니까)
- 시렁에 사람 달린 자는? 天(二 + 人)
- 병아리 상주 된 자는? 醉(닭酉 + 죽을辛)
- 나무 위에 서서 보는 자는? 親(木 + 立 + 見)
- 십 명이 외나무다리를 건너는 자는? 土(十 + 十 + 一)
- 초가 옆에 사람 있는 자는? 荷(艹 + 可 + 人)
- 일찍 일어난 자는? 章(早 + 立)

호랑이 처녀의 비련

호랑이 이야기가 많기로는 우리나라가 으뜸이라고 한다. 그래서 최남선은 일찍이 범 이야기만을 모아서 천일야화, 태평광기, 데카메론과 같은 책을 꾸밀 나라는, 세계가 넓다 해도 오직 조선이 있을 뿐이라고 하였다. 또 중국의 대문호인 루쉰(魯迅)도 우리나라 사람을 만나면, 반드시 호랑이 이야기를 들려달라고 했다는 일화가 전해진다.

그것은 호랑이가 우리 삶에 그만큼 큰 영향을 끼쳤다는 이야기이기도 하다. 우리나라 민족 신화인 단군신화에 호랑이가 등장하고, 민족의 대표설화인 해님 달님 이야기에 호랑이가 등장하는 것만 봐도 그것을 알 수 있다.

그래서 호랑이 이야기는 매우 다양하고 풍부하다. 사람 잡아먹는 무서운 호랑이가 있는가 하면, 착한 일을 하여 신이한 도움을 주는 호랑이도 있다. 또 약은 토끼에게 속아 넘어가는 어리석은 모습에 웃음을 사는 호랑이가 있는가 하면, 인간의 선악을 가려 징벌을 내리는 신령스러운 호랑이도 있다.

이처럼 무섭기도 하고 영험스럽기도 한 한국의 호랑이는, 마침내 산신령이 되어 산신각에 모셔졌다.

딸네 집에 베를 매어 주고 오는 어머니에게 묵 한 함지박 주면 안 잡아먹겠다고 하고, 또 한 고개 넘었더니 저고리 벗어 주면 안 잡아먹지 하면서, 속이고 속이다가 결국 어머니를 잡아먹고 집에서 어머니를 애타게 기다리던 오누이마저 해치려는 호랑이 이야기를 들으면서, 우리는 어린 시절 얼마나 무서워했던가? 얼마나 무서운 존재였으면, 호랑이에게 물려가도 정신을 차리라는 속담까지 일상화되었을까?

이처럼 호랑이에 관한 여러 가지 이야기 가운데, 가장 감동을 주는 것은 사람에게 은혜를 베푸는 이야기가 아닐까 한다. 삼국유사 김현감호(金現感虎)조에 실려 있는 호랑이 처녀의 이야기는 그런 이야기 중의 백미라 할 수 있다. 일연은 김현감호 즉 '김현이 호랑이를 감동시키다'란 제목 아래, 다음과 같은 두 가지 이야기를 적고 있다.

신라 풍속에 2월이 되면 8일부터 15일까지, 도성 사람들이 모여 흥륜사의 탑을 돌면서 소원을 비는 복회(福會)가 열렸다.

원성왕 때에 김현이라는 총각도 이에 참여하여, 밤이 깊도록 쉬지 않고 탑을 돌았다. 그때 함께 도는 한 처녀를 만나서 서로 눈이 맞아, 탑돌이가 끝난 후 한적한 곳에서 정을 통했다. 처녀가 돌아가려 하자 김현은 거절하는 처녀를 억지로 따라가니, 처녀는 서산 기슭의 한 초가집으로 들어갔다.

그 어머니인 노파가 김현을 보더니, 같이 온 사람이 누구냐고 딸에게 물었다. 처녀가 사실 얘기를 모두 들려주니 노파는,

"비록 좋은 일이긴 하지만 없었던 일만 못하다. 그러나 이미 저지른 일을 어쩌겠느냐? 다만 너의 형제들이 오면 해칠 것이 두렵다."

고 말하고, 김현을 깊숙한 곳에 숨겼다.

얼마 후 3마리의 호랑이가 소리치며 나타나더니, 사람의 말로 말하기를,

"집안에 비린내가 나니 요기할 수 있어 다행이다."

라고 말했다.

이에 노파와 딸이,

"너희들 코가 잘못된 것이 아니냐?"

고 하면서 그들을 꾸짖었다.

이때 하늘에서 소리가 나기를,

"너희들은 생명을 많이 해쳤기 때문에, 너희 중에 한 놈을 죽여 징계하겠다."

고 했다.

이에 세 호랑이가 두려워하니, 처녀가 나서서 말하기를,

"오빠들이 멀리 가서 스스로 뉘우치고 경계한다면 내가 그 벌을 대신 받겠다."

고 하였다. 이 말을 들은 세 호랑이는 머리를 숙이며 꼬리를 늘어뜨리고 어디론가 사라졌다. 처녀는 곧 김현에게 들어와 말하기를,

"저는 비록 사람이 아니지만, 하룻밤의 즐거움으로 부부의 인연을 맺었으니 그 의리는 참으로 중합니다. 세 오빠의 악은 하늘이 이미 미워하니, 우리 가정의 재앙을 저 혼자 감당하려 합니다. 다른 사람의 손에 죽는 것보다 낭군의 손에 죽어 은혜에 보답하는 것이 더없는 행복이겠습니다. 내일 제가 시중에 나타나 행패를 부리면 사람들이 나를 처치하지 못할 것입니다. 그렇게 되면 왕은 반드시 큰 벼슬을 주겠다는 상을 걸고 호랑이를 잡으라 할 것이니, 그때 낭군님은 두려워하지 말고 성 북쪽의 숲 속으로 저를 쫓아오시면, 제가 거기에서 기다리겠습니다."

이 말을 들은 김현은

"사람과 동물이 인연을 맺은 것은 정상은 아니지만, 그러나 그것은 천행이었

다. 그런데 어찌 아내를 팔아 죽여서 벼슬을 얻겠는가?"
라고 말하며 거부했다. 그러자 처녀는,

"그런 말 마십시오. 저의 명은 본래 짧습니다. 또한 이것은 하늘의 명령이고, 제가 소원한 바이며, 낭군님의 경사이고, 우리 족속의 복이며, 나라 사람들이 기뻐하는 다섯 가지 이익이 있으니 어찌 피하겠습니까? 다만 소원은 절을 지어서 저의 명복을 빌어주면, 낭군님의 은혜는 그 위에 더할 것이 없겠습니다."
라고 하였다. 그들은 마침내 서로 울면서 헤어졌다.

이튿날 과연 거리에 맹호가 나타나 행패를 부리니, 왕이 이급(二級) 벼슬을 상으로 내걸고 호랑이를 잡게 했다. 이에 김현이 대궐에 나아가 자신이 호랑이를 잡겠다고 아뢰고, 처녀가 시킨 대로 칼을 들고 성 북쪽 숲 속으로 가니, 호랑이는 사람으로 변하여 웃으면서 말했다.

"어젯밤 낭군과 함께 나눈 사랑을 부디 잊지 마십시오. 그리고 오늘 제 발톱에 상처를 입은 사람들은, 모두 흥륜사의 간장을 바르고 절의 나발 소리를 들으면 모두 나을 것입니다."

그러고는 김현이 차고 있던 칼을 뽑아 목을 찔러 자결했다. 이렇게 하여 김현은 호랑이를 잡았음을 알렸고, 호랑이에게 물린 사람들에게 치료법을 일러 주었다. 그 상으로 관직을 얻은 다음, 서천 변에 절을 지어 호원사(虎願寺)라 했다. 그리고 항상 범망경을 외워 호랑이의 명복을 빌고, 자기에게 베풀어 준 은혜에 감사했다.

김현은 이 일을 숨기고 있다가, 죽을 무렵에 이를 전(傳)으로 꾸며 논호림(論虎林)이라 이름하니 지금도 그렇게 일컬어 온다.

두 번째 이야기는 정원(貞元) 9년(793)의 일이다. 중국 당나라 신도징(申屠澄)이야인(野人)으로서 한주습방현위(漢州什方縣尉)에 임명되어 진부현(眞符縣)의 동쪽 10리 가량 되는 곳에 이르렀을 때였다. 눈보라와 심한 추위를 만나 말이 앞을 나가지 못하므로 길옆의 초가에 들어가니, 그 안에 불이 피워져 있어 몹시 따뜻했다.

등불 밑에 나아가 보니, 늙은 부모와 처녀가 화로를 둘러싸고 앉아 있는데, 처녀는 나이가 겨우 14, 5세쯤 되어 보였다. 비록 헝클어진 머리와 때 묻은 옷을 입었으나, 눈처럼 흰 살결에 꽃 같은 얼굴로써 자태가 아름다웠다.

그 부모는 신도징(申屠澄)이 온 것을 보자 급히 일어나서 말했다.

"손님은 차가운 눈을 무릅쓰고 오셨으니 앞에 와서 불을 쪼이시오."

신도징이 한참 앉아 있으니, 날은 이미 저물었는데 눈보라는 그치지 않았다.

신도징이,

"서쪽으로 현에 가려면 아직 머니 여기서 좀 자게 해 주십시오."

하고 청하니 그 부모는,

"초가집을 누추하다고 여기지만 않으신다면 말씀을 따르겠습니다."

라고 하였다.

신도징이 마침내 안장을 풀고 침구를 펴니, 그 처녀는 손님이 유숙하는 것을 보자, 얼굴을 밝히고 곱게 단장하여 장막 사이에서 나오는데, 단정하고 우아한 자태가 처음 볼 때보다 훨씬 나았다.

신도징이 그 부모에게,

"아가씨는 총명하고 슬기로움이 남보다 훨씬 뛰어났습니다. 아직 미혼이면 감히 혼인하기를 청하오니 어떻습니까?"

하니 그 아버지는,

"뜻밖에 귀한 손님께서 거두어 주신다면 어찌 정한 연분이 아니겠습니까?"

하였다.

　신도징은 마침내 사위의 예를 행하고, 타고 온 말에 여자를 태우고 길을 떠났다. 임지에 와 보니 봉록이 너무 적었으나, 아내가 힘써 살림살이를 돌보았으므로 모두가 마음에 즐거운 일뿐이었다.

　그 후 임기가 차서 돌아가려 할 때는 벌써 1남1녀를 낳았는데, 자식들 또한 매우 총명하고 슬기로워 신도징은 아내를 더욱 공경하고 사랑했다. 그는 일찍이 아내에게 주는 시를 지었는데 이러했다.

　　　한 번 벼슬하니 매복(梅福)에게 부끄럽고
　　　3년이 지나니, 맹광(孟光)에게 부끄럽다.
　　　이 정을 어디다 비길까
　　　냇물 위에 원앙새 한 쌍이 떠 있구나.

　　　　　　　　　　　　　　* 매복 : 한나라 때의 명신
　　　　　　　　　　　　　　* 맹광 : 후한 때의 어진 아내 이름

　그의 아내는 종일 그 시를 읊었는데, 속으로 화답할 듯하였으나 입 밖에 내지는 않았다.

　신도징이 벼슬을 그만둔 후 가족을 데리고 본집에 돌아가려 하니, 그 아내는 문득 슬퍼하면서,

　"전번에 주신 시에 화답한 것이 있습니다."

　하며 시를 읊었다.

　　　부부의 정이 중하기야 하지만,
　　　산림에 마음 둠이 매양 깊었소

시절이 변할까 근심했다오
행여나 백년해로 저버릴까 싶어서.

드디어 함께 그 여자의 집에 갔더니 사람이라고는 없었다. 아내는 사모하는 마음이 너무 심하여 종일 울고 있더니, 문득 벽 모퉁이에 한 장의 호피(虎皮)가 있는 것을 보자 크게 웃으며,

"이 물건이 아직도 여기 있었구나."

하면서 그것을 집어 덮어쓰더니, 곧 범으로 변하여 으르렁거리며 할퀴고는 문을 박차고 달아나 버렸다. 신도징은 놀라 피했다가 두 자식을 데리고, 그녀가 떠난 그 길을 찾아서 산림을 바라보고 며칠을 크게 울었으나, 끝내 간 곳을 알지 못했다.

일연은 이 이야기 끝에 그 소회를 다음과 같이 덧붙였다.

아! 신도징과 김현 두 사람이 짐승과 접했을 때, 호랑이가 변하여 사람의 아내가 된 것은 똑같다. 그러나 신도징의 범은 사람을 배반하는 시를 지어 주고는, 으르렁거리고 할퀴면서 달아난 것이 김현의 범과 다르다. 김현의 범은 부득이 사람을 상하게 했지만, 좋은 약방문을 가르쳐 줌으로써 사람들을 구했다. 짐승도 어질기가 그와 같은데, 지금 사람으로서도 짐승만 못한 자가 있으니 어찌 된 일인가.

그렇다. 짐승보다 못한 인간이 얼마나 많은가. 일연은 신도징의 범에 비해 김현의 범이 착하다 했지만, 신도징의 범도 여느 사람보다는 훨씬 착하다. 신도징의 범도 신도징에게 추위와 눈을 피하게 해 주었고, 결혼해서는 박봉에도 불구

하고 어려운 살림살이를 잘 꾸려 나갔을 뿐만 아니라, 총명한 자식들까지 낳아 주었다. 베풀 것은 다 베풀고, 자기 고향으로 돌아갔다. 그녀도 단번에 생각 없이 달아난 것이 아니라, 시에 나타난 바와 같이 백년해로를 하기 위해 부단히 고뇌하였으나 끝내 본성을 이기지 못하였을 뿐이니, 크게 배반했다고는 할 수 없다.

오늘날 세태를 보면, 갈라서면서 갖은 꾀로 상대방의 재물을 손상시키고, 나아가 그를 죽이기까지 하는 일이 비일비재하다. 그에 비하면, 신도징의 범은 본성에 대한 인내가 극에 달하여 비록 뛰쳐나가긴 했지만, 상대방을 크게 해코지 하지는 않았다. 추잡한 인간 세상에 비하면 얼마나 순한가.

김현의 범은 말할 것도 없이, 한 인간을 위해 자신을 바쳤다. 복회를 마친 후, 김현은 일방적으로 자기의 욕정을 채우기 위하여 으슥한 곳으로 끌고 가 통정하였는데, 호랑이 처녀는 그것을 큰 은혜로 받아들이고 자기를 희생하였다. 게다가 김현이 한 번 사양은 했다 하지만, 칼을 쥐고 약속한 숲 속으로 들어가는 장면에서 우리는 약아빠진 한 인간의 모습을 본다. 칼을 잡았다는 것은, 벌써 벼슬을 얻기 위해 호랑이를 죽이고자 결심한 것이다. 입장이 바뀌어 김현이 그러한 처지에 이르렀다면, 호랑이 처녀도 과연 김현처럼 칼을 쥐고 찾아 갔을까? 아마도 그러지는 않았을 것이다.

김현이나 신도징 두 사람 다, 호랑이 처녀가 마음에 들자 일방적인 요구로 정을 통하였다. 인간이 취한 행동은 그것뿐이다. 인간은 결코 호랑이에게 은혜를 베푼 것이 아니다. 일연은 김현감호 즉 '김현이 호랑이를 감동시키다'라고 글의 제목을 달았지만, 사실 김현이 호랑이를 감동시킨 것은 하나도 없다. 오히려 호랑이가 김현을 감동시켰다.

신도징의 호랑이도 마찬가지다. 신도징이 일방적으로 마음에 드는 처녀를 끌어 밤을 보낸 것이 전부다. 그러나 호랑이는 오랜 기간 신도징을 위해 정성을 다했다.

우리 설화에 나무꾼과 구미호라는 것이 있다. 나무를 해서 팔아 끼니를 이어 가는 가난한 나무꾼이, 어느 날 산 속에서 예쁜 처녀를 만나 결혼하기를 간청하여 일이 성사되었다. 사실 그 처녀는 구미호였다. 사람을 잡아먹고 싶은 유혹을 참고 견디어 구슬을 하나씩 모아 99개를 가진 여우였다. 한 개만 더 채우면 이제 사람이 되는 암 여우였다.

그녀는 남편을 지극정성으로 섬기며 부지런히 일하여, 그 덕분으로 살림이 넉넉하게 되었다. 그러자 남편은 점차 게으름을 피우더니 마침내는 노름판을 드나들게 되었다. 드디어 살림을 거덜 낸 남편은 아내한테 노름 밑천을 내 놓으라고 윽박질렀다. 아내는 남편의 청을 거절할 수 없어 몸속에 지니고 있는 구슬을 하나씩 꺼내 주었다. 그것을 꺼낼 때는 한없는 고통을 겪어야 했으나 오직 남편을 위하여 그것을 참았다. 노름에 미친 남편은 그것도 모르고 계속 구슬을 요구하였다. 남편이 구슬을 계속 가져오자 이상한 낌새를 느낀 노름꾼들은 나무꾼에게, 아마도 당신 아내는 요망한 구미호일 것이라는 말을 건넸다. 이 말을 들은 나무꾼은 구슬을 줄 때는 절대로 자기 방을 들여다보지 말라고 했던 아내와의 약속을 어기고 문구멍으로 들여다보니, 아니나 다를까 아내는 구미호로 변하여 처참한 모습으로 고통에 시달리며 구슬을 토해내고 있었다. 그러자 이 어리석고 매정한 나무꾼은 동네 사람들과 작당하여 몽둥이로 구미호를 쳐 죽이고 말았다.

짐승 중에 가장 악한 짐승은 머리 검은 짐승이라 한다. 은혜를 배신으로 갚는 것은 인간뿐이라 한다. 이렇게 못된 인간을 위해 정성을 다 바친 호랑이 처녀와 구미호 이야기를 통해, 우리 조상들은 늘 인간성 상실을 염려하면서 윤리적인 격률을 지키려 노력하고, 스스로를 경계했던 것이다.

호랑이 처녀야, 구미호 처녀야. 아무렴 저승에서 받은 인연 다하거든, 부디 다음 세상에는 사람으로 태어나, 짐승보다 못한 인간들을 꾸짖어 주었으면 한다.

흑룡 띠 백말 띠 이야기

60갑자는 천간(天干)과 지지(地支), 곧 간지(干支)가 결합하여 이루어진다. 천간은 甲, 乙, 丙, 丁, 戊, 己, 庚, 辛, 壬, 癸의 10간으로 되어 있고, 지지는 子, 丑, 寅, 卯, 辰, 巳, 午, 未, 申, 酉, 戌, 亥의 12지로 되어 있다.

천간은 각각 방위와 색을 나타내는 의미를 갖고 있고, 지지는 방위와 그에 따른 동물을 상징하는 뜻을 품고 있다. 이를 간략히 표로 보이면 이러하다.

천간	방위	색
甲 乙	동쪽	청
丙 丁	남쪽	적
戊 己	중앙	황
庚 申	서쪽	백
壬 癸	북쪽	흑

지지	방위	동물
子	북	쥐
丑	북북동	소
寅	북동동	범
卯	동	토끼
辰	남동동	용
巳	남남동	뱀
午	남	말
未	남남서	양
申	남서서	원숭이
酉	서	닭
戌	북서서	개
亥	북북서	돼지

그런데 용을 상징하는 辰이 천간과 만날 수 있는 경우는 무진(戊辰), 경진(庚辰), 임진(壬辰), 갑진(甲辰), 병진(丙辰)의 다섯이다. 이를 천간의 색과 어우르면 무진(戊辰)은 황룡, 경진(庚辰)은 백룡, 임진(壬辰)은 흑룡, 갑진(甲辰)은 청룡, 병진(丙辰)은 적룡의 해가 된다.

그리고 말을 상징하는 午가 천간과 만날 수 있는 경우는 경오(庚午), 임오(壬午), 갑오(甲午), 병오(丙午), 무오(戊午)의 다섯이다. 이를 천간의 색과 어우르면 경오(庚午)는 백마, 임오(壬午)는 흑마, 갑오(甲午)는 청마, 병오(丙午)는 적마, 무오(戊午)는 황마의 해가 된다. 나머지 동물들의 색깔도 다 이러한 원칙하에서 정해진다.

2012년 임진년은 흑룡의 해인데, 매우 길하다고 하여 떠들썩했고, 이 때문에 임진년에 출산하려고 하는 사람들이 많다고도 했다. 흑룡은 모든 것을 뜻대로 이룬다는 여의주(如意珠)를 물고 있다는 속설에 기인한다.

그런가 하면, 경오년 즉 백말 띠 해에 태어난 여자는 팔자가 거세다고 하여 꺼리는 습속이 있다. 이는 일본의 어느 소설에 등장하는 여주인공이 백말 띠인데, 그 여인의 처지가 불운한 줄거리로 되어 있는 데서 그 연원이 있다고 하는 설이 있다.

그러나 이러한 이야기는 근거가 희박하다. 일본의 일개 소설 스토리가 우리 민간에 그렇게 큰 힘으로 퍼져, 널리 인식되어 굳어질 수는 없다고 생각하기 때문이다.

그러면 이런 말이 나타나게 된 주된 연유는 무엇일까?

그것은 백말이 고래로 왕이나 장수, 귀인이 타는 고귀한 동물이기 때문이다. 지금도 '백마 탄 왕자'란 말이 관용어로 쓰이고 있고, 이육사의 시에 '백마 타고 오는 초인'이란 구절이 있는 것도 다 그 뿌리를 같이 한다. 이렇게 귀한 말을 여자가 탄다는 것을, 지난날에는 생각조차 할 수가 없었다.

남존여비가 하나의 도덕률로 자리 잡았던 시대에, 여자가 이런 백마를 탄다는 것은 가당치도 않을 뿐만 아니라, 집 안에 갇혀 있어야 마땅한 존재로 인식되던 여자에게는 오히려 걸림돌이 될 수밖에 없었다. 이와 같이, 여자가 백마를 탄다는 것은 금기 사항이었기로, 백말 띠 여자는 팔자가 거세다는 습속이 생기게 된 것이다.

천자문에 얽힌 이야기

천자문은 지난날 동양의 베스트셀러였다. 천자문은 4자 250구 도합 천 자의 글자로 구성된 시로, 잘 알다시피 천지현황(天地玄荒)으로 시작하여 언재호야(焉哉乎也)로 끝난다. 초학(初學)의 학습서이지만 천지의 이치와 역사와 문학 같은 인간사가 그 안에 다 담겨 있다. 그래서 정약용 같은 이는 천자문이 통감절요와 함께 가장 어려운 책이라고 하였다.

그런데 이 천자문은 아무런 원칙 없이 글자 수만 천 자 늘어놓은 것이 아니다. 그 내용면에서 보면 동양의 세계관인 천지인(天地人) 삼재(三才)를 바탕으로 하여 구성되어 있다. 곧 천문, 지리, 인사(人事)의 순서로 정연히 짜여 있다.

즉 첫째 부분은 해와 달의 차고 기우는 현상과 별자리에 대한 설명, 그리고 그에 따른 기후의 변화에 대하여 적었고[天], 다음은 각 지역에 따라 생산되는 산물의 특징과 짐승, 새, 물고기 등의 특성을 설명하였으며[地], 마지막으로 문명을 처음 일으켰다는 전설상의 인물인 복희(伏羲)씨로부터 시작하여, 나라의 다스림과 인륜의 도리를 차례대로 기술하였다[人].

그리고 끝의 두 구절은 어조사(語助辭)를 말하면서, 그 앞에서 언급한 내용을 모두 갖추어야 인(仁)을 이룰 수 있다는 함축적 의미를 담고 있다. 즉 '완성'을 선언한 구절인 것이다.

천자문은 이러한 내용뿐만 아니라. 그 형식 또한 가지런해서 시의 압운(押韻)을 정확히 밟고 있다. 압운이란 구의 끝 글자에 같은 운(韻)을 가진 글자를 규칙적으로 배치하는 것을 말하는 것으로, 한시가 지니는 하나의 규칙이다. 운이란 가운뎃소리[中聲]와 끝소리[終聲]를 합친 소리를 말한다. 예를 들면 '張(장)'의 운은 가운뎃소리 'ㅏ'와 끝소리 'ㅇ'을 합친 'ㅑ'이다. 영시의 라임(rhyme)과 비슷한 것이다. 그럼 천자문 첫 부분의 압운을 보자.

天地玄黃(천지현황)
宇宙洪荒(우주홍황) 〔ㅑ〕
日月盈昃(일월영측)
辰宿列張(진숙렬장) 〔ㅑ〕
寒來署往(한래서왕)
秋收冬藏(추수동장) 〔ㅑ〕
閏餘成歲(윤여성세)
律呂調陽(률려조양) 〔ㅑ〕
雲騰致雨(운등치우)
露結爲霜(노결위상) 〔ㅑ〕

이에서 보는 바와 같이 짝수구의 끝 글자는 모두 'ㅑ'의 소리로 되어 있다. 천자문은 이와 같이 'ㅑ, ㅑ, ㅣ' 등과 같은 7개의 운으로 구성되어 있다.

천자문은 양(梁)나라 주흥사(周興嗣)가 지었다고 전해 온다.

"주흥사가 죄를 지어 감옥에 갇혀 있을 때 무제가 명하기를, 한 자도 중복

되지 않고 4언 250구를 하룻밤 사이에 지으라고 했다. 만약에 이를 어기면 목이 달아날 것이라는 명도 함께 내렸다. 이 명에 따라, 글을 다 짓고 붓을 놓고 나니, 얼마나 고심을 했던지 머리가 하얗게 세어 있었다. 그래서 천자문을 백수문(白首文)이라고 하게 되었다.”

그러나 이러한 이야기는 사실과는 좀 다르다. 천자문은 주흥사가 처음으로 창작한 것이 아니라, 이전에 있던 글에다 후대로 내려오면서 여러 작자가 글자를 첨가해서 만든 것이다. 그러므로 주흥사는 집대성했을 뿐 원작자는 아니다

또 주흥사가 죄를 지어 목숨을 걸고 지은 것이란 이야기나, 하룻밤에 짓고 나니 머리가 하얗게 세었다는 이야기도 사실과 다르다.

주흥사는 박학하고 글을 잘 지은 사람인데, 무제가 이를 아껴서 왕희지의 천자문을 본 따서 새로운 천자문을 지으라고 하였다. 주흥사는 이 명에 따라 글을 지어 바쳤더니, 무제는 매우 칭찬하며 많은 상을 내렸다. 태평광기(太平廣記)와 송사(宋史) 이지전(李至傳)에 그렇게 기록되어 있다. 전해오는 이야기처럼 무제가 주흥사를 협박했다는 것과 관련된 내용은 전혀 없을 뿐만 아니라, 오히려 크게 상찬(賞讚)했다고 되어 있는 것이다.

머리를 짜고 짜서 249구를 짓고 나니, 마지막 한 구가 떠오르지 않아서 고심하고 있는데, 홀연히 귀신이 나타나 언재호야(焉哉乎也)의 글귀를 알려 주어, 마침내 완성하였다는 이야기도 전하는데, 이 또한 사실이 아닌 속설일 뿐이다. 마지막 두 구는 주흥사가 손수 지은 것이 아니라, 전대(前代)의 종요(鍾繇)가 쓴 천자문을 그대로 옮겨 쓴 것이기 때문이다.

그러면 이들 끝 두 구를 잠깐 살펴보자. 언재호야는 홀로 떨어져 있는 구가 아니라, 앞의 구인 위조어자(謂助語者)와 함께 쌍구를 이루고 있다. 즉 “조사를

말하고 있는 글자는 언(焉)과 재(哉)와 호(乎)와 야(也) 자이다."란 뜻이다. 조사는 글귀(문장)를 완성·종결시키는 기능을 한다. 그런 역할을 담당하는 많은 조사 가운데, 대표적인 4글자를 들어 끝을 맺은 것이다.

그런데 중요한 것은, 이 마지막 구절이 단순히 조사의 기능만을 설명한 것이 아니라는 데 있다. 그 앞에서 언급한 인간의 윤리와 이어져, 어진 사람이 되려면 학문을 닦아야 완성된다는 의미를 함축하고 있는 것이다. 그만큼 천자문의 체제는 깊고 오묘하다. 그래서 이 두 구 의 운(韻)을 앞의 글귀와 다르게 쓰고 있는 바, 다음과 같이 'ㅏ'의 운을 쓰고 있다.

謂語助者(위어조자) [ㅏ]
焉哉乎也(언재호야) [ㅏ]

그런데 이 구절을 읽을 때 통상 '잇기 언(焉), 잇기 재(哉), 온 호(乎), 잇기 야(也)'로 읽는다. 그러면 '잇기'와 '온'은 무슨 뜻일까? '잇기'는 '입곁'이란 말을 힘을 덜 들이려고 줄여서 읽은 것인데, 입곁은 토 즉 어미나 조사를 가리키는 우리말이다. 입곁은 받침에 대한 정확한 의식이 없던 당시에는 입겿 혹은 입겻으로도 적었다.

'온'은 乎의 이두식 음으로, 현대어의 관형사형 어미 '-ㄴ(은), -ㄹ(을)' 등의 뜻이다. 예를 들면, 하온(爲乎)은 현대어 '핸[did]'의 뜻이고, 하온일[爲乎事]는 '한 일', 하온개[爲乎去]는 '한가', 하온지[爲乎喻]는 '할지' 등과 같이 쓰였다.

옛날 서당에서 천자문의 마지막 구절 언재호야(焉哉乎也)를 다 익히고 책거리를 할 때, 백수문(白首文)을 써서 벽에 걸어 놓으면, 여백에 100명이 서명을 하는 풍습이 있어서 천자문을 백수문(白數文)이라 하기도 한다.

석봉 천자문

그럼 여기서 천자문에 얽힌 이야기 하나를 소개하기로 한다.

"옛날 어느 부잣집에 귀한 아들 하나를 키우고 있었다. 글을 가르칠 나이
가 되어 좋은 스승을 찾게 되었다. 이리저리 알아보았으나 마땅한 선생을 찾
을 수 없었다. 그러기를 여러 달이 지난 어느 날, 우연히 집에 들른 어느 선비
에게 아무 곳에 훌륭한 선생이 있다는 소문을 듣게 되었다. 그곳은 백여 리가
떨어진 먼 곳이었다.

이 말을 들은 부자는 아이를 데리고 이튿날 선생을 찾아갔다. 선생에게 아
이를 보이며 인사를 드리자, 선생은 별로 아는 것이 없어 잘 가르칠 능력이
없다면서 사양하였다. 그러나 부자는 선비로부터 들은 말이 있어서, 속으로
괜히 사양한다 싶어 몇 차례나 간곡히 청하여, 마침내 문하에 둘 것을 허락받
았다. 그런데 한 가지 조건이 있었다. 그것은 아이를 맡겨 둔 이상, 선생을 믿

고 자주 찾아와서는 안 된다는 것이었다.

기쁜 마음으로 돌아온 부자는 아들을 좋은 선생 밑에 보냈으니, 여느 접장 밑에서 배우는 아이들보다 몇 곱절이나 높은 공부를 빨리 해낼 것이라 생각하였다. 그런 기쁜 마음에 하루라도 빨리 가서 아들의 공부한 이력을 보고 싶었다. 그러나 자주 찾아오지 말라고 한 선생과의 다짐 때문에 가 볼 수가 없었다.

이러기를 거의 1년이 지났다. 인근 서당에 다니는 아이들은 천자문을 끝내고 책거리 잔치를 한다고 야단들이었다. 이것을 본 부자는, 우리 아들은 훌륭한 선생 밑에 보냈으니 저들보다 훨씬 높은 동몽선습, 명심보감 정도는 끝냈을 것이라고 생각하면서 아들을 보러 갔다. 아들의 공부하는 모습을 본 부자는 깜짝 놀랐다. 아들이 아직 하늘천 자를 공부하고 있는 것이 아닌가. 그러나 워낙 훌륭한 선생이라 들었기 때문에 말도 못하고 속으로 끙끙 앓으면서 집으로 돌아왔다.

그럭저럭 또 한 해가 지나갔다. 인근 아이들은 이제 명심보감을 거의 다 읽고 있었다. 아무래도 그렇지, 보통 선생 아래 공부하는 아이들도 저 정도가 되었는데, 우리 아이야 지금쯤은 소학 정도는 읽었을 것이라 자위하면서 아들을 보러 집을 떠났다. 이번에도 부자는 또 한 번 크게 놀랐다. 아직도 하늘천 자를 공부하고 있었기 때문이었다. 속이 부글부글 끓어올랐다. 그러나 이왕 맡겼으니 조금만 더 두고 보자며 선생에게 인사도 하지 않고 집으로 돌아왔다.

또 한 해가 다 되었다. 이웃집 아이들은 이제 논어를 공부하고 있었다. 우리 아들이 아무리 멍청해도 지금쯤은 논어는 아니라도 명심보감은 마쳤으리라 생각하고 아들을 보러 떠났다. 학당에 도착한 아버지는 또 한 번 소스라쳐 까무러칠 뻔하였다. 아직도 하늘천 자를 공부하고 있는 것이었다. 이를 본 그는 말도 없이, 다짜고짜 아들의 손목을 잡아끌고 집으로 헐레벌떡 돌아와 버렸다. 속이 터지고 어이가 없어 아무 말도 할 수가 없었다.

며칠을 보낸 후 하도 속이 상해 아들을 보고, '이 바보 같은 놈아, 이웃집 아이들은 벌써 이런 책을 읽는데, 너는 아직까지 하늘천 자도 못 배웠느냐?'며 홧김에 옆에 있는 논어를 아들에게 집어 던졌다. 논어를 주워든 아들은 이런 정도는 벌써 배웠노라고 하면서 줄줄 읽어 내리는 게 아닌가. 깜짝 놀란 아버지는 도대체 어찌 된 일이냐고 아들에게 물었다. 그러자 아들이 대답하기를, 하늘의 이치를 다 배우고 며칠 안 있으면 조금 남은 땅의 이치를 다 배워 공부를 끝내려는데, 아버지가 와서 막무가내로 집으로 데리고 왔다는 것이었다.

아들의 이야기를 듣고 크게 뉘우친 부자는 다시 아들의 손을 잡고 선생에게 찾아가서 아들을 다시 맡아 가르쳐 달라고 부탁하였다. 그러나 선생은, 그 아이는 이미 바람이 들어버려 더 가르칠 수 없게 되었다고 하면서 그만 돌아가라고 하였다."

이 이야기가 담고 있는 주제가 무엇이든 간에, 천자문의 중요성을 말하려는 것만은 틀림없다. 천자문 안에는 천지인(天地人) 삼재(三才)가 다 들어 있기 때문이다.

제 5 부

동교 · 철학

한국 성리학을 만든 사단칠정론

조선을 이끌었던 사상은 성리학이었다. 성리학은 자연과 인간의 본질적인 존재와 그 가치를 파악하려는 철학이다. 이의 밑바탕에 깔린 개념이 이(理)와 기(氣)다.

이(理)와 기(氣)는 불교나 도교에 대한 유학의 빈곤한 철학사상을 보완하기 위하여 송나라의 사상가들이 내세운 용어다. 불교의 인연설이나 도교의 도(道) 개념은 다 우주론을 바탕에 깔고 있다. 그러나 그때까지 유학은 불교에 맞설 만한 우주론이 없었다. 이를테면, 불교는 눈에 보이는 현상과 그것을 있게 하는 그 너머의 원리를 정립하고 있는데 반하여, 유학은 현실(현세)에 대한 논의로만 꽉 차 있을 뿐, 현상을 있게 하는 그 뒤의 본체나 원리를 설명할 수 없는 사상적 빈곤성에 빠져 있었다.

예를 들면, 불교는 우리 앞에 보이는 현상(현실)은, 일시적인 가상(假象 허상)일 뿐이며, 그것은 저 너머의 인연(因緣)이란 원리에 의하여 이루어진다는 것이다. 도교도 우주 자연 만물은 도(道)라는 원리에 의하여 이루어진 것이라 설명한다.

그러나 유학은 현세의 바람직한 윤리와 도덕을 말할 뿐, 그것을 성립시키는 저 너머의 원리에 대해서는 말하는 바가 없었다.

그래서 유학이 불교를 제압하려면, 그러한 형이상학적인 우주론이 필요하게 되었다. 이러한 시대적 요청에 의하여, 송대(宋代)의 철학자들이 만든 학문이 주자학 곧 성리학이다. 덧붙여 말하면, 불교에 대항하기 위하여 만들어진 것이 성리학인데, 그러한 성리학의 이론적 밑바탕은 역설적이게도 불교의 교설을 바탕으로 하여 만들어졌다.

그들은 일차로 유학의 여러 경전을 찾아 입론(立論)을 구했는데, 그들이 주목한 최초의 용어가 주역에 나오는 태극이었다. 태극은 우주 생성의 모태로서 서양의 혼돈(chaos)과 유사한 개념이다. 우주의 시원인 이 태극에서 음양과 오행이 생기고 나뉘어 현실세계가 이루어졌다고 주역은 설명한다. 태극은 현상으로 드러나는 음양, 오행, 만물 속에 내재하는 보편의 원리다.

주자는 이 우주의 본바탕인 태극을 받아들여 그것을 이(理)라고 이름하여 만물 생성의 근본원리로 삼고, 태극에서 생성되는 음양, 오행, 만물과 같은 현상적인 세계를 기(氣)라고 이름 붙였다. 이는 불교의 이사론(理事論)에 영향 받은 바 크다. 불교에서 이(理)는 현상계를 떠받치는 본질을 가리키고 사(事)는 현상계를 가리킨다. 이(理)는 모든 사물이 존재하게 하는 근본 원인과 이유이며 현실을 지배하는 법칙이다. 다시 말하면 우주를 형성하는 근본 원리다. 그러므로 이(理)는 감각으로 경험할 수 없는 형이상(形而上)에 속한다. 사(事)는 구체적인 사물 즉 현상을 가리킨다. 우주에 널리 존재하는 물질과 에너지를 통칭하는 개념으로 형이하(形而下)다.

이와 마찬가지로, 유학의 이(理)도 우주가 존재하는 원리를 가리키고, 기(氣)는 불교의 사(事)와 같이 드러나 보이는 현상 세계를 가리킨다. 현상이란 눈으로 보거나 감각으로 느낄 수 있는 것이다. 그러니 이(理)는 볼 수도 없고 느낄 수도 없는 것인데 비하여, 기(氣)는 보거나 느낄 수 있는 것이다. 덧붙이면, 이(理)는 기의 근원이 되는 것이고, 기(氣)는 이(理)의 원리에 의해 생겨나는 구체적 현상이다. 이(理)란 어떤 것이 그것으로 존재할 수 있도록 하는 이치요 본래성이며, 기(氣)란 어떤 것의 이치가 실현될 수 있는 재료 즉 물질이요 에너지다. 그러니까 이기(理氣)는 '원리와 그에 따른 현상'이란 개념으로 이해하면 되겠다. 따라서 이기론(理氣論)은 우주의 생성 원리와 그 현상을 다루는 동양의 우주론이요 존재론이다.

이와 같이, 이(理)와 기(氣)는 인간을 포함한 우주 전체, 곧 자연과 인간에 대한 존재원리와 현상을 탐구하기 위한 철학적 개념이다. 그러나 우리나라에서는 이(理)와 기(氣)를, 우주론보다는 주로 인간의 심성과 관련한 선악문제를 해결하는 데 주력하였다.

우주에는 하늘의 이치 곧 천리(天理)가 있다. 이 천리는 인간과 모든 개별적 사물에 내재되어 있다. 모든 것은 천리에 의하여 만들어졌기 때문이다. 그 중 인간에게 존재하는 천리를 성(性)이라 하였다. 그러므로 인간의 성은 천리다.

그런데 여기서 중요한 것은 인간의 성, 곧 천리는 원래 '선하다'고 본 것이다. 그런데 이 성(性)이 어떤 자극을 받아 흔들려 생기는 감정 상태를 정(情)이라 한다. 하늘의 이치를 받은 인간의 본성은 이(理)이고, 이것이 움직인 감정 즉 정(情)은 기(氣)에 속한다. 그러므로 인간의 본성인 이(理)는 선하고, 그것이 흔들린 정은 악을 포함하는 것이 된다.

그러면 이들 이(理)와 기(氣)는 어떤 관계에 있을까?

주희는 이에 대하여, 이(理)와 기(氣)는 서로 떨어질 수도 없고, 서로 섞일 수도 없다.[不相離 不相雜]고 하였을 뿐, 명확한 정의나 구분을 하지 않고 세상을 떠났는데, 그 후 중국의 학자들도 이에 대한 구체적 논의를 하지 않았다. 주자의 그러한 모호한 정의는 조선의 학자들로 하여금 다양한 논쟁을 불러일으키는 기제로 작용하였다. 아무도 하지 않았던 이(理)와 기(氣)에 대한 깊이 있는 논의를 조선의 학자들이 앞서서 천착한 것이다. 인간의 본성과 감정이 이기(理氣)와 어떻게 관련되는가를 합리적으로 설명하고자 한, 학자간의 논쟁이 그 유명한 사단칠정론(四端七情論)이다.

그럼 여기서 먼저 사단칠정에 대하여 살펴보자.

사단(四端)이란 유학의 인성론에서, 인간은 본질적으로 선하다는 덕목[四德] 곧 인의예지(仁義禮智)의 단서가 되는 네 가지를 말하며, 칠정(七情)이란 인간이 지닌 7가지 감정을 가리킨다.

사단은 맹자의 용어로서 맹자(孟子) 공손추편(公孫丑篇)에 나오는 말인데, 인간의 선한 본성인 인의예지(仁義禮智)를 측은지심(惻隱之心), 수오지심(羞惡之心), 사양지심(辭讓之心), 시비지심(是非之心) 등 네 가지 단서(端緒)와 관련지어 설명한 것이다. 즉 측은지심은 남의 불행을 가엽게 여기는 마음으로 인(仁)의 단서(端緒)가 되고, 수오지심은 자신의 잘못을 부끄러워하고 남의 잘못을 미워하는 마음으로 의(義)의 단서가 되며, 사양지심은 남에게 양보하는 마음으로 예(禮)의 단서가 되고, 시비지심은 선악과 잘잘못을 판별하는 마음으로 지(智)의 단서가 된다는 것이다. 이때 '단서'라는 것은 인간의 마음 속에 인의예지의 선한 본성이 있다는 것을 보여 주는 증거(실마리)라는 뜻이다.

이를테면, 우물에 빠지려는 아이를 보면, 누구든지 아무런 보상을 받으려는 생각이 없이 무조건 아이를 구하려 드는데, 이것은 측은지심의 발로로서 인간의 성품이 본래 선하다는 것을 보여주는 증좌라는 것이다. 즉 타인의 불행을 보면 그것을 도우려는 마음이 생기는 것은, 인간의 마음 바탕에 선한 인(仁)이 있음을 알 수 있는 단서가 된다는 것이다.

칠정은 예기(禮記) 예운편(禮運篇)에 처음 나오는 것으로, 인간의 감정을 희(喜),

노(怒), 애(哀), 구(懼), 애(愛), 오(惡), 욕(欲)의 일곱 가지로 나누어 말한 것이다.

그런데 이 사단과 칠정이 이기와 관련하여 어떻게 구분되고 관계를 맺는가에 대한 문제가, 조선 성리학의 중요한 담론으로 대두되었다.

사단과 칠정은 원래 별개의 것이었다. 그런데 인간의 성정을 본격적으로 논의하기 시작한 송대(宋代)에 와서 맹자의 사단설에 대립되는 칠정을 아울러 논의하기 시작하였다. 주자는 맹자의 사단설에 만족할 수가 없었다. 왜냐하면 맹자의 주장대로, 인간이 사덕(四德) 곧 선한 인의예지로만 채워져 있다면, 온 세상이 도덕군자로만 가득 차고 도척(盜跖) 같은 악한(惡漢)은 없어야 하기 때문이다. 이를 해결하고자 받아들인 것이 7정이다. 인간의 감정인 7정에는 선한 것도 있고 악한 것도 있기 때문이다. 사단은 순선무악(純善無惡, 순수한 선만이 있고 악이 없음)하고, 칠정은 선악이 섞여 있으므로 인간의 현실을 설명하는 데 유용하다.

그런데 앞서도 말했지만, 주자는 사단과 칠정의 관계에 대하여 명확한 설명을 하지 않았다. 그는 "칠정을 사단에 배속시킬 수는 없다. 칠정은 사단 속을 꿰뚫어 지나가고 있다."고도 하고, "본디 사단과 칠정은 서로 비슷한 점이 있긴 있다."고도 하여 일관된 입장을 내놓지 않았다. 그래서 조선의 학자들은 사단과 칠정의 해명에 들어갔다. 우리나라의 사단과 칠정에 대한 논의는 처음에 이황과 기대승 사이에서 벌어져, 뒤에 이이가 기대승의 설을 지지함으로써 논쟁이 확대되어, 성리학의 핵심 문제로 등장하였다.

그러면 여기에 대한 이황의 설을 먼저 보기로 하자.

이황은 이(理)와 기(氣)는 엄밀히 구분되며 갈래진 것이라고 주장하였다. 즉 사단은 이(理)의 발(發 움직임)이요, 칠정은 기(氣)의 발이라고 하였다. 이(理)도 기(氣)도 다 같이 움직인다고 본 것이다. 이른바 이(理)와 기(氣)가 다 같이 움직인다[發]는 이기호발설(理氣互發說)을 내세운 것이다. 그리고 이(理)는 순전히 선하고 악이 없는 순선무악(純善無惡)인데 반하여, 기(氣)는 선과 악이 혼재한다고 하였다. 이러한 주장을 담은 일군의 학파를 주리파(主理派)라 한다.

이에 대하여 기대승은, 이(理)는 변하지 않는 하늘의 이치(원리)이고, 기(氣)는 모든 변화의 근원을 말하는 것인데, 변하지 못하는 이(理)가 움직여서 사단이라는 감정을 만드는 것은 불가능하며, 사단과 칠정은 모두 움직이는 기(氣)에서 나오는 것이라고 주장했다. 한 말로 말하면, 이(理)와 기(氣)를 분리하며 원리인 이(理)도 움직인다는 이황의 논리는 틀렸다는 것이다.

그는 이어서 마음의 이치는 사물의 이치와 같다는 성리학의 기본 입장을 언급하며, 사물의 이(理)와 기(氣)는 서로 떨어지지 않고 작용하는데, 사람의 마음에서만 그 둘이 분리되어 작용한다는 것은 불가하며, 이(理)에 속하는 사단과 기(氣)에 속하는 칠정은 분리되는 감정이 아니라, 칠정 중의 선한 부분이 사단을 가리키는 것이라며 이황의 설을 반박하였다. 이(理)와 기(氣)는 별개의 것이 아니며, 움직이는 것은 기(氣)뿐이며 이(理)는 그 중의 선한 부분일 뿐이라는 것이다.

이에 대하여 이황은, 이(理)와 기(氣)는 별개라는 처음의 주장을 보완·수정하여, 인간의 정서 가운데 사단은 우주의 근본원리인 이(理)가 움직인 후 기(氣)가 그것을 따른 것이고, 칠정은 기(氣)가 발동한 후 이(理)가 거기에 올라타서 생기는 것이라[理發而氣隨之 氣發而理乘之]고 하였다. 마음 그 자체는 하나이지만, 이(理)와 기(氣)는 나누어 볼 수 있다는 것이다. 이(理)와 기(氣)를 나누어 볼 수 없다는 기대승의 주장에 대하여, 그는 사람이 말을 타고 가는 것에 비유하여 이렇게 설명하였다.

"사람이 말을 타고 가는 것은 서로를 필요로 하여 서로 떨어질 수 없는 것이다. 한꺼번에 묶어서 말한다면, 사람과 말은 그 가운데 함께 있다. 사람도 가고 말도 함께 간다. 이것이 내가 이(理)와 기(氣)를 섞어서 말한 것이다. 그런데 이것을 듣고서 사람과 말은 하나이니 나누어 말할 수 없다고 할 수 있겠는가?"

사람과 말이 '간다'는 점에서는 같지만(하나지만), 사람과 말은 '구분'되듯이 사단과 칠정의 구분도 이와 같은 이치라는 것이다. 또 '기가 따른다'는 것과 '이가 올라탄다'는 개념도 사람과 말의 관계에서 볼 때, 말도 가고 사람도 가지만 가는 것의 주체는 역시 이(理)인 사람임을 강조한 것이라 볼 수 있다. 이황은 이처럼 이(理 사단)와 기(氣 칠정)는 구분되며, 이(理)도 움직인다는 주장을 끝까지 견지하였다.

율곡도 기대성의 설에 동조하여, 이(理)와 기(氣)는 분리되어 있지 않다는 주장을 폈다. 곧 이(理)와 기(氣)는 하나이면서 둘이요, 둘이면서 하나라 하였다. 그들은 또 움직이는[發] 것은 기(氣)며, 원리인 이(理)는 결코 움직이지 않는다고 하였다. 이들을 일러 주기파(主氣派)라 한다.

이이는 이황이 주장한, 이(理)가 움직인 후에 기(氣)가 그것을 따른다는 것을 부정하고, 기(氣)가 움직이면 이(理)가 그것을 올라탄다는 것만[氣發理乘] 인정하였다. 이것이 기발이승일도설(氣發理乘一途說)이다. 움직이는 것은 기(氣)뿐이고 이(理)는 그것을 타는 오직 한 길뿐이라는 것이다.

즉 움직이는 것은 기(氣)요, 움직이는 까닭이 이(理)이다. 기(氣)가 아니면 움직일 수 없고, 이(理)가 아니면 움직일 까닭이 없다고 하여 기(氣)는 움직이는 기능을 갖고 있고, 이(理)는 기(氣)가 움직이는 원인 내지 원리로서만 존재한다고 하였다. 만약 형이상자로서의 이(理)가 움직인다면, 이것은 기(氣)와 다를 바 없는 것이 되고, 언제 어디서나 움직인다면, 그것은 결코 이(理)일 수가 없다는 것이다.

또 퇴계가 이(理)는 선한 것으로서 받들어야 할 신성한 것이라 하고, 기(氣)는 악하고 방종한 것이어서 경계의 대상이라 한데 대하여, 율곡은 기(氣)도 이(理)만큼 중요하다는 등가의 위상으로 파악하고, 나아가 기(氣)의 가변성을 인간 심성의 변화와 진보의 원동력으로 보아 이(理)와 기(氣)의 상보성을 강조하였다. 이이가 이와 같이, '이(理)와 기(氣)는 하나이면서 둘이요, 둘이면서 하나'라는 이기(理氣)의 상보성을 피력한 것은, 그가 일찍이 금강산에 들어가 공부한 불교의 영향이 컸을 것으로 보인다. 왜냐하면, 화엄사상의 요체인 이사무애(理事無碍)설이 바로 그런 것이기 때문이다. 곧 이(理)와 사(事)는 서로 떨어져 있지 않고 상호관계 속에 있다는 교설이 이사무애다. 의상대사 법성게에도 '하나가 곧 일체요 많은 것이 곧 하나[一卽一切多卽一]'라 하고, '이(理)와 사(事)는 명연히 분별이 없다[理事冥然無分別]'는 말이 있다.

이에 덧붙여, 이(理)는 형체가 없고 기(氣)는 형체가 있기 때문에, 이(理)는 모든 것에 두루 통해 있고 기(氣)는 개개 사물에 국한(局限)하여 있다고 하여, 이른바 이통기국설(理通氣局說)을 주장하였다.

이(理)와 함께 기(氣)도 강조하는 이러한 이론적 전개는 현실문제에 대한 개혁론으로 나타난다. 그가 주장한 십만양병설도 그러한 맥락에서 나온 것이다. 이러한 현실문제에 대한 관심이 뒷날 실학으로 이어진다. 철학적인 정합성(整合性 논리적 모순이 없음)이라는 측면에서 보면 주기론은 주리론을 앞서는 것 같다. 그러나 도덕적 실천이라는 면에서 보면 주리론이 강점을 갖는다.

만약 선의 밑바탕이 되는 이(理)가 움직이지 못하고 어떤 규약처럼 정지·고착

되어 있다면, 인간이 왜 선행을 하려고 애를 쓰는지를 해명할 수가 없다. 성리학의 수양론은 '존천리 거인욕(存天理去人欲)'을 목표로 하고 있다. 즉 천리를 잘 보존하고 사람의 욕심을 제거하자는 것이다. 천리, 즉 인간의 선한 본성을 잘 지키고 키워서, 악에 속하는 욕심을 제거하여 군자가 되고자 하는 것이다. 이렇게 하려면 본성인 이(理)가 움직이지 않으면 불가능하다. 선한 이(理)가 움직여서 천한 기(氣)를 제어하지 않으면, 이욕(利慾)에 매몰되어 비도덕적인 존재로 떨어질 수 있기 때문에, 주리론자들은 이(理)가 발동하여 우리의 삶을 선의 세계로 견인해야 한다고 생각했던 것이다.

이황과 기대승 간의 사단칠정에 대한 논의는 7년간이나 계속되었는데, 양자 사이에 오간 서간을 모은 책이 사단칠정분이기왕복서(四端七情分理氣往復書)다. 이황은 1501년생이고 기대승은 1527년생이다. 나이가 거의 한 세대나 차이가 나지만, 두 사람은 깍듯이 예의로 대하며 서로 공경함으로써 선비의 풍모를 보여 주었고, 이황은 기대승의 논변에 귀를 기울여 자기의 설을 세 번이나 수정하는 학자적 금도를 나타내었다. 또 중국의 주자학이 천리 속의 인간 탐구에 치중한데 비하여, 우리는 이보다 한 단계 높은 인간 속의 천리를 살피려 하였다.

그러한 논의를 통하여 조선의 학자들은 성리학을 한 단계 더 발전시켜, 한국의 성리학이 중국의 성리학을 능가하게 되었고, 또 한국 성리학에 학파가 성립되는 기념비를 세웠다.

사단칠정론은 그 후 성혼과 이이 그리고 그들의 후학들에게 이어져, 300여 년 간이나 계속되었다. 세계 어느 나라도 이처럼 오랜 기간에 걸쳐 철학문제를 논의한 나라는 없다. 이와 같이 깊이 있는 논의를 통하여, 우리가 철학하는 민족이라는 자부심도 갖게 해 주었다.

✽ 여기서 한 가지 사족을 붙이려 한다. 우리는 흔히 성리학을 가리켜 공리공론의 무용지학이라고 비판한다. 그런데 우리가 분명히 새겨야 할 것은 성리학 자체가 무용한 것이 아니라, 당시의 사람들이 잘못하고 그에 따른 사조가 잘못되었다는 사실이다. 성리학은 인간의 본성을 파악하고 나아가 그것을 갈고 닦아서 참된 인간 세상을 만들려고 한 유용성을 지닌 철학이다. 그런데 조선의 학자들은 성리학 이외의 다른 학문은 사문난적(斯文亂賊)이란 이름을 붙여 이단시하며 배척하였고, 또 오직 성리학 한 가지만을 파헤치는 데 몰두했을 뿐, 위학(僞學)이라 하여 다른 것은 일체 행하지 않는 폐쇄성을 보임으로써, 문화의 다양성을 잃게 되었고 역동성이 없는 사회로 만들었다. 그러니 성리학이 나쁜 것이 아니라, 사람이 나빴던 것이다.

금강산과 가야산의 이름은 어디서 유래했나

금강산(金剛山)이란 이름은, 금강석처럼 아름답다 하여 붙여진 것이라고 어느 어원사전에 나와 있다. 그러나 이는 설득력이 약하다. 불경 금강경(金剛經)이나 금강저(金剛杵)에서 왔을 개연성이 높다. 금강경은 지금도 조계종의 소의경전(所依經典)으로 되어 있거니와, 대표적인 대승 경전의 하나이다. 금강저는 중이 불도를 닦을 때 쓰는 법구(法具)의 하나로서, 번뇌를 깨뜨리는 보리심을 상징한다.

신라인들은 신라야말로 이 세상에서 가장 훌륭한 불국토(佛國土)라고 믿었다. 현재세에만 불법을 신봉하는 나라가 아니라, 과거세에도 불법이 성한 땅이었다고 생각하였다. 그들은 과거에도, 현재에도 그들의 땅에 부처와 보살이 상주하고 있다고 믿었다.

그래서 신라 사람들은 자기들의 땅 곳곳에 불교와 관계있는 이름을 붙였다. 우리나라의 이름난 지명이 불교와 관련된 이름이 많은 것은 이런 연유다.

금강산도 그러한 예의 하나에 속한다. 금강산의 최고봉인 비로봉은 비로자나불(毘盧遮那佛)에서 따온 것이고, 마하연(摩訶衍)은 산스크리트 어 마하야나 곧 대승(大乘)에서 유래하고, 묘길상(妙吉祥)은 문수보살(文殊菩薩)의 딴 이름임을 보아도 잘 알 수 있다. 그러므로 금강산이란 이름은, 금강석처럼 경치가 아름답다 하여 붙여진 이름이 아니라, 불교와 관련하여 생긴 이름이다.

마찬가지로 가야산의 이름도 깊이 새겨 볼 필요가 있다.

가야산(伽倻山)이 있는 합천·고령 지방이 옛 대가야의 땅이었으므로 가야산이라 불렸다는 설이 있으나 이는 신빙성이 약하다. 가야산은 옛 가야의 땅이 아닌 충남에도 있다.

가야산은 불교와 관련된 이름이라 생각된다. 가야(Gaya)는 석가가 깨달음을 이룬 곳으로 인도 비하르 주 네란자라 강가에 있는 지명이다. 본래의 이름은 가야였으나, 이곳에서 석가가 성도하였다 하여, 부다가야(Buddha Gaya)로 불리게 된 곳이다.

또한 해인사가 있는 가야산의 딴 이름이 우두산(牛頭山), 설산(雪山), 상왕산(象王山), 중향산(衆香山) 등인 것에서도 그것을 알 수 있다. 우두는 산스크리트 어의 가야가 소를 뜻하는 데서 그 관련성을 찾을 수 있으며, 설산은 석가가 전생에 고행한 곳이다. 또 상왕은 코끼리왕이란 뜻인데 코끼리는 불교에서 가장 숭상하는 동물로서 열반경에서 언급되는 모든 부처를 가리키는 말이다. 여섯 개의 이를 가진 눈이 부시도록 흰 코끼리가, 마야 왕비의 오른쪽 옆구리로 들어오는 태몽을 꾸고, 석가를 낳았다고 불전은 전하고 있다. 중향산도 마찬가지다. 중향산은 본디 금강산의 다른 이름인데, 가야산을 신성시하기 위해 이를 끌어와 사용한 것 같다.

이런 여러 가지 정황으로 미루어 볼 때, 가야산은 가야국과는 관련성이 없으며, 불교와 관련되어 지어진 이름임을 알 수 있다.

이러한 불교 관련 지명은 산 이름, 섬 이름, 주거지 등에 걸쳐 널리 나타난다.

불보살의 이름을 딴 석가봉, 세존도, 미륵봉, 문수산, 보현봉, 관음봉, 도솔산, 낙산(洛山 : 관음보살이 거주하는 산), 오대산(五臺山 : 청량산을 빗댄 이름), 청량산(淸凉山 : 문수보살의 거주처) 등이 있고, 불교의 교리와 관련된 지명으로는 안양(安養 : 극락의 딴 이름), 용화동, 연화도, 두타산(頭陀 : 수행력이 높음), 영취산, 속리산 등이 있고, 고승들의 이름에서 유래한 지명으로는 조계산, 원효봉, 의상봉 등이 있다.

영원의 고향 무아와 무상

우리가 일상생활에서 쓰는 말 중에는, 그 말이 지녔던 원래의 뜻과 달리 사용하는 것이 많다. 그 중에 대표적인 것이 무상(無常)과 무아(無我)란 말이 아닐까 싶다.

무상(無常)이라 하면 보통 '덧없다, 허무하다'라는 뜻으로 쓴다. 흔히 인생무상이라 할 때의 무상은 그런 뜻으로 쓴 예다. 사람살이가 결국은 허무하다는 뜻이다.

그러나 원래 이 말은 그런 뜻이 아니다. 이 말은 불교의 핵심 가르침으로 삼법인(三法印)의 하나인 제행무상(諸行無常)에서 온 말이다. 이 말의 본래 뜻은, 이 세상의 모든 현상적 존재는 항상 변한다는 것이다. 변하지 않는 존재는 어디에도 없다는 진리를 선언한 말이다.

우주는 빅뱅을 일으켜 생성되어 일정 기간 머물다가 다시 폭발을 일으키고 없어지는 성주괴공(成住壞空 : 이루어져 존재하다가 파괴되어 없어짐)의 과정을 거치고, 산 것은 생로병사(生老病死)의 길을 밟으며, 마음도 시시때때로 달라지는 생주이멸(生住異滅 : 생겨나 존재하다가 달라져서 사라짐)의 과정을 걷고 있는 것이다.

만약 이 진리를 바르게 체득한다면 누구나 마음의 평정을 얻을 수 있을 것이다. 변하지 않는 것은 아무것도 없는데도, 우리는 그것이 영원히 존재하는 것처럼 착각하고 집착하여 혼란의 소용돌이에 빠지기 때문이다. 모든 것은 변하는 것이 진리인데도 자기만이 안 변하려고 하는 데서 번뇌가 생긴다. 가진 것은 잃을 때가 있고, 건강하면 아플 때가 있고, 기쁨이 가면 슬픔이 오고, 삶이 있기에 죽음이 온다. 이것이 무상(無常)의 진리다.

다윗 왕이 반지를 주문하면서 세공인에게 말하기를, 성공해도 너무 날뛰지 않고 실패해도 조금도 낙심하지 않을, 그런 내용의 문구를 반지 안쪽에 새겨 넣으라고 하였다. 장인은 고민하다가 현자 솔로몬에게 그 답을 물었는데 그때 일러준 대답이, "이것 역시 지나간다."였다. 그렇다. 영원한 것은 아무것도 없다. 아무리 좋은 것도 역시 지나가는 하나의 허상이다.

무아(無我) 역시 마찬가지다. 무아는 일에 몰두하거나 극한 즐거움에 빠져 자기를 잊어버린다는 뜻으로 주로 쓴다. 그런데 이 말 역시 원래의 뜻은 불교의 제법무아(諸法無我)에서 온 말이다. 제법무아는 이 세상의 모든 존재는 고정된 실체(substance)가 없다는 뜻이다. 인(因)과 연(緣)의 법칙에 의해서 시시각각으로 변화를 거듭할 뿐, 고정되어 있는 실체는 어디에도 없다는 것이다.

이 원리는 현대 물리학에서도 증명되고 있다. 우주의 궁극적 실재는 더 이상 분할할 수 없는 물질이 존재한다고 생각했지만, 오늘날은 일종의 기(氣)라고도 할 수 있는 에너지라는 것이 밝혀졌다. 에너지가 물질이고 물질이 에너지다. 그리고 이 에너지의 장(場)은 끊임없이 소립자(素粒子)들로 변환된다. 이것이 바로 물질이 곧 공(空)이요, 공(空)이 곧 물질이라는 생각이다.

그런즉 세계는 끊임없는 생성과 변화 자체일 뿐, 고정불변 하는 궁극적 실체는 없다. 이것이 불교에서 말하는 공(空)이다. 눈에 보이는 일시적 존재는 있지만, 변하지 않는 본질은 없다는 것이다. 공(空)하다는 것이 단순히 '없음'을 뜻하는 것이 결코 아니다.

하이젠베르크의 불확정성의 원리나 아인슈타인의 $E=MC^2$ 이라는 공식도 다 이러한 사실을 설명하는 것이다.

이렇듯이 세상의 그 어떤 것도 고정된 실체가 없는데, 우리는 그 진리를 체득하지 못했기 때문에 실체가 있다고 착각한다. 만약 고정된 어떤 실체가 있다면 우리는 우리의 마음이나 몸을 내 뜻대로 조정할 수 있어야 한다. 그러나 우리는 아무것도 할 수가 없다. 내 안에 나라고 하는 어떤 불변의 주체가 없기 때문에 그러하다.

이 세상의 모든 것은 불변의 고정된 실체가 없고, 다만 수많은 조건들의 결합에 의하여 변화해 나갈 뿐이다. 즉 인연에 의하여 변해 갈 뿐이다. 인(因)은 직접적인 원인이고, 연(緣)은 간접적인 원인이다. 싹이 나는 것은 씨앗이 있었기 때문이다. 그리고 흙과 물과 햇빛 등이 있었기 때문이다. 전자는 인이고, 후자는 연이다. 인과 연의 결합에 의하여 무상을 거듭할 뿐, 본질적이고 불변하는 실체는 어디에도 없다.

우리는 이러한 진리를 체득하지 못하고 있기 때문에, 나에 집착하고 너를 놓지 못한다. 몸에 집착하고 물질과 명예에 집착한다. 무상과 무아를 증득(證得)한다면 대자유인이 될 것이다.

상즉상입(相卽相入)의 속뜻

상즉상입이란 말은 불교의 화엄사상을 한 곳에 담은 말인데, 그 외연(外延)이 매우 넓어서 얼른 피부에 와 닿지 않는다.

이는 사물의 원융(圓融)한 소통을 이르는 말인데, 간단히 말하자면 상즉(相卽)은 겉으로 보기에는 별개의 사물 같지만, 그 본체는 하나라는 것이고, 상입(相入)이란 사물이 서로 융합하는 것을 가리킨다. 다른 말로 표현하면 상입은 모든 사물은 수많은 요소들이 인연에 의하여 상호 의존하여 성립되어 있다는 것이고, 상즉은 그렇기 때문에 이것과 저것을 서로 분별하지 않는다는 지혜를 뜻한다.

윌리엄 블레이크(William Blake)의 시, '순수를 꿈꾸며(Auguries of Innocence)'에 이런 구절이 있다.

한 알의 모래알에서 우주를 보고	To see a World in a grain of sand
한 송이 들꽃 속에서 천국을 본다	And a Heaven in a wild flower
손바닥 안에 무한을 접어 쥐고	Hold Infinity in the palm of your hand
순간 속에서 영원을 붙잡는다	And Eternity in an hour

의상대사의 법성게(法性偈)에도 이와 비슷한 내용이 있다.

하나의 티끌에 온 우주가 들어 있고 　　一微塵中含十方(일미진중함시방)
찰나의 한 생각이 끝이 없는 영겁이라 　　一念卽時無量劫(일념즉시무량겁)

송나라 뇌암정수(雷庵正受)가 편찬한, 선종의 일화집인 가태보등록(嘉泰普燈錄)에도 "좁쌀 한 알에 세계가 들어 있고, 반 되들이 냄비 안에 산천이 끓는다.[一粒粟中藏世界 半升鐺內煮山川]"는 말이 있다.

블레이크는 하나의 모래가 곧 세계요, 한 순간이 곧 영원이라 하였고, 의상은 하나의 티끌이 곧 우주요, 찰라가 곧 영겁이라 하였다. 개별자는 보편자이면서 개별자라는 뜻이다. 개체이되 개체가 아닌 전체로 융합되는 것이다.

상즉상입(相卽相入)이란 화엄사상의 요체로, 우주의 삼라만상이 겉으로는 서로 대립되어 있는 것 같지만, 실제로는 상호 융합하여 작용해 가며, 서로가 한량없이 밀접한 인과관계로 이루어져 있다는 의미다. 상즉과 상입은 대상(對象)의 안과 밖을 나누어 설명한 것으로, 상즉은 체(體)의 관점에서 본 것이고, 상입은 용(用)의 시각에서 본 것이다. 상즉상입은 이 상즉과 상입을 함께 이르는 말로서 상즉상용(相卽相容)이라고도 한다.

상즉(相卽)의 '즉(卽)'은 '같다'는 뜻이다. 그러니 상즉이란 마주서 있는 두 개의 사상(事象)이 서로의 차별성을 버리고 '서로 똑같이 하나가 된다'는 뜻이다. 하나[一]가 없으면 전체인 대[多]는 성립되지 않기 때문에, '하나가 곧 일체(一切 전체)'라는 것이다. 일(一)이 있으므로 다(多)가 성립하며, 다(多)에 의해 일(一)의 가치가 드러날 수 있다는 것이다. 또 상입은 일(一)의 작용은 전체의 작용에 영향을 주며, 전체의 작용에 의해서 일의 작용이 드러날 수 있다는 것을 가리킨다. 의상대사가 그의 법성게(法性偈)에서,

"하나에 모든 것이 들어 있고, 모든 것에 하나 있으니 [一中一切多中一]

하나가 곧 일체요, 일체가 곧 하나니라. [一卽一切多卽一]"

고 한 것은 바로 그런 의미다.

　브라질의 아마존에 있는 나비의 날갯짓이 미국의 텍사스에 회오리 폭풍을 발생시킬 수 있다는 이른바 나비효과라는 말이 있다. 결과적으로 나비의 날개에서 일어난 바람이 곧 회오리 폭풍이라는 말이 된다. 즉 나비의 날갯짓으로 일어난 바람과 회오리 폭풍의 바람이 둘이 아닌 하나다. 물이 곧 파도요 파도가 곧 물이다. 둘이 아니라 곧 같은 하나인 것이다. 그 근원은 하나인데 분별하여 둘로 다르게 보아서 다를 뿐이다. 이와 같이 분별하지 않고 보는 지혜가 상즉이다.

　상입(相入)이란 두 개의 사상(事象)이 서로 걸림 없이 융합하는 성질을 가리킨다. 세상의 모든 존재는 수많은 요소들이 상호 의존함으로써 성립한다. 서로 대립해서 개별로 존재하는 것이 아니라, 인연(因緣) 즉 직접적인 인(因)과 간접적인 연(緣)으로 이루어지는 것이다. 하나의 싹이 트려면 먼저 직접적인 인(因)인 씨앗이 있어야 하고, 거기에 흙과 물 그리고 공기와 햇빛 등의 간접적인 연(緣)이 합해져서 이루어진다. 세상 만물은 이렇듯 수많은 요소가 서로 관계를 맺음으로써 생겨나고 없어진다. 이것이 있으므로 저것이 있고, 이것이 사라지면 저것도 사라진다.

　종이는 펄프로 만드는데, 펄프는 나무에서 나오고, 나무는 흙과 물과 공기와 태양 등 수많은 요소의 인(因)과 연(緣)으로 되어 있다. 또 종이는 여러 종류의 기계와 많은 사람들의 손을 거쳐서 만들어진다. 이렇게 계속 확대해 나가면, 종이 속에는 이러한 수많은 요소들 즉 우주의 모든 요소가 그 속에 들어가 있다. 곧 상입하고 있는 것이다.

　상즉상입은, 삼라만상[法界]이 모두 인연작용에 의해서 일어나는 본질과 현상을 상즉과 상입으로 나누어 설명한 것이다. 상즉과 상입은 본질(원리)과 현상(작용) 즉 안과 밖을 나누어 설명한 용어일 뿐 하나의 이치다. 동전의 앞뒤와 같은 것이다. 앞에서 말했듯이 상즉은 체(體)요 상입은 용(用)이다. 이를 화엄사상(華嚴思想)에서는 체를 '이(理)'라 하고, 용을 '사(事)'란 말로 나타내었다. 체와 용 즉 이와 사는 별개의 것이 아니라, 몸체와 거기 담겨 있는 속성을 표현한 것이기 때문에, 그것을 이사무애(理事無碍 이와 사는 서로 막힘이 없음)라 하였다. 이(理)와 사(事)는 서로 대립해서 장애를 일으키지 않는다는 뜻이다. 뿐만 아니라, 현상계의 개개 사물 간에도 서로 장애되지 않고 융합한다. 이를 사사무애(事事無碍)라 한다. 모든 것은 한 쪽이 본체[體]이면 다른 쪽은 작용[用]이 있게 된다. 작용은 본체에 갈무리되어져 있는 것이기 때문이다.

이와 같이 세상 만물은 상즉상입하고 있다. 그러므로 내가 곧 너고, 들꽃이 곧 우주다.

상즉상입의 세계는 조화의 세계요, 평화의 세계요, 너와 나의 분별이 없는 적멸의 세계다. 좋음도 나쁨도 없으며, 미움도 사랑도 없으며, 즐거움도 고통도 없으며, 나아가 삶과 죽음도 없는 뭉뚱그려진 하나의 고요한 경지다.

✽ 체(體)와 용(用) : 체(體)와 용(用)은 중국에서 불교를 받아들이면서 그 이론을 체계화하기 위해 사용한 용어이다. 한말로 말하면, 체는 본체 즉 원리를 가리키고, 용은 그 원리에 의한 작용으로 일어나는 현상을 가리킨다. 그러므로 체(體)인 원리는 보이지 않는 관념상의 존재[形而上]이고, 용(用)인 현상은 보이는 물질적인 존재[形而下]이다. 문법 용어인 체언과 용언이란 말도 여기에 뿌리를 두고 만들어진 것이다. 체는 능동적이고 용은 피동적이라 보아, 체용을 다른 말로 능소(能所)라고도 한다. 이 체와 용은 뒷날 송나라 성리학자들이 우주론과 인성론을 설명하는 주된 개념으로 사용되었는데, 그들은 체를 이(理)라 하고 용을 기(氣)라 바꾸어 불렀다. 이에 대해서는 앞의 '한국 성리학을 만든 사단칠정론' 항목에서 설명한 바와 같다.

부도(浮屠)는 어떻게 변해 왔나

고승의 사리나 유골을 넣고 쌓은 돌탑을 부도(浮屠·浮圖)라고 한다. 그러나 부도는 원래 그런 뜻이 아니다. 산스크리트 어로 깨달은 자를 붓다(Budha)라고 하는데, 이를 한역하면서 불타(佛陀) 혹은 부도라 하였다. 그러니까 부도도 원래 부처란 뜻인데, 후대에 불승의 유골을 넣은 돌탑의 뜻으로 폭을 넓혀 쓴 것이다.

부도는 종 모양으로 된 석종형(石鐘形)과 탑 모양으로 된 팔각원당형(八角圓堂形)으로 대별된다. 석종형은 종 모양으로 된 부도인데, 주발을 엎어 놓은 것 같다고 하여 복발형(覆鉢形)이라고도 한다. 팔각원당형은 겉모양이 작은 탑 모양으로 된 부도이다. 보통 절 입구에 부도가 한데 모셔져 있다.

팔각원당형의 팔각은 부도의 각 부분이 팔각형으로 되어 있음을 가리키고, 원당은 둥근 방이란 뜻인데 부도의 속 모양이 원형으로 되어 있기 때문에 붙여진 이름이다. 그런데 이 원당에는 오묘한 불교의 교리가 담겨 있다. 불교에서 중생의 마음은 원래 사각형인데, 꾸준히 수행하면 이것이 팔각형으로 되고, 더욱 정진하면 마침내는 둥글게 된다고 가르친다. 둥근 것은 완성 단계 곧 깨달음의 경지를 뜻한다. 이런 의미를 함축하고 있는 것이 바로 팔각원당형의 부도다. 그러니까 모난 인성이 수행을 거듭하여 둥글어진 부처의 경지로 들어감을 상징하는 것이 팔각원당형의 부도다.

　이 팔각원당형은 통일신라시대를 지나 후대로 내려오면서 점차 종 모양으로
된 석종형으로 바뀌었다. 팔각원당형의 부도가 석종형으로 바뀌게 된 주된 원인
은, 화려한 꾸밈을 중시하는 교종에 비하여 실질을 추구하는 선종의 약진으로
문화가 간소화되면서 퇴락했기 때문이라고 한다.

　그런데 이 팔각원당형의 부도는 하대석과 중대석, 상대석(탑신 받침), 탑신석
(塔身石), 옥개석(屋蓋石), 상륜부(相輪部)의 다섯 단계로 되어 있는데, 이는 각각
불교의 사대(四大)와 공(空)을 상징하고 있다고 한다. 하대석부터 상륜부까지 차
례대로 사대 즉 지(地), 수(水), 화(火), 풍(風)과 공(空)을 뜻한다는 것이다. 즉 하대
석과 중대석은 지(地)를 상징하고, 상대석은 수(水)를, 탑신석은 화(火)를, 옥개석
은 풍(風)을, 상륜부는 공(空)을 각각 상징하는 것이다.

　사대란 육체를 이루고 있는 기본 요소를 가리키는 것으로, 인간의 육체는 흙,
물, 불, 바람으로 되어 있다고 한다. 그리고 공은 모든 현상은 인연에 의하여 이
루어진 것일 뿐, 고정된 실체가 없이 텅 비어 있다는 것을 뜻한다. 육체의 살과
뼈는 흙으로 돌아가고, 피와 체액은 물로, 깃들어 있던 열기는 불로, 호흡과 기
운은 바람으로 돌아간다.

　그러므로 부도는 사대가 곧 공이라는 의미를 함축하고 있다. 다시 말하면 부
도는, 사람의 육체는 인연에 의하여 나타난 일시적인 가상(假相)일 뿐 고정된 실
체가 없는 공이라는 진리를 나타내고 있는 구조물이다. 그러니까 부도는 우리의
몸뚱이란 아무 실체가 없는 공일 뿐이니, 집착할 대상이 아니라는 것을 함께 말
해 주고 있다.

부도의 명칭(불광출판사 제공)

청암사 고봉당 부도

기둥에 걸린 주련의 의미

　주련(柱聯)이란 사찰이나 서원 또는 한옥의 기둥이나 바람벽 따위에 장식으로 세로로 써 붙인 글귀를 말하는데 영련(楹聯)이라고도 한다. 주련은 처음에는 종이에 글씨를 써서 붙였는데, 점차 나무판에 직접 쓰거나 목각해서 거는 것으로 발전해 왔다.

　언제부터 주련을 서원이나 사찰 전각에 걸게 된 것인지는 정확하지 않다. 삼국사기, 삼국유사, 고려사, 조선왕조실록 등의 어느 역사서에도 주련에 관한 기록은 없다. 일제 강점기인 1934년판의 조선고적도보(朝鮮古蹟圖譜)에도 사찰의 주련이 많지 않은 것으로 보아, 그 역사가 오래지 않음을 알 수 있다. 북한에 있는 대표적인 사찰인 보현사 대웅전에도 주련이 보이지 않는다. 현재 사찰 주련으로 오래된 것은, 위당 신헌이 쓴 해인사의 수다라장(脩多羅藏) 입구의 협문 주련, 흥선대원군 이하응이 쓴 흥국사의 만월보전(滿月寶殿) 주련 등이 있는데 모두가 백년 안팎의 것들이다.

　유학자들은 경계하는 글을 써서 옆에 붙여 두고 자신을 닦는 좌우명으로 삼았는데 이를 잠(箴)이라 한다. 이러한 선비들의 문화가 밑바탕이 되어, 귀감이 되는 글귀를 건물이나 서원 등의 기둥에 거는 주련으로 확대된 듯하다.

살림집 안채의 주련은 안마당을 향한 기둥에 다는데, 소원이나 덕담의 글귀 그리고 수신제가(修身齊家)에 도움이 되는 시를 써서 걸었다.

서원의 주련에는 도를 이루는데 지침이 되는 글이나 시(詩)가 내용의 주류를 이루었다.

오천서원 주련

대구 오천서원의 주련은 자기 선조의 시를 인용하여 썼다.

萬架詩書傳聖訓(만가시서전성훈)　서가에는 시서가 가득하여 성현의 가르침을 전하고

繞園松竹感年華(요원송죽감년화)　동산에는 송죽이 에워싸 세월의 깊이를 느낀다네

村疑栗里門垂柳(촌의율리문수류)　마을은 율리인데 문 앞에는 버드나무 드리웠고

洞似桃園水泛花(동사도원 수범화)　　동네는 무릉도원과 같아서 냇물에 꽃잎 떠
　　　　　　　　　　　　　　　　　　흐르네
太平烟月詠中過(태평연월영중과)　　태평한 시절을 시 읊으며 지나네

＊ 율리와 버드나무: 도연명은 벼슬길에서 물러나서 집 앞에 버드나무 다섯 그루를 심고 스스로 오류(五
　　　　　　　　　柳) 선생이라 칭하며 한적한 전원생활을 하였다. 그런데 이 마을은 이름이 율리(栗
　　　　　　　　　里) 즉 밤나무골인데, 어찌하여 버드나무를 심었는고.

　논산에 있는 돈암서원(遯巖書院)의 양성당(養性堂)에는 주자경제잠(朱子敬齊箴)
을 써서 걸었다.

定其衣冠尊其瞻視(정기의관존기첨시)　　의관은 바르게 쓰고 눈길은 존엄히 가져
　　　　　　　　　　　　　　　　　　　라.
潛心以居對越上帝(잠심이거대월상제)　　마음은 가라앉히고 상제를 대하듯 하며
足容必重手容以恭(족용필중수용이공)　　발은 정중히 하고 손은 공손한 자세를
　　　　　　　　　　　　　　　　　　　가져라.
擇地而蹈折旋蟻封(택지이도절선의봉)　　땅은 가려서 밟고 개미집도 조심해서 돌
　　　　　　　　　　　　　　　　　　　아서 가라
出門如賓承事如祭(출문여빈승사여제)　　문을 나설 때는 손님 같고 일을 받들 때
　　　　　　　　　　　　　　　　　　　는 제사같이 하라
戰戰兢兢罔取或易(전전긍긍망취혹이)　　항상 두려워 여겨 조심하며 쉽게 여기지
　　　　　　　　　　　　　　　　　　　마라
守口如瓶防意如城(수구여병방의여성)　　입을 조심하기는 병과 같이하고 뜻은 성
　　　　　　　　　　　　　　　　　　　을 막는 것처럼 하라.

사찰에는 원래 주련을 걸지 않았는데, 유교의 영향을 받아 걸게 되었다. 그러니 주련은 불교의 것이 아니라, 유교문화를 수용한 것이다. 사찰에서 주련을 사용하지 않았던 것은 서원건물의 네모진 기둥과는 달리, 절의 기둥이 둥글기 때문에 목판을 붙이기가 용의하지 않은 점이 가장 큰 요인이라 보고 있다.

사찰의 주련 내용은 대개가 부처님의 공덕을 찬미하거나 깨달음의 이치를 담고 있다. 또한 사찰에는 불보살을 모시는 여러 전각이 있는데, 각 전각의 본존불에 따라 주련의 내용이 다르다. 그런데 이들 주련은 거의 한자로 씌어 있는데다가 더러는 초서체로 되어 있어서 일반인들이 이해하기가 쉽지 않다.

청암사 대웅전 주련

그러나 같은 이름의 전각 주련은 대개 똑같은 내용으로 된 것이 많으므로, 몇 종류만 익혀 두면 그 내용을 미루어 짐작할 수 있다. 그러면 각 전각에 따른 전형적인 주련을 살펴보자.

먼저 대웅전의 주련을 보기로 한다.

김천 청암사 대웅전에는 다음과 같은 내용이 별도의 판자를 사용하지 않고 기둥에 그대로 씌어 있다.

世尊坐道場(세존좌도량)　부처님께서 도량에 앉으시니
清淨大光明(청정대광명)　맑고 깨끗한 광명으로 가득 차네
比如千日出(비여천일출)　천개의 해가 한꺼번에 떠 오른 듯
照耀大千界(조요대천계)　온 세상을 그리도 밝게 비추시네.

그런데 대웅전에는 보통 다음과 같은 내용의 주련이 가장 많다.

天上天下無如佛(천상천하무여불)　천상 천하에 부처님 같은 분 없고
十方世界亦無比(시방세계역무비)　온 우주에도 비견할 자가 없도다
世間所有我盡見(세간소유아진견)　이 세상에 있는 것 다 보아도
一切無有如佛者(일체무유여불자)　부처님 같은 분은 그 어디도 없더라

극락전이나 미타전의 주련은 주로 다음과 같은 내용이다.

佛身充滿於法界(불신충만어법계)　부처님은 온 세상에 가득 차 있고
普現一切衆生前(보현일체중생전)　늘 일체 중생 앞에 나타나서
隨緣赴感靡不周(수연부감미부주)　인연 따라 다가가서 두루 살펴 주시네
而恒處此菩提座(이항처차보리좌)　그리고 여기 보리좌에 앉아 계신다

다음으로 명부전이나 지장전의 주련을 보자.

地藏大聖威神力(지장대성위신력)　지장보살님의 위신력이여
恒河沙劫難説盡(항하사겁난설진)　억겁을 두고 기려도 다하기 어렵다네
見聞瞻禮一念覺(견문첨례일념각)　그 모습 우러러 잠깐만 예배해도
利益人天無量事(이익인천무량사)　인천(人天)에 이익됨이 헤아릴 수 없도다.

범종각에 걸려 있는 주련은 대체로 다음과 같은 내용으로 되어 있다.

願此鐘聲遍法界(원차종성편법계)　이 종소리 온 우주에 널리 퍼지소서
鐵圍幽暗悉皆明(철위유암실개명)　철위산 안의 지옥 모든 어둠 사라져라
三途離苦破刀山(삼도이고파도산)　삼도와 도산지옥의 고통 다 여의고
一切衆生成正覺(일체중생성정각)　일체 중생 모두모두 정각을 이루소서

＊ 철위산(鐵圍山) : 불교의 세계관에서, 세계의 가장 바깥에 있는 지옥을 둘러싸고 있다고 하는 산.
＊ 도산지옥(刀山地獄) : 날카로운 칼날이 뾰족뾰족 튀어나온 평상 위에 알몸의 죄인을 눕혀 놓고 옥졸들이 커다란 칼로 찌른다고 함.
＊ 삼도 : 중생이 선악의 원인에 의하여 윤회하는 여섯 가지의 세계 중 지옥, 아귀, 축생의 세 가지.

이런 예비지식을 갖고 사찰 건물을 관람한다면 보는 맛이 훨씬 증대될 것이다.

현판에 담긴 뜻과 글씨

우리 문화의 혼이 숨 쉬고 있는 전통 가옥이나 서원, 사찰을 찾으면, 우선 현판과 편액이 눈길을 끈다. 현판(懸板)은 글씨나 그림을 나무판, 종이, 비단에 새기거나 써서 문 위에 거는 액자를 말한다. 편액(扁額)은 그것을 방 안이나 문 위에 거는 것으로, 현판보다 약간 좁은 의미로 쓰인다.

현판이나 편액에 쓰인 글에는 그 건물의 쓰임새나 사용자의 지향점이 그 속에 담겨 있다. 수많은 현판을 일일이 열거할 수는 없으나, 몇 개를 가려 그 속에 담겨 있는 의미를 더듬어 보기로 한다.

대구시 달성군에 있는 도동서원은 한훤당 김굉필을 향사하는 사액 서원이다. 이 서원은 흥선대원군의 서원 철폐 때에도 훼철되지 않고 존속한 47개 서원 중의 하나이며, 선현 배향과 지방교육의 일익을 담당하였다. 서원의 경내로 들어가려면 환주문(喚主門)이라 쓰인 문을 거쳐야 한다. 환주문은 이 서원의 출입문이다.

그런데 대문격인 환주문은 매우 낮고 좁은 문으로 되어 있어서, 갓을 쓴 유생이라면 반드시 고개를 숙이고 들어가야 할 만큼 작은 문이다. 조그마한 사모 지붕의 꼭대기에 항아리 모양의 절병통을 배치한 것도 기이하려니와, 보통의 문과는 달리 문턱이 없고, 그 대신 돌에 꽃봉오리를 조각한 정지석이 박혀 있는데 이것 또한 특이하다.

도동서원 환주문(喚主門)

환주문 정지석

환주문(喚主門)이란 주인을 부른다는 뜻이다. 그러면 여기서 주인은 누구를 가리키는 것일까? 위패로 모셔져 있는 한훤당일까? 그럴 리는 없다. 주인은 다른 사람이 아니라, 이곳을 들어서는 사람 자신을 가리킨다. 들어가는 사람이 자신을 부른다니 그건 또 무슨 뜻일까?

서원에 들기 전에 먼저 자기 자신을 되돌아보고 살펴보자는 것이다. 여기서 머리를 숙이고 정지석을 내려다보면서, 신독(愼獨 혼자 있을 때에도 어그러짐이 없도록 몸을 삼감)의 자세를 가다듬으라는 뜻이다.

그러니 환주문은 사찰의 일주문에 비유할 수 있다. 사찰 입구에 세워져 있는 일주문(一柱門)에는 보통 '입차문내(入此門內) 막존지해(莫存知解)'라는 글귀가 씌어 있다. '이 문을 들어오면 도가 아닌 일체의 망념을 버리라'는 것이다. 진리가 아닌 모든 알음알이를 갖지 말라는 뜻이다. 신성한 가람에 들어서기 전에 세속의 잡다한 생각을 버리고, 일심으로 진리의 세계로 향하라는 뜻이 거기에 담겨 있다.

도동서원의 환주문도 바로 그런 역할을 하게끔 설계된 것이다.

현판의 글씨가 전서체로 되어 있어서 그 뜻을 퍼뜩 알기 어려운 것도 있다. 김천 청암사의 중현당(重玄堂) 현판도 그러한 예다. 중현(重玄)이란 중후하고 현묘하다는 의미다. 깊고 오묘한 진리의 세계를 터득한다는 뜻을 함축하고 있다.

청암사 중현당(重玄堂) 현판

또 전서의 변형체로 써서 쉽게 뜻을 잡기 어려운 현판도 있다.

경상북도 안동에 '긍구당(肯構堂)'이란 전통가옥이 있다. 지방문화재 제32호로 지정된 건물인데, 원래는 영천이씨(永川李氏) 예안파(禮安派) 시조인 이헌(李軒)이 고려말에 도산면 분천동에 창건하여 손님을 맞이하는 별당으로 사용한 집이다. 조선 중기의 문신인 이현보(李賢輔)가 중수하여 '긍구당'이라 이름붙인 후 이현보의 종택(宗宅) 별당으로 사용되었던 건물이다.

양반가의 전통가옥이나 서원에 가면 '긍구(肯構)'라든가 '긍당(肯堂)'이라고 쓴 현판을 더러 보게 된다. 이 말은 서경(書經) 대고(大誥)편의 긍구긍당에서 따 온 것이다. 긍구와 긍당은 같은 말이다.

대고 편은 주나라 성왕이 천명에 따라 은나라의 반란군을 토벌하려는 뜻을 고한 내용으로 되어 있는데, 그 중에, 정치를 집짓는 일에 비유한 구절이 있다.

"만약 아버지가 집을 지으려고 이미 땅을 정해 두었는데, 그 아들이 당(堂 토대)을 만들려고도 하지 않고, 집을 지으려고도 하지 않는다면, 어찌 그 아버지가 '내게 좋은 후계자가 있어서, 나의 계획을 버리지 않을 것이라' 말할 수 있겠는가?"

후세 사람들이 이 말을 따서, '긍구긍당(肯構肯堂)'이라 하면 '조상의 유업을 잇는 것'을 가리키게 되었다. 그래서 서원이나 양반집에 그런 글을 써서 당호로 많이 삼고 있다.

영천이씨 긍구당(肯構堂) 현판

선암사 일주문 후면 편액도 '고청량산해천사(古淸凉山海川寺)'란 내용의 전서로 되어 있어서 얼른 이해하기가 어렵다. 아도화상이 선암사를 창건할 때, 이곳의 산 이름은 청량산이라 하고, 절 이름은 해천사라 했다는 것을 나타낸 것이다.

선암사 일주문 후면 고청량산해천사(古淸凉山海川寺) 편액
(옛 산 이름은 청량산이요, 옛 절 이름은 해천사)

홍룡사 무설전(無說殿) 현판도 균형미가 뛰어난 전서로 되어 있다. 불교에서는 진리를 말로 표현할 수 없다고 본다. 말로 하면, 벌써 깨달음의 진리는 천 길 만 길 멀어진다고 가르친다. 석가는 입멸하기 직전에 '나는 일찍이, 한 마디도 설한 바가 없다.'고 하였다. 곧 진리는 말로 표현할 수 있는 것이 아니라는 것이다. 이것이 무설(無說)이다.

홍룡사 무설전(無說殿) 현판

노자도 이를 일러서, 도덕경 첫머리에서 '도를 말로 표현하면 그것은 이미 진정한 도가 아니며, 무엇이라고 이름을 붙이면 그것은 이미 참된 것을 가리킨 이름이 아니다.'라고 하였다. 즉 도란 인간의 언어로 설명할 수 없는 그 무엇이란 뜻이다.

말에 등급을 매긴다면, 1등급은 침묵이 될 것이다.

성경에는 "침묵하라. 그러면 자신이 곧 신임을 알 것이다." 하였고, 프루탈코스는 "말하는 것은 인간으로부터 배우고, 신들로부터는 침묵을 배운다."고 하였다.

또 불설유마힐소설경(佛說維摩詰所說經)에는 이런 내용이 씌어 있다.

어떻게 하면 선과 악, 사랑과 미움, 삶과 죽음이라는 분별심을 버리고, 둘이 아닌 하나의 진리에 들어갈 수 있느냐는 물음에 대하여, 많은 수행자들이 각기 자신이 터득한 나름대로의 높은 견해를 피력했는데, 마지막으로 유마힐에게 그 답을 물으니, 유마힐은 입을 다물고 아무 말도 하지 않았다는 것이다.

월정사 대강당에도 '무설'의 뜻을 담고 있는 초서체 현판이 있다. 설청구민(說聽俱泯)이라는 현판이 그것인데, '말하고 듣는 것이 모두 없어졌다'는 뜻이다.

월정사 설청구민(說聽俱泯) 현판

담양의 식영정(息影亭) 편액도 전서로 되어 있다. 식영정은 명종 때 김성원이 그의 장인인 임억령을 위해 지은 정자인데, 현판의 이름은 임억령이 지었다. 송강 정철이 이곳을 노닐면서 성산별곡을 지은 곳이기도 하다. 식영이란 뜻은 그림자가 없어진다는 뜻인데 장자(莊子)에서 따온 말이다. 식영정기(息影亭記)에 이런 요지의 내용이 적혀 있다.

"옛날에 그림자를 무서워하는 사람이 있었다. 그림자를 피하려고 빨리 달아나면 그림자도 쉬지 않고 따라왔다. 그러다가 나무 그늘에 이르러서야 문득 보이지 않았다. 그늘에서나 밤에는 없어지고 불빛에서나 낮에는 생기게 되니, 사람의 처세도 이와 같은 것이다.

인간의 욕심 또한 그림자와 물거품 같은 것이다. 옳거니 그르거니 다툴 것도 없다. 그러니 흐름을 타면 나아가고 웅덩이를 만나면 그치면 되는 것이다. 세상만사가 제 뜻대로 되는 것도 아니다. 내가 시원하게 바람을 타고, 궁벽한 시골의 들판에서 자연과 함께 노닐면 그림자도 없어질 것이며, 사람의 입에도 오르내리지 않을 것이다."

식영정(息影亭) 현판

세상의 다툼 속에서 벗어나, 그림자가 없는 나무 그늘에서 쉬듯이, 자신도 모든 것을 버리고 자연에 묻혀 한적하게 쉬겠다는 생각을 나타낸 것이다.

글씨가 초서로 되어 있어 얼른 알아보기가 쉽지 않은 현판도 있다. 영월 금몽암의 우화루(雨花樓)가 그 대표적인 예로 글씨가 매우 아름답다. 우화란 글자 그대로 하늘에서 꽃비가 내린다는 뜻인데, 법화경에 여섯 가지 상서로운 장면 중 세 번째인 우화서(雨花瑞)라는 말에서 유래한다. 석가가 법화경을 설하려고 삼매에 들었을 때, 하늘에서 네 종류의 꽃이 비 오듯 쏟아졌다는 것이다. 그래서 부처님의 설법을 우화에 비유하는바, 우화루는 고운사, 화암사, 숭림사, 봉정사, 백양사, 송광사 등에도 있다.

금몽암 우화루(雨花樓) 현판

상원사 종각에는 동정각(動靜閣)이란 초서체의 현판이 걸려 있다. 글씨는 탄허(呑虛) 스님이 썼다. 상원사 동종은 현존하는 한국의 종 중에서 가장 오래된 것으로 국보 제36호다. 종각의 이름을 예사롭지 않게 지어 붙인 것도, 그러한 가치를 담기 위함이 아닐까 싶다.

동정은 불교 수행의 지침인 행주좌와어묵동정(行住坐臥語默動靜)이란 말에서 따온 것인 듯하다. 걷거나, 머물거나, 앉아있거나 누워있거나, 말할 때나, 침묵할 때나, 움직이거나 가만히 있을 때나 항상 수행을 멈추지 말라는 뜻이다. 즉 일상 생활의 모든 순간순간이 다 선(禪) 아닌 것이 없으니, 생활 속에서 화두를 놓치지 말고 최선을 다하여 정진하라는 뜻이다.

상원사 동정각(動靜閣) 현판

현판에 쓰인 말뜻이 얼른 잡히지 않아서 곤혹스러운 현판도 있다.

양산의 천성산 홍룡사의 한 건물에는 약산초제(藥山招提)라는 현판이 붙어 있는데, 초제라는 말은 원래 임금이 사액한 절을 가리키는 말이었으나, 지금은 일반적으로 절을 뜻하는 말로 쓰인다.

홍룡사 약산초제(藥山招提) 현판

경상북도 경주시 감포읍 대본리에는 신라시대의 이견대(利見臺)라는 이름을 따온 이견정(利見亭)이라는 정자가 있다.

이견(利見)이란 말은 주역의 첫 부분인 건(乾)편에서 비롯된다. "현룡재전(見龍在田) 이견대인(利見大人)"이라는 말이 나온다. 용이 밭에 있으니 대인을 만나기에 이롭다는 뜻이다. 이어서 "비룡재천(飛龍在天) 이견대인(利見大人)"이란 말도 나온다. 나는 용이 하늘에 있으니 대인을 보는 것이 이롭다는 의미다. 그러니 이견이란 말 속에는 만나고 싶은 대인을 만난다는 뜻이 들어 있다.

이견정(利見亭) 현판

한편, 이와 관련된 이견대가(利見臺歌)라는 가요가 있었다고 하는데 가사는 지금 전하지 않는다. 고려사(高麗史) 악지(樂志)에,

"전설에 의하면 신라 어느 왕의 부자가 오랫동안 헤어져 지내다가 대(臺)를 지어 서로 만나보게 되었는데 그 이름을 이견대라 하고, 그 부자의 즐거움이 비할 데 없어 이 노래를 지어 불렀다."

라는 기록이 있다. 그러니 이견대는 보고 싶은 사람을 만난다는 의미가 그 속에 숨어 있는 건물이다.

김천 청암사에는 육화료(六和寮)란 현판이 있다. 육화란 무슨 뜻일까? 여섯 가지로 화합하는 집이란 뜻을 가진 현판이다. 육화란, 수행자들이 서로 화합하고 경애하는 여섯 가지 법, 즉 자기만 잘 살려고 하지 말래(身), 서로 말을 조심하라[口], 남의 주장을 무시하지 말래[意], 계율을 잘 지켜라[戒], 옳고 그른 것을 왜곡하지 말래[見], 이익은 구성원에게 골고루 나누어래[利]는 실천 규범을 말한다.

청암사 육화료(六和寮) 현판

직지사 정문의 현판에는 동국제일가람황악산문(東國第一伽藍黃嶽山門)이란 글씨가 크게 쓰여 있고, 그 반대편에는 각성임천고치(覺城林泉高致)라고 쓴 편액이 걸려 있다. 뜻이 자못 어렵다.

그래서 그것을 엉뚱하게 해석해 놓은 곳도 더러 눈에 띈다. '각성하라, 숲과 샘의 높은 이치를'이란 뜻으로 풀이하여 무슨 말인지 종잡을 수 없는 것도 있고, '자연의 경치를 깨달아라' 라고 그럴 듯하게 얼버무린 해석도 보인다.

그러나 이 구절은 그러한 뜻이 아니다. 임천고치(林泉高致)란 말은 송나라 곽희(郭熙)의 산수화 이론서인 임천고치집에 나오는 말이다. 임천(林泉)은 자연을,

고치(高致)는 우아한 운치란 뜻이다. 그러니 여기서의 임천은 이 절이 있는 황악산을 일컫고, 각성(覺城)은 깨달음의 성(城) 즉 직지사를 가리킨다. 그래서 이 편액은 '황악산의 뛰어난 경치와 직지사는 조화를 이룬다'는 뜻을 담고 있다.

직지사 각성임천고치(覺城林泉高致) 편액

범어(梵語)를 음 그대로 옮긴 현판도 있다.

영월 법흥사에 있는 만다라전에는 특이하게 한글로 쓴 현판이 걸려 있다. '만다라'라는 말은 범어 Mandala를 음사하여 적은 것으로, 만다라(曼多羅) 혹은 만타라(曼陀羅)라 옮겨 적는다. Manda는 '진수' 또는 '본질'이라는 뜻이며, 접속어미 'la'는 '성취' 또는 '소유'의 뜻이다. 그러므로 만다라는 깨달음의 본질을 터득한다는 의미다. 또 만다라는 이런 의미를 담고 있는 불화를 가리키기도 한다.

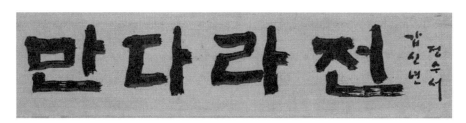

법흥사 만다라전 현판

범어를 그대로 음사한 현판으로는 해인사 장경각의 수다라장(脩多羅藏)도 있다.

'수다라'는 범어 Sutra를 음역한 것으로 경전이란 뜻이고, '장'은 범어 pitaka를 번역한 것으로 광주리란 뜻이다. 그러니 수다라장은 경전 즉 대장경판을 보관하고 있는 광주리 곧 장경각이란 의미다.

해인사 수다라장(脩多羅藏) 현판

현판의 글씨를 고자(古字)나 이체자(異體字)로 써서 알아보기 힘든 것도 있다.

영월의 법흥사 '법운당' 현판은 그러한 예다. 법운당의 '법'자는 法자의 고자(古字)에다 또 이체를 더하여 썼다. 法자의 고자는 'ㅣ + 廌 +去'의 합자로 되어 있는데, 법운당의 '법'자는 아래 사진에서 보는 바와 같이 'ㅣ + 鹿 +去'를 합친 글자로 되어 있다. 즉 廌자가 鹿자로 바뀐 이체자로 씌어 있다. 廌자는 음이 '채' 또는 '치'로 읽혀지는 글자인데 해태를 뜻한다. 해태는 뿔이 하나 있는 소를 닮았다는 상상의 짐승으로, 옛날에는 죄를 지었다고 여겨지는 사람을 이 짐승에 갖다 대면, 죄의 있고 없음을 알아낼 수 있었다고 한다. '灋'자는 이러한 연원을 담아 만든 글자다. 즉 신성한 짐승인 이 해태의 권능과 같이[廌], 물이 흐르듯이 공정하게[ㅣ(水)] 죄를 조사하여, 바르지 않은 자를 제거한다는[去] 뜻으로 만들어진 글자다.

‘법운’은 화엄경에 나오는 말인데, 불법이 세상 일체를 적시고, 구름처럼 덮고 있다는 의미다.

법흥사 법운당(法雲堂) 현판

글자나 글씨체의 전거가 미약하여 의아심을 일으키는 현판도 있다.

보안암 지장전(地藏殿) 현판의 ‘지(地)’자가 그러한 경우다. 글씨체가 너무나 생소하여 보는 이들의 의구심을 사고 있다. 이 현판의 ‘地’자는 전서도 예서도 아닌 모호한 글자다.

보안암 지장전(地藏殿) 현판

글자의 바른 쓰임에서 벗어난 현판도 있다. 직지사의 범종각 현판은 그러한 예다. 이 절의 범종각 현판은 '泛鐘閣'으로 씌어 있는데, 통상적으로 쓰는 '梵鐘閣'과는 다르다. 사찰의 종은 반드시 梵鐘으로 써야 한다. 그런데 직지사에서는 '옛 인도나 불교에 관한 것임을 나타내는 글자'인 범(梵)자를 쓰지 않고 '뜰 범(泛)'자를 쓰고 있는바, 그 연유를 물어 보았더니 연못을 메우고 그 위에 종각을 세웠기에 그렇게 쓴다는 것이다. 아마도 종이 연못의 물 위에 떠 있다는 뜻을 함축하고 있는 듯하다.

직지사 범종각(泛鐘閣) 현판

그러나 이는 언어의 사회성에 벗어난다. 언어는 그것을 쓰는 언중(言衆)들이 약속한 기호체계다. 가령 학교를 '學校'나 'school'이 아닌 다른 글자로 써 놓고, 나는 이러이러한 이유로 딴 사람과는 다르게 쓴다고 주장한다면 어떻게 되겠는가? 서로 통하지도 않을 뿐만 아니라, 일대 혼란에 빠질 것이다. 한 언어사회의 약속은 어느 개인이 마음대로 바꿀 수 있는 것이 아니다.

사찰 벽화 들여다보기

　우리나라 고찰에는 값진 문화재가 많다. 그 중에는 보물도 있고 국보도 있다. 이왕 절을 관광한다면, 그런 유물을 잘 살펴보고 그 속에 담긴 숨결과 향내를 속속들이 맡고 와야 할 것이다. 그런 곳에 가서 단지 건물의 외형만 둘러보고 온다면, 귀중한 알맹이를 놓친 셈이 되기 때문이다. 가람의 배치나 멀리 보이는 전경은 물론이려니와, 석축이나 탑에 새겨진 무늬, 편액과 주련의 글씨, 부처의 상호(相好)와 수인(手印)의 의미에 대해서도 관심 깊게 볼 일이다.

　각종 탱화(幀畵)도 관상해야 할 중요한 볼거리다. 석가가 영취산(靈鷲山)에서 설법하는 모습을 그린 영산회상도(靈山會相圖)와 석가가 사바세계에 올 때까지의 과정을 그린 팔상도(八相圖), 왕궁을 뛰쳐나와 출가하는 모습을 그린 사문유관도(四門遊觀圖), 수행자가 깨달음에 이르는 10개 과정을 나타낸 목우도(牧牛圖) 등은 그 대표적인 그림이다. 그 외에도 여러 이름난 조사들의 행적을 표현한 벽화도 많다. 아는 만큼 보인다는 말이 있다. 사찰을 둘러볼 때는 미리 그에 대한 예비지식을 조금이라도 쌓고 가면 훨씬 소득이 크다.

　어느 절 벽화에 방아 찧는 그림이 있었다. 그것을 본 어느 관람객이 말하기를, 옛날에는 절에서 직접 방아를 찧어서 공양을 했기 때문에, 저런 장면을 그렸을 것이라 하였다. 그러나 그것은 그런 연유로 그린 것이 아니다.

그것은 중국 선종의 제6조인 혜능 선사의 행적을 그린 것이다. 중국 선종의 계보는 우리가 많이 들어 알고 있는 달마(達磨) 대사를 초조(初祖)로 하여 혜가(慧可), 승찬(僧璨), 도신(道信), 홍인(弘忍), 혜능(慧能)으로 이어진다.

혜능은 속성이 노(盧)씨로 난하이(南海) 신싱(新興) 사람이다. 세 살 때에 아버지를 여의고 수절하는 어머니 밑에서 자랐다. 집이 가난하여 나무를 팔아서 어머니를 봉양했는데, 24세 되던 어느 날 나무를 배달하는 길에 우연히 금강경 읽는 소리를 듣고, 출가를 결심하게 되어 황매현의 홍인 대사를 찾았다.

홍인이 찾아온 혜능에게 물었다.

"그대는 어디 사는 누구인가?"

"영남(嶺南)의 백성입니다."

"무슨 일로 왔는가?"

"오직 부처가 되기 위하여 왔습니다."

"그대는 남방 출신의 오랑캐라 불성이 없거늘 어찌 부처가 되려고 하는가?"

혜능이 대답했다.

"사람에게는 남쪽과 북쪽의 차이가 있겠지만, 불성에 어찌 남북이 있겠습니까?"

그의 대답을 들은 홍인은 그가 큰 그릇임을 알았다. 그러나 그는 이를 내색하지 않고, 일부러 화난 표정으로,

"네가 무엇을 안다고 그렇게 대답하느냐?"며 짐짓 꾸짖어 말하고는, 그를 방앗간으로 보내어 주야로 방아를 찧고 장작 쪼개는 일을 시켰다.

그러던 어느 날, 홍인은 문하의 수행자들에게 불법의 큰 뜻을 깨달은 게송(偈
頌: 부처의 공덕이나 불법을 찬미한 시)을 가장 알맞게 지어 보인 이에게 가사와
법을 전하겠다고 말했다.

이에 상좌인 신수(神秀)가 게송 하나를 지어 복도 벽에다 붙여놓았다.

身是菩提樹(신시보리수)　몸은 깨달음의 나무요
心如明鏡臺(심여명경대)　마음은 밝은 거울과 같나니
時時勤拂拭(시시근불식)　때때로 부지런히 털고 닦아서
勿使惹塵埃(물사야진애)　티끌과 먼지가 끼지 않게 하라

이때 방앗간에서 방아를 찧으며 수행 중이던 혜능도 이 소식을 들었다. 혜능
은 글을 몰랐기 때문에 다른 사람에게 부탁해서 자신의 게송을 쓰게 하여, 신수
의 게송이 붙어 있는 반대편에 써 붙였다.

菩提本無樹(보리본무수)　깨달음엔 본래 나무가 없고
明鏡亦非臺(명경역비대)　밝은 거울 또한 원래 모양이 없다
本來無一物(본래무일물)　본래 한 물건도 없는 것인데
何處惹塵埃(하처야진애)　어디에 티끌과 먼지가 끼겠는가.

신수의 게송이 현상의 차원에 서 있다면, 혜능의 게송은 존재의 차원에 서 있
다고 할 수 있다. 신수는 몸을 나무에, 마음을 거울에 비유하고 있는데 비하여,
혜능은 나무에도 거울에도 걸리지 않은, 텅 빈 공(空)의 세계에 들어가 있다. 그
에게는 이미 몸도 마음도 없을 뿐만 아니라 낄 먼지 자체도 없다. 삶도 죽음도
둘이 아니라는 경지를 나타낸 것이다. 혜능은 이렇게 뛰어난 깨달음의 경지를

보임으로써, 5조 홍인의 제자 중 1인자였던 신수를 완전히 누르고 6조의 지위를 얻게 되었다.

직지사 혜능 벽화(혜능이 방아를 찧고 있다.)

신수는 매우 유식했지만 혜능은 무식하였다. 그러나 혜능은 글자를 뛰어넘었다. 어느 날 한 비구니가 혜능에게 묻기를, 글을 모르면서 어찌 그리 깊은 진리를 깨우쳤느냐고 하였다. 이에 혜능은, 진리가 하늘의 달과 같은데 문자는 달을 가리키는 손가락이다. 달을 보는데 손가락을 거칠 필요는 없다고 대답하였다. 이른바 불립문자(不立文字)를 말한 것이다.

하루는 어느 법회의 자리에 세워져 있는 깃발이 흔들리는 것을 보고, 수행승들이 두 패로 갈라져 서로 다투고 있었다. 한쪽은 깃발이 흔들린다고 하고, 다른 한쪽은 바람이 흔들린다고 하였다. 이에 혜능은 흔들리는 것은 바람도 깃발도 아니요, 그것을 보는 사람의 마음이 흔들리는 것이라 하였다. 진리에는 원래 흔들림도 흔들리지 않음도 없다는 것, 즉 죽음이 곧 열반이라는 위대한 깨달음의 세계를 말한 것이다.

그래서 뒷날 사람들은 그의 설법을 모아 육조단경(六祖壇經)이라 불렀다. 통상 뛰어난 조사들의 법문을 '논(論)'이라 하고, 석가의 말씀을 '경'이라 한다. 혜능의 법문에 '경(經)' 자를 붙인 것은 혜능이 석가와 같은 부처의 자리에 올랐음을 의미한다.

글을 모르는 무식쟁이라 방아만 찧던 혜능이 마침내 부처가 된 것이다. 그는 불자들에게 추앙받는 인물이 되었다. 오늘날 한국 불교의 중심 종파인 조계종의 이름도 혜능이 수행하였던 조계산에서 유래한다.

직지사 벽화 속에서 방아를 찧고 있는 혜능의 모습은 단순히 절 양식을 도정하는 것이 아니라 수행을 통하여 부처가 된 혜능의 일대기를 표현하고 있다.

직지사 부설 거사 벽화(부설이 물병을 깨뜨리고 있다.)

또 절의 벽화 중에, 어떤 사람이 빨랫줄에 걸린 물건을 막대기로 쑤시는 듯한 행동을 하고 있고 스님 두 사람이 앉아서 그 광경을 구경하고 있는 그림을 볼 수 있다. 이 그림을 처음 보는 사람은 아마도 한 사람의 공연을 보고 있는 장면을 연상할지도 모른다. 그러나 이는 신라 때 수행이 깊었던 부설(浮雪) 거사의 행적을 담은 벽화다.

거사는 불교에서 출가하지 않은 남자 재가신도를 일컫는 말이다. 불교의 유명한 거사는 많이 있지만, 나라별로 치자면 인도에는 유마 거사, 중국에는 방 거사, 한국에는 부설 거사가 대표적인 인물로 일컬어진다.

부설 거사의 속명은 진광세(陳洸世)인데, 불국사의 원부(圓浮) 선사 아래에서 득도하였다고 하며 부설은 법명이다.

영조, 영희 스님과 더불어 수행에 전념하다가 오대산으로 수행을 떠나던 중, 부안의 구씨 집안에 머물게 되었는데 이 집에는 벙어리로 태어난 묘화라는 아가씨가 있었다. 마침 비가 오기로 거기서 며칠 머물렀는데, 묘화 아가씨가 부설 스님에게 반해서 결혼을 해달라고 하였다.

부설은 이를 완강히 거절하였다. 그러나 묘화가 말하기를 "중생을 구제하려고 하면서 이 소녀가 만일 죽게 된다면 어찌 큰 뜻을 편다고 하겠습니까?"라고 하니, 이것도 숙세의 인연이로구나 하면서 할 수 없이 결혼을 허락하게 되었다.

이것을 본 도반 영조와 영희는 부설이 파계했다고 하면서 그의 곁을 떠나버렸다.

부설거사는 결혼생활을 하는 중에도 수행을 멈추지 않고 정진하여 마침내 깨달음을 얻었고, 뒷날 다음과 같은 열반게를 남겼다.

눈으로 보는 바 없으면 분별이 없고　　目無所見無分別(목무소견무분별)
귀로 듣는 것 없으면 시비가 끊어지나니　耳聽無聲絶是非(이청무성절시비)
분별과 시비 모두 다 내려놓고　　　　分別是非都放下(분별시비도방하)
마음이 부처임을 알고 스스로에 귀의하라 但看心佛자귀의(단간심불자귀의)

그러던 어느 날 오대산으로 수행을 떠났던 영조, 영희 두 스님이 찾아와서,

이르기를, "우리는 오대산으로 가서 훌륭한 수행을 마치고 돌아오는 길이네만, 자네는 여자에 빠져서 이리 되었으니 참으로 안타까운 일일세." 하였다.

이 말을 들은 부설거사는 두 스님을 뒤뜰로 모시고 나가, 줄에 물병 3개를 매달고는 지팡이로 물병을 쳐서 스님들의 수행 정도를 보여 달라 하였다. 두 스님이 차례로 물병을 치자 물병이 깨어지면서 물이 바닥으로 쏟아졌다. 그러나 부설거사가 친 물병은 깨어지긴 했지만 물은 쏟아지지 않고 그대로 매달려 있었다.

아는 만큼 보인다는 말이 있다. 방아 찧는 그림에서 혜능의 가멸찬 수행과정을 보고, 줄에 건 물건을 향해 막대기를 들이대는 그림에서 부설의 높은 수행결과를 표현했음을 안다면, 아마도 그 그림이 다시 보일 뿐만 아니라 그 앞을 쉽게 지나치지는 못할 것이다.

석가는 설산에서 수행하지 않았다

사찰의 탱화 중에 팔상도(八相圖)라는 것이 있다. 석가모니의 탄생부터 입멸까지의 일생을 여덟 가지로 나누어 압축, 표현한 그림이다. 팔상전이나 영산전(靈山殿)에 주로 봉안하며, 팔상탱(八相幀)이라고도 한다.

이 팔상도에는 그림 한 점 한 점마다 그 내용을 함축하는 이름이 붙어 있다. 도솔래의상(兜率來儀相), 비람강생상(毘藍降生相), 사문유관상(四門遊觀相), 유성출가상(踰城出家相), 설산수도상(雪山修道相), 수하항마상(樹下降魔相), 녹야전법상(鹿野轉法相), 쌍림열반상(雙林涅槃相)이 그것이다.

도솔래의상(兜率來儀相)은 석가가 현세에 태어나기 이전에 수행하면서 머물렀던 도솔천에서, 흰 코끼리를 타고 인도의 카필라 궁을 향하고 있는 모습을 그린 것이다. 도솔천은 산스크리트어 듀스타(Tusita)의 음역이다. 어의가 '만족'의 뜻이라서 지족천(知足天)으로 번역하기도 한다.

비람강생상(毘藍降生相)은 석가의 어머니 마야(摩耶)부인이 산달을 맞아 친정으로 가던 도중에 산기가 있어, 룸비니 동산의 무우수(無憂樹) 아래에서 출산하는 장면을 그린 것이다. 석가가 그 유명한 '천상천하 유아독존'이란 말을 외친 곳도 이곳이다. 비람은 룸비니(Lumbini)의 한역어다.

사문유관상(四門遊觀相)은 석가가 출가하기 전 도성의 네 성문에서 노인과 병자, 죽어 나가는 시체를 보고 무상을 느낀 후 북문에서 수행하는 사문(沙門)을 보고 출가를 결심하는 과정을 나타낸 그림이다.

유성출가상(踰城出家相)은 29세 되던 해에 사랑하는 처자와 왕위를 계승할 태자의 자리를 버리고, 성을 떠나 출가하는 모습을 그린 것이다.

설산수도상(雪山修道相)은 깨달음을 위해 6년 동안 갖은 고행을 겪으며 수행하는 모습을 담은 그림이다.

그리고 수하항마상(樹下降魔相)은 선정 과정에서 그를 유혹하는 온갖 마군(魔軍)을 물리치는 장면인데, 석가가 심적 갈등을 이겨내고 마침내 깨달음의 경지에 이르는 모습이다.

녹야전법상(鹿野轉法相)은 대오(大悟)한 석가모니가 그곳에서 500리쯤 떨어진 녹야원으로 가서 처음으로 5명의 수행자에게 설법하여 그들을 귀의시키는 모습이며, 쌍림열반상(雙林涅槃相)은 수많은 사람들에게 법을 전한 후 사라쌍수(紗羅雙樹) 아래서 열반에 드는 모습이다. 사라는 나무 이름이고 쌍수는 두 그루라는 뜻인데, 석가는 그 사이에서 열반했다.

그런데 이 팔상도 중에서 다섯 번째 그림인 설산수행상은 하나의 문제점을 안고 있다. 결론부터 말하면 그 내용이 석가의 일대기와 어긋나기 때문인데, 석가는 설산에서 수행한 일이 없다.

석가는 출가한 후 올바른 수행법을 찾기 위하여 많은 스승을 찾았으나 어떤 스승에게서도 만족을 얻지 못했다. 그래서 그는 '내가 의지해 배울 스승은 없다. 이제는 내 자신이 스승이 될 수밖에 없다'고 생각하고, 가야에서 멀지 않은 우루벨라 숲을 수도장으로 삼았다. 이 우루벨라 숲을 고행림(苦行林)이라 번역하는데, 여기서 석가가 누구도 따를 수 없는 극한의 고행으로 수행했기 때문이다.

그는 여기서, 몇 톨의 낟알과 한 모금의 물로 하루를 보내는 일도 있었다. 그의 눈은 해골처럼 움푹 들어가고 뺨은 가죽만 남았다. 몸은 뼈만 남은 앙상한 몰골이 되었다. 살아 있는 사람 같지 않아서, 지나가던 아이들이 콧구멍과 귓구멍을 찔러 보며 장난을 할 때도 있었고, 마을 사람들이 와서 보고는 침을 뱉고 오줌을 누기도 했다. 지금 사찰에서 볼 수 있는, 뼈가 앙상한 부처상이나 벽화는 그때의 모습을 나타낸 것이다. 그러나 석가는 이러한 고행에도 불구하고, 번뇌를 완전히 끊지 못했고 깨달음에도 물론 이르지 못했다.

고행을 시작한 지도 다섯 해가 지나자 고행에 대한 회의가 왔다. 그는 육체를 괴롭히는 고행은 육체에 대한 또 다른 집착일 뿐, 마음을 고요하게 만들 수는 없음을 알았다. 그래서 그는 고행과 단식을 중지하고 네란자르 강으로 내려가 목욕하고 육체 회복에 들어갔다. 때마침 지나가는 소녀 수자타에게 우유죽을 얻어먹고, 보리수 아래에서 깊은 명상에 들어갔다. 이렇게 해서 칠 일째 되는 날 먼동이 틀 무렵, 드디어 그는 깨달음을 얻었다.

이에서 보는 바와 같이 석가는 설산에서 수행한 적이 없다. 설산은 히말라야 산을 가리키는데, 석가는 히말라야 산에서 수행한 적이 없다. 스승을 찾아 수행한 곳이나 가야 부근에 있는 고행림도 설산과는 거리가 멀다. 그러므로 우리 사찰에서 볼 수 있는 팔상도의 설산수행상은 불전(佛傳)과 맞지 않다. 그런 의미에서 눈 속에 앉아 있는 석가상 즉 팔상도(설산수행상)는 다시 그려져야 한다.

그러면 우리나라 사찰에서는 왜 이런 그림을 그렸을까?

아마도 석가의 전생에 나오는 설산동자의 이야기에 이끌린 것 같으나 전생의 이야기는 전생의 이야기일 뿐, 태어난 이후의 이야기는 결코 아니다.

그러면 팔상도에 혼란을 가져오게 한 설산동자 이야기를 잠깐 살펴보기로 하자.

사찰의 벽화 중에, 나무 위에서 떨어지는 어린 아이를 아주 험상궂게 생긴 한 사나이가 그 아래에서 받으려고 위를 쳐다보고 있는 그림을 볼 수 있다. 이 그림이 바로 석가의 전생 이야기에 나오는 설산동자의 수행 모습을 그린 것이다.

전생에 이루어 냈던 일들을 가리켜 본생담(本生譚)이라 하고, 그것을 그림으로 나타낸 것을 본생도(本生圖)라 하는데, 이 본생도는 다음과 같은 사연을 담고 있다.

어린 석가가 히말라야에서 홀로 고생하면서 오랜 세월을 보내고 있었다. 수호신[帝釋天(제석천)]은 그가 과연 깨달음을 이룰 수 있는 자질과 능력이 있는지를 시험하기 위해서, 사람을 잡아먹는 악귀인 나찰로 변해서 시 한 구절을 외웠다.

이 세상 모든 것은 다 변하느니　諸行無常(제행무상)
그것이 곧 나고 죽는 이치라네　是生滅法(시생멸법)

석가는 이 시를 듣고 마음속으로 무한한 기쁨을 느꼈다. 자리에서 일어나 사방을 둘러보았으나, 험상궂게 생긴 나찰 이외에는 아무도 보이지 않았다. 저렇게 추악하고 무서운 얼굴을 가진 것이 어떻게 그런 시를 읊을 수 있을까 하는 생각이 들었다.

그는 나찰에게 가서 물었다.

"당신은 어디서 이처럼 훌륭한 시구(詩句)를 들었습니까? 나는 그것을 듣고 마치 망울진 연꽃이 피는 것처럼 마음이 열렸습니다."

"나는 그런 것은 모르오. 여러 날 굶어 허기가 져서 헛소릴 했을 뿐이오."

"그런 말씀 마십시오. 당신이 만일 그 시 전부를 내게 일러 주신다면, 나는 일생토록 당신의 제자가 되겠습니다."

"당신은 자기 욕심만 채우려 하고 남의 사정은 모르고 있소. 나는 지금 배가 고파 죽을 지경이오."

"당신은 대체 어떤 음식을 먹습니까?"

"놀라지 마시오. 내가 먹는 것은 사람의 살덩이고, 마시는 것은 사람의 따뜻한 피요."

"그렇다면 당신은 그 나머지 반을 들려주시오. 나는 그것을 다 듣고 내 몸을 당신에게 드리겠습니다."

"그러면 좋소. 똑똑히 들으시오. 나머지 반을 말하겠소."

나고 죽는다는 생각이 다 없어지면 　　　　　生滅滅已(생멸멸이)
흔들림 없는 평화 오나니 그것이 즐거움이어라.　寂滅爲樂(적멸위락)

석가는 이 구절을 듣고 나니 표현할 수 없는 환희가 솟아올랐다. 시의 뜻을 깊이 생각하고 음미한 뒤에 벼랑과 나무와 돌에 그것을 새겼다.

그러고는 약속대로 나찰을 향해 몸을 날렸다. 그런데 그의 몸이 닿기도 전에 나찰은 곧 수호신의 모습으로 변하여, 공중에서 그를 받아 땅에 내려놓았다. 모든 천신들이 그의 발에 예배하고 그 지극한 구도의 정신과 서원을 찬탄하였다.

직지사 설산동자 수행상 벽화(설산동자가 나무 위에서 나찰에게로 뛰어내리고 있다.)

앞에서 살펴본 바와 같이, 팔상도는 석가의 본생담이 탄생 이후의 이야기로 굴절되어 변형된 것이다. 이것은 석가의 고행을 더욱 강조하고 숭엄시하기 위해 빚어진 결과로 보인다. 그러나 혼동은 혼동이므로 이는 마땅히 바로 잡을 일이다.

영취산(靈鷲山)은 영축산이 될 수 없다

　경상남도 양산군의 통도사가 위치해 있는 산 이름은 원래 영취산(靈鷲山), 취서산(鷲棲山) 등으로 불리어 왔는데, 2001년 1월 양산시 지명위원회에서, 1463년(세조 9) 간경도감에서 간행된 법화경언해(法華經諺解)본을 근거로 하여 그 이름을 영축산으로 바꾸었다고 한다. 이 산에 위치한 통도사 당국도 영축산으로 부르고 있다.

　영취산은 본래 고대 인도 마갈타국(摩竭陀國)의 왕사성(王舍城) 북쪽에 있는 산인데, 이곳에서 석가가 법화경(法華經)을 설하였기 때문에, 매우 신령스러운 곳으로 여기고 있다. 절의 법당에 그려져 있는 영산회상도(靈山會上圖)는 이 산에서 석가가 설법하는 모습을 그린 것이다. 영취산은 기사굴산(耆闍崛山)으로 음역되기도 하고, 취산(鷲山), 취봉(鷲峰), 취대(鷲臺)로 번역되기도 한다.

　산의 이름에 '독수리 취'자가 들어간 것은, 이 산이 독수리 모양을 닮아서 그렇다는 설과 독수리가 많이 살았기 때문에 그렇게 불렸다는 두 가지 설이 있다. 실제로 이 산에는 독수리 모양의 바위가 있다.

　어떻든 이 산은 불교와 관련된 산이기 때문에, 예부터 성지로 여겨져 불승들의 참배지가 된바, 그 옛날 인도를 기행했던 법현(法顯)의 불국기(佛國記)나 현장

(玄奘)의 대당서역기(大唐西域記)에도 등장한다. 이런 연유로 우리나라에도 영취산은 여기저기 여러 곳에 있다. 전남 여수시, 경남 창녕군과 함양군, 울산광역시에도 영취산이 있다. 그 외에 대동여지도에는 영취산이란 산 이름이 전국적으로 8곳이나 나온다. 이는 중국도 마찬가지다. 영취산은 강서성 광풍현, 강서성 상요현, 절강성 항주시, 복건성 복청현, 광동성 곡광현, 운남성 보산현, 호북성 형문현 등 여러 곳에 산재해 있으며, 영취가 붙은 봉우리도 여러 개가 있다.

이것은 관세음보살이 상주한다는 낙산(洛山)이, 인도뿐만 아니라 우리나라, 중국, 일본, 베트남에도 있는 것과 같다. 강원도의 낙산사도 물론 거기에 따른 이름이다.

그런데 지금 여수, 함양, 창녕, 울산에 있는 영취산은 다 영취산으로 부르고 있으며, 표지석이나 안내판도 다 그렇게 적혀 있다. 양산의 통도사가 위치해 있는 것만 유독 '영축산'으로 부르려 하고 있는 것이다. 그럼 이것이 과연 합당한 것일까?

여수시의 영취산(靈鷲山) 표지석과 안내판

창녕군의 영취산 표지석　　　　　　　함양군의 영취산 표지석

앞에서 말한 바와 같이, 영취산은 법화경에 나오는 산 이름이다. 법화경 제4권 제바달다품(提婆達多品)에 "이들은 큰 바다의 사갈라 용궁으로부터 저절로 솟아올라 허공을 지나 영취산에 이르렀다."는 구절이 있고, 또 제5권 여래수량품(如來壽量品)에는 "신통력이 이와 같아 아승기(阿僧祇) 오랜 겁(劫)에 영취산과 다른 곳에 머물러 있느니라."는 시구(詩句)가 있다.

우리나라에 있는 모든 영취산은 모두가 법화경에 나오는 이 산 이름을 따서 지은 것이다. 우리나라에는 불교와 관련된 이러한 지명이 수없이 많은데, 모두가 불전(佛典)에 근거를 두고 있다. 이것은 신라의 불연국토사상(佛緣國土思想)에서 유래한 바가 크다고 할 수 있다.

신라인들은 고구려에서 불교가 들어오기 전부터, 신라 땅에는 처음부터 부처가 상존했다고 믿었다. 불교가 밖에서 들어온 것이 아니라, 신라는 본디부터 부처의 나라라고 생각한 것이다. 불국사란 이름도 이러한 사상을 기저로 하여 생겨난 이름이다. 그래서 전국의 명승지마다 불보살(佛菩薩)의 이름을 붙인 것이다.

금강산, 가야산, 문수산, 오대산, 청량산, 비로봉, 관음봉, 미륵봉 등이 다 그래서 붙여진 이름들이다.

통도사가 위치한 산을 종래에는 모두가 영취산으로 부르고 써 왔다. 그런데 서두에서 언급한 바와 같이, 갑자기 이 산을 영축산이란 이름으로 고쳐 부르도록 한 것이다. 신라, 고려 이래로 영취산이라 불려온 이 산을, 어느 한 문적의 번역을 기준 삼아 영축산으로 고쳐 부르는 것이 합당한 일일까? 그럼 이에 대한 궁금증을 풀어보기로 하자.

먼저 과연 조선시대에 간행된 법화경언해에는 영취산이 영축산으로 기록되어 있는 것일까?

독수리를 뜻하는 취(鷲) 자는 '취' 이외의 다른 음은 없다. '독수리 취(鷲)' 자는 '취' 자일 뿐, '축'이라는 음은 어디에도 없다. '취(鷲)' 자는 고대 한자음을 적은 집운(集韻)에는 '질추절(疾僦切 ; 疾자의 첫소리 ㅈ과 僦자의 가운뎃소리 ㅜ의 합친 소리인 '주')'로 되어 있고, 정운(正韻)에도 '즉취절(卽就切 ; 卽자의 첫소리 ㅈ과 就자의 가운뎃소리 ㅟ의 합친 소리인 '쥐')'로 되어 있어 옛 음이 '주/쥐'임을 알 수 있다.

동국정운 '鷲(쥴)'자 부분

영취산을 영축산으로 이름을 바꾸는 데 전거로 삼았다는 법화경언해에도, 사실 '鷲(취)' 자는 '축'이 아니라 '쯓'으로 적혀 있다. '쯓'은 동국정운(東國正韻) 식 한자음이어서 당대의 현실음이 아닌, 인위적으로 만든 음이다. 동국정운이란 세종이 신숙주, 박팽년 등에 명하여 지은 한자음을 정리한 책이다. 종래에는 한자음을 반절(半切 ; 한자의 첫소리와 가운뎃소리 + 끝소리를 합해서 다른 한자음을 표기하는 방법. 예를 들면, 東자를 德紅切과 같이 적는 것으로, 德의 첫소리 ㄷ과 紅의 가운뎃소리+끝소리인 ㅎ을 합쳐 '동'을 나타내는 방법)을 사용하여 적었으나, 동국정운은 한글로써 음을 달았다. 그런데 그 음은 우리나라에서 사용하던 당시의 한자음이 아니라, 중국의 음을 참고하여 인위적으로 만든 것이다. 훈민정음언해에 나오는 '나랏 말쓰미 中듕國귁에 달아'에서 '中國'을 '듕귁'으로 표기한 것도 현실음이 아니라, 중국의 음을 절충하여 새로 만든 것이다. 당시에도 '中國'을 '듕귁'으로는 읽지 않았다.

위와 같이 각종 운서에 나타나는 '취' 자의 음은 '주' 혹은 '쥐'다. 이로 보아 법화경언해의 '쯓'은 당시 현실음인 '주'나 '쥐' 혹은 '취'를 그렇게 바꾸어 적었을 개연성이 크다. 어떻든 '쯓'으로 적었지 '축'으로 적지는 않았다. 그러므로 이름 변경의 근거로 삼았다는 법화경언해의 鷲의 음인 '쯓'은, 당시의 현실음을 동국정운식 한자음으로 바꾸어 적었을 뿐, 결코 '축'으로는 적지 않았음을 알 수 있다.

그럼 양산시 지명위원회에서 전거로 삼았다는 법화경언해 제1 서품제1 부분을 보자. (다음 사진 참조) 여기에는 영산(靈山)의 딴 이름인 취두산(鷲頭山)을 '수리머리산'으로 번역하고, 이어서 영취(靈鷲)를 '령쯓'이라 적고 있다. 이로 볼 때, 鷲 자를 '수리(독수리)'의 뜻으로만 분명히 썼으며 '쯓'으로 읽었음을 알 수 있다. 鷲 자는 독수리 이외의 다른 어떤 뜻으로도 쓰지 않았으며, '쯓' 이외의 다른 음으로는 읽지 않았다. 덧붙이면 '축'이라고 전혀 읽지 않았다.

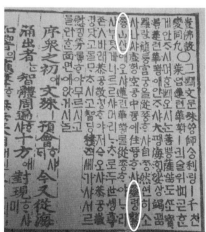

이처럼 鷲 자를 '쯍'으로 읽은 것은 법화경언해의 다른 부분, 곧 제4권 제바달다품 제12와 제5권 여래수량품 제16 등에서도 똑같다.(사진 참조)

화엄경언해의 靈鷲山(령쯍산) 관련 부분
(왼쪽은 제4권 제바달다품 12, 오른쪽은 제5권 여래수량품 16)

또 어떤 이는 '鷲'를 '축'으로 적는 것을 가리켜, 남무(南無)를 나무로 읽고, 반약(般若)을 반야로, 정화(幀畵)를 탱화로 읽는 바와 같은, 불교의 독특한 독음(讀音) 방식으로 보는 것 같기도 하나, 鷲 자는 그런 갈래의 말과 같은 근거나 일반성이 전혀 없는 글자다. 그러므로 영취산을 새삼스럽게 영축산으로 적어야 할 당위성은 없다.

다음으로 삼국유사를 비롯한 옛 문헌의 기록들을 일별해 본다. 삼국유사에는 영취, 영취사(2회), 영취산(6회) 등의 기록이 여러 군데 보인다. 그 기록의 대강을 보기로 하자.

① 삼국유사 제3권 영취사(靈鷲寺) 조에 보이는 영취산은, 재상 충원공(忠元公)이 굴정현(屈井縣)의 청사를 헐고 그 자리에 지은 절인데, 동래에 있었던 절이다.

② 삼국유사 낭지승운보현수(朗智乘雲普賢樹) 조에, "낭지라는 중이 삽량주(歃良州) 아곡현(阿曲縣)의 영취산에 숨어 살았다."는 기록이 있다. 그 주(注)에 "삽량은 지금의 양주(梁州)인데 굴불(屈弗)이라고도 하며 울주(蔚州)에 속한다." 고 기록되어 있다. 삽량주 즉 양주는 지금의 양산군이고, 울주는 현재의 울산이다. 그러니 영취산은 통도사가 위치한 산 이름임에 틀림없다.

③ 삼국유사 처용랑 망해사(處容郎望海寺) 조에는 "왕이 개운포(開雲浦)에 행차했다가 서울로 돌아오자 영취산 동쪽 기슭의 경치 좋은 곳을 선정하여 절을 세우고 이름을 망해사라 하였다."는 기록이 있다. 개운포는 지금의 울산 지방이다.

④ 같은 책 선도성모 수희불사(仙桃聖母 隨喜佛事) 조에는, 선도성모가 지혜(智惠)라는 비구니에게 나타나, "중생을 위해 영취산에 점찰법회(占察法會)를 열어라."는 기록이 있는데, 그 주(注)에 "굴불지(屈弗池)의 용이 꿈에 나타나 영

취산에 약사도량을 열어, 바닷길이 편안하기를 청했으니 그 일이 또한 이와 같다."고 씌어 있다. 여기의 굴불은 앞에 나온 낭지승운보현수 조에 나오는 불굴과 같은 지명이니, 현재의 울산 곧 통도사가 위치한 지역이다.

⑤ 영취산의 딴 이름인 취서산(鷲棲山)에 대한 기록 역시 '鷲'자는 '축' 아닌 '취'일 뿐이다. 세종실록지리지 언양조에는, "취서산은 현(縣)의 남쪽에 있다." 라고 기록되어 있고, 신증동국여지승람 언양조에도 "취서산은 현의 남쪽 12리에 있으며, 대석산(大石山)이라고도 한다."라고 적혀 있다.

이들 기록으로 보아 영취산은 신라 때부터 그 이름이 영취산으로 불리었음을 알 수 있다. 뿐만 아니라, 통도사가 위치한 이 산, 독수리가 서식하는 산이라 하여 종래에 취서산이라고도 불렀으니, 독수리와 관련이 있음에 틀림이 없다. 그래서 영취산을 줄여서 취산(鷲山) 또는 취령(鷲嶺)이라고도 했는데, 축산이나 축령이라고는 하지 않았다.

이상에서 본 바와 같이, 영취산을 영축산으로 바꾸어 불러야 할 하등의 당위성을 찾을 수 없으므로, 영축산은 원래의 이름 그대로 영취산으로 부름이 타당하다.

원효는 해골 물을 마시지 않았다

원효가 의상과 함께 불법(佛法)을 배우기 위해 당나라로 가던 길에, 옛 무덤 속에서 잠을 자다가 목이 말라 마신 물이 밝은 날에 보니 해골에 고인 물이었다. 모르고 먹었을 때는 그 맛이 달더니, 해골에 담긴 물이라 생각하니 역겨웠다. 이를 통하여 그는 모든 것이 마음에 달렸다는, 이른바 일체유심조(一切唯心造)의 법을 깨쳤다고 한다.

이 원효의 '해골 물' 이야기는 석문임간록(石門林間錄)이라는 책에 실려 전하는데 그 내용은 이러하다.

"당나라의 중 원효는 해동인(海東人)이다. 일찍이 배를 타고 당에 이르러, 도를 묻고자 혼자서 황폐한 언덕길을 가다가, 밤이 되어 무덤 사이에서 자게 되었다. 갈증이 심하여 굴속의 샘물을 손으로 움켜 떠먹으니 달고 시원하였는데, 날이 새어 보니 그것은 해골이었다. 그래서 역해서 모두 다 토해 버리려다가 문득 크게 깨닫고는 탄식해 말하기를, '마음이 생기면 곧 갖가지 사상(事象)이 일어나고, 마음이 멸하면 곧 해골이 둘이 아니다. 여래께서 온 세상이 오직 마음이라 하셨으니 어찌 우리를 속이리오.' 하고는, 다시 스승을 구하지 않고 신라로 돌아가서, 화엄경을 주석하여 가르침을 널리 펼쳤다.”

그런데 이 이야기를 자세히 들여다보면 내용이 엉성한 데가 많다. 원효가 당나라로 유학하러 가다가 깨달음을 얻고 중도에서 돌아온 것이 아니라, ‘당나라의 중 원효’라고 했으니, 원효는 당나라에 유학했다는 셈이 되어, 우리가 알고 있는 사실과 다르다.

또 문맥의 논리성에도 문제가 발견된다. ‘마음이 멸하면 곧 해골이 둘이 아니다.’라고 하였는데, 해골과 대조될 수 있는 대상이 없이 그저 둘이 아니라고 하였으니 무엇과 둘이 아니라는 뜻인지 모호하다.

손으로 물을 움켜 마셨던 샘물이 해골에 담긴 물이라는 기록도 이치에 잘 닿지 않는다. 아무래도 그렇지, 해골에 고인 물을 손으로 움켜 마시면서까지 샘물로 오인할 수가 있겠는가?

이러한 몇 가지 정황으로 보아 임간록의 기록은 정확한 역사적 기록이 아니라, 지은이의 창의를 곁들인 내용이라고 생각된다.

그런데 이 임간록보다 110여 년 전에 나온 송고승전 의상전(義湘傳)에는 이와는 좀 다른 내용이 실려 있다.

“의상이 약관 때에, 당나라에 교종이 매우 성함을 듣고 원효 법사와 뜻을 같이하여 당을 향해 길을 나섰다. 신라의 항구인 당주계(唐州界)로 가서, 큰 배를 타고 바다를 건너서 갈 계획이었다. 그때 중도에서 궂은비를 만나고 날이 어두워, 길가에 있는 땅굴 속으로 들어가서 비바람을 피하여 잠을 잤는데, 이튿날 아침에 그곳을 살펴보니 땅굴이 아니라 무덤 속이었으며, 곁에 해골이 있었다.

하늘은 아직 개이지 않고 비가 계속 내리며 땅도 질퍽해서 걸음을 옮기기가 어려웠으므로, 그들은 그곳에서 하룻밤을 더 지내게 되었다. 그날 밤중에 갑자기 귀신이 나타나 기괴하였다. 이에 원효는 탄식하기를, '전날 여기에서 잤을 적에는 땅굴이라 생각하고 자니 편안했는데, 오늘밤은 귀신의 집인 무덤에서 잠을 잔다고 생각하니, 동티(공연히 건드려서 스스로 걱정이나 해를 입음)가 심한 것이다. 곧 마음이 일어나므로 갖가지 사상(事象)이 일어나고, 마음이 멸하므로 땅굴과 무덤이 둘이 아님을 알았다.'

이러한 이치를 깨달은 그는 당나라 유학을 포기하고 의상 혼자서만 당으로 갔다."

여기서는 후대에 나온 임간록에 보이는, 해골 물 이야기는 전혀 나오지 않는다. 땅굴이라고 여기고 잤을 때는 편안했는데, 무덤이라는 것을 알고 자니 귀신이 나타났다는 것이다. 그리고 무덤이라는 사실을 확인시키는 근거로 '곁에 해골이 있었다'는 말을 적고 있을 뿐이다.

그런데, 송고승전의 '해골'이 뒷날 임간록에는 '해골 물'로 바뀌고 이에 따라 이야기 내용도 달라지게 되었다. 이렇게 내용이 바뀌게 된 연유는, 아마도 임간록의 저자 덕홍(德洪)이 모본(母本)의 송고승전보다 좀더 흥미로운 내용으로 개작하고자 한 때문이라 생각된다.

저자의 그러한 의도는 매우 적중하여, 사실과는 달리 후세의 사람들에게 모두 그렇게 알도록 만들어 버리게끔 힘을 발휘하였다.

누가 보아도 땅굴과 무덤의 대비보다는, 샘물과 해골 물의 대비가 더 큰 매력을 발휘한다. 원래의 내용을 바꾸고 보태어, 일체유심조(一切唯心造)라는 불법의 이치를 더 한층 강화하고 승화시키는 효과를 거두고 있다. 그러므로 이러한 말 바꾸기나 끼워 넣기는 비록 사실과는 다르다고 하더라도, 그 목적이 순수할 뿐만 아니라 효율을 극대화하고 있으니 그를 나무랄 사람은 없을 것이다.

그러나 우리는 사실과 허구는 분명히 가릴 필요가 있다. 원초 기록인 송고승전에는 해골 물을 마신 것이 아니라, 굴인 줄 알고 잤는데 자고 나니 옆에 해골이 있었다는 것뿐이다. 해골 물을 마셨다고 하는 내용은 후세에 덧붙인 것이다. 원효는 결코 해골 물을 마시지 않았다.

장님이 코끼리를 만진 까닭

    어느 초등학생이 담임선생님께, 장님 코끼리 만지기 이야기는 가짓수가 여러 가지인데, 어떤 것이 진짜냐고 물었다는 이야기를 들었다. 사실 누구나 다 아는 이야기지만, 이야기마다 조금씩 다른 것이 이 장님 코끼리 만지기 이야기다.

    이야기에 나오는 장님 수도 각각이거니와, 만지는 부위도 각각이다. 이야기의 구조는 장님이 코끼리의 어느 부위 A를 만져 보고, 코끼리는 B 같다는 판단을 내리는 구조로 되어 있다. 다음에 이야기 유형별로, 그 구조를 A→B로 나타내 보기로 한다.

      (가) 이야기 : 상아 → 무, 귀 → 키(箕), 머리 → 돌, 코 → 절굿공이,
                      다리 → 절구통, 등 → 평상, 배 → 항아리, 꼬리 → 새끼줄
      (나) 이야기 : 몸뚱이 → 벽, 귀 → 키 (箕), 코 → 구렁이
      (다) 이야기 : 등 → 평상, 배 → 장독, 꼬리 → 줄, 코 → 대통
      (라) 이야기 : 배 → 절벽, 다리 → 기둥, 코 → 서까래

    여기서 보는 것처럼, 이야기 갈래에 따라 만지는 코끼리의 부위도 각각 다르고, 또 만진 부위에 따른 판단 내용도 각양각색이다. 하나의 이야기가 여러 사람

의 입을 거치면서 여러 가지로 바뀐 것이다.

게다가 이 이야기의 주제도 사람에 따라 다르다. 어떤 이는 전체를 보지 못하는 편견을 지적한 것이라 풀이하는가 하면, 어떤 이는 수박 겉핥기식으로 사물을 대충 보아 넘기는 폐단을 가리킨 것이라 한다.

위에서 본 것처럼 부위에 따른 판단이 다른 것은, 기록자의 상상에 따라 얼마든지 달라질 수도 있다. 그러나 이 이야기가 전하려는 본뜻이 흐려져서는 안 되며, 이 이야기를 배우는 학생들에게 올바로 가르쳐야 할 요체도 바로 여기에 있다.

군맹상평(群盲象評) 또는 군맹평상(群盲評象)이란 성어로 불리는 이 이야기는, 원래 불경의 열반경 사자후보살품(獅子吼菩薩品)에 나오는 것으로, (가) 이야기가 원형인데 코끼리는 불성(佛性)을 비유한 것이고, 소경은 어리석은 중생을 비유한 것이다.

즉 중생은 불완전하지만 나름대로 다 불성을 가지고 있음을 말하고자 한 것이다. 완전하지는 못하지만 누구나 부처가 될 수 있는 성품을 가지고 있다는 것이다. 그러므로 중생도 수행을 통하여 그 불성을 잘 기르고 닦으면, 누구나 다 깨달음에 이르러 부처가 될 수 있음을 말한 것이 이 이야기의 원래 의미다. 처음에는 불성의 일부밖에 볼 수 없지만, 일체 중생은 원래 모두가 부처가 될 수 있는 성품을 갖고 있기 때문에 닦아 나가면 반드시 불성을 깨칠 쉬[見性(견성)] 있다는 것이다.

장님 코끼리 만지는 이야기는 어떤 사물의 전체적인 모습을 파악하지 못하고 일부분만을 가지고 아는 척을 한다는 것을 비유하는 데 쓰이고 있지만, 원래는 그런 뜻이 아닌 것이다.

팔만대장경은 판목 수에 따른 이름일까

대장경은 일체경(一切經), 삼장경(三藏經) 또는 장경(藏經) 등으로도 불리는데 불교의 가르침인 경(經), 율(律), 논(論)을 한데 모은 큰 경전을 지칭하는 이름이다. 즉 부처님의 설법인 경(經)과 부처님이 정한 교단의 규칙인 계율(戒律), 그리고 경과 율을 체계적으로 연구하여 해석한 논술인 논(論)을 모두 모은 것이다.

경・율・론을 일러서 삼장(三藏)이라 하는데, 이때의 장(藏)은 산스크리트어의 pitaka를 번역한 것으로 광주리라는 뜻이다. 삼장(三藏)은 tripitaka 즉 세 개의 광주리를 뜻한다. 경은 sutra의 역어로서 경사(經絲 : 날줄)의 뜻이다. 그러니 대장경은 세 개의 큰 광주리에 담아 놓은, 줄기가 되는 가르침이란 의미다.

그러면 팔만은 무엇을 뜻하는 말일까?

해인사에 보관되어 있는 대장경 목판은 8만 1258매로 국보 제32호다. 일반적으로 이 팔만대장경(八萬大藏經)이란 이름은 8만여 매의 판목 수에 따라 붙여진 것이라고 알고 있으나, 이것은 거기에서 유래한 이름이 아니다.

인도에서는 고래로 많은 것을 나타낼 때 8만 4000이란 수를 썼다. 그래서 8만 4000 번뇌, 8만 4000 법문이란 표현을 썼으며, 팔만 사천 법문이 실려 있다고 하여 팔만사천대장경이라 불렀다. 이 팔만사천대장경을 줄여서 팔만대장경이라고 부른다. 그러므로 팔만대장경이란 이름은 목판 수에 따라 붙여진 이름이 아니다.

또 우리가 통상 팔만대장경이라고 하는 해인사 경판은 정확한 이름이 아니다. 현종 때 새긴 초조대장경(初雕大藏經)에 이어 두 번째로 새긴 것이므로, 재조대장경(再雕大藏經) 혹은 고려대장경, 해인사대장경이라 부르는 것이 맞다.

그런데 우리나라를 비롯한 동북아시아에서 유통되고 있는 대장경은, 기원후 1세기부터 산스크리트 어 경전을 중국에서 번역한 한역대장경(漢譯大藏經)이었다. 이후에 고려초조대장경(高麗初雕大藏經)·거란대장경(契丹大藏經)·북송(北宋)의 동선사판(東禪寺版)대장경 등 20여 종의 대장경이 간행되었다. 그 중에서도 우리의 고려대장경은, 현대에 간행되어 내용이 알차다는 일본의 활자본 대장경인 대정신수대장경(大正新修大藏經)의 모본이 되었다.

천주교 박해사건은 단순한 종교탄압일까

동서고금을 막론하고 새로운 문물이 밖에서 들어올 때는 항상 기존 문화와 충돌이 있기 마련이다. 그것이 종교일 경우에는 더욱 심한 갈등을 빚게 된다. 처음 불교가 신라에 들어올 때, 우리의 토착신앙과 마찰을 일으켜 이차돈이 순교한 것도 이러한 예에 속한다.

조선 후기에 우리나라에 들어온 천주교 박해 사건도 그 궤를 같이한다. 천주교에 대한 박해 사건은 크게 세 번 일어났는데, 1791년(정조 15)의 신해사옥. 1801년(순조 1)의 신유사옥, 1866년(고종 3)의 병인사옥이 그것이다.

신해사옥은 전라도 진산군의 선비 윤자충이 어머니상을 당하여 신주를 불사르고 천주교식 제례를 지낸 데 대하여 일어난 박해인데, 천주교 신앙을 묵인하는 신서파(信西派)와 이를 반대하는 공서파(攻西派)의 대립을 악화시키는 계기가 되었으나 당사자에 대한 형을 집행하는 수준으로 끝났다

그 후 천주교는 1794년 청국인 신부 주문모(周文謨)가 국내에 들어오고, 정조의 관대한 정책으로 인하여 점차 그 교세가 확장되었다. 정조는 "사교(邪敎)는 자기자멸(自起自滅)할 것이며, 유학의 진흥에 의해 사학을 막을 수 있다."고 하여 적극적인 박해를 가하지 않았다. 또한 천주교를 신봉하는 남인 곧 시파(時派)들

도 이를 묵인하였다.

그러나 정조가 죽고 정권이 교체되면서 천주교에 대한 탄압이 본격화되었다. 1801년 나이 어린 순조가 왕위에 오르자, 섭정을 하게 된 정순대비(貞純大妃)는 사교(邪敎)와 서교(西敎)를 엄금하고 근절하라는 이른바 금압령(禁壓令)을 내렸다.

이 박해로 이승훈·이가환·정약용 등의 천주교도와 진보적 사상가들이 처형되거나 유배되었다. 주문모 신부를 비롯한 교도 약 100명이 처형되고 약 400명이 유배되었다. 이것이 그 유명한 신유박해(신유사옥) 사건이다.

이 박해의 표면적 이유는 천주교가 우리나라의 전통사상과 다르다는 것이었다. 사회도덕을 문란케 하고 '아버지도 없고 어머니도 없다는 무군무부(無君無父)'의 사상을 신봉한다는 죄목이었다.

그러나 그 이면에는 정치적 대립과 투쟁이 숨어 있었다. 천주교 박해 이면에 존재하는 정치적 배경은 사도세자를 굶겨 죽인 사건으로 올라간다. 세자가 무고를 받아 폐위되고 뒤주 속에 갇혀 죽은 이른바 임오화변이 발생하자, 세자를 동정하는 세력과 세자를 더욱 공격하여 곤경에 몰아넣고자 하는 세력으로 갈라지게 되었다. 세자를 동정하는 세력을 시파(時派)라고 하는데 그 대부분이 남인이었다. 세자를 공격하는 세력을 벽파(僻派)라 하는데 그들은 거의가 노론이었다.

영조가 죽고 정조가 즉위하자 억울하게 죽은 아버지의 죽음을 슬퍼한 나머지, 정조는 자연히 시파를 가까이하고 벽파를 멀리하였다. 그런데 천주교 신자의 대부분은, 이 시파 즉 남인 계통에 속하는 사람들이었다.

그 후 정조가 죽고 어린 순조가 즉위하자, 정순왕후가 섭정을 하게 되면서 왕후편인 벽파가 다시 정권을 잡고 시파를 억누르게 되었다. 이 권력 교체의 일환으로 벽파는 천주교에 우호적인 시파를 몰아내기 위해 천주교 박해를 일으켰던 것이다.

영조의 계비인 정순왕후는 원래 사도세자와 사이가 좋지 않았으며, 시파와 벽파의 대립에서는 항상 벽파편을 들었던 사람이었다. 김상로·홍계희 등과 결탁하여, 세자와 영조를 이간시키고, 사도세자를 경운궁(慶運宮)에 이거하게 한 김구주(金龜柱)는 정순왕후(貞純王后)의 아우였다.

이렇게 벽파들은 대왕대비를 움직여 천주교에 대하여 호의적이던 시파에 정치적 공세를 취하게 되었다. 남인을 척결하는데 천주교라는 포장을 덧씌운 것이다. 그러니 천주교 박해는 시파와 벽파 간의 정쟁이 빚어낸 사건이라 할 수 있다. 다시 말하면, 신유사옥은 천주교가 전통사상에 어긋난다는 이유도 있었지만, 보다 근원적인 이유는 이를 구실로 삼아 노론(老論) 세력이 당시 정치적 반대세력인 남인을 꺾고자 하여 벌인 권력다툼이었다.

병인사옥 역시 마찬가지다. 대원군은 원래 천주교에 대한 반감이 없었다. 대원군의 부인 민씨나 유모도 천주교 신자였다. 이렇듯 천주교에 대하여 호의적이던 대원군이 왜 천주교를 탄압하게 되었을까?

결론부터 말하면 정치적인 목적 때문이었다.

1860년 청나라는 영국과 프랑스의 공격을 받았다. 이때 청나라는 러시아의 중재로 베이징 조약을 체결하고 통상요구에 응하게 되었는데, 러시아는 이 대가로 연해주를 얻게 되었다. 이를 본 대원군은 러시아에 대하여 큰 위협을 느끼게 되었다. 때마침 1864년에 러시아인이 경흥부에 와서 통상을 요구하자 조정은 크게 동요하였다.

이때 천주교인들은 프랑스, 영국 등과 동맹을 맺으면 러시아의 남하정책을 막아낼 수 있을 것이라고 대원군에게 청했다. 그들은 이 일이 성공하면 천주교 포교에 유익할 것이라 생각했고, 대원군은 러시아를 막는 데 유리한 계책이 될 수 있다고 생각하여 이를 받아들였다. 양자의 입장이 맞아떨어진 것이다. 그래서 먼저 프랑스 선교사와 접촉하였는데, 그 중개 역할은 천주교 신자인 남종삼이 맡았다. 남종삼은 철종 때 승지를 역임하였고, 고종 때는 왕족의 자제를 가르치던 유능한 사람이었다. 그런데 남종삼이 벌인 대원군과 프랑스 신부와의 접촉이 지지부진하게 되어 대원군은 불만을 품게 되었다. 이들과의 접촉에서 얻은 것은 없고, 천주학쟁이와 대원군이 깊이 결탁되어 있다는 소문만 무성하게 퍼졌다. 또 러시아의 남하에 대해서도 점차 둔해지게 되었다.

이리하여 대원군은 궐내와 위정척사(衛正斥邪) 세력들에게 많은 비난만을 받게 되었다. 프랑스 군대의 지원을 얻는 데 실패한 대원군은, 천주교 선교사와의 접촉에서 얻은 것은 하나도 없이, 정치적 공세에 부딪히는 위험만 가득 안게 되었다. 이에 다급해진 대원군은 자신의 권력 기반을 유지하기 위해 마침내 병인사옥을 일으키게 되었다. 손해 본 장사에 대한 되치기를 한 것이다.

정치라는 것은 예나 지금이나, 여론과 명분의 뒷받침을 생명으로 한다. 특히 대원군은 명성황후와의 정치적 갈등을 겪고 있는데다가, 섭정이라는 비정통성을 항상 의식해야 하는 처지에 있었다. 그래서 그는 자신의 정치적 입지를 타개하고 다지기 위하여 천주교 박해라는 방편을 내걸었다. 천주교 박해의 표면은 위정척사였지만, 이면의 참모습은 정치적 전략이었다.

위에서 살펴본 바와 같이, 조선 후기의 천주교 박해는 단순한 종교적 탄압이 아니라 정치적 목적에서 빚어진 비극적 사건이었다. 겉은 종교 문제였지만 속은 정치 문제였다.

살려야 할 우리의 태교

지금 우리가 안고 있는 가장 큰 사회 문제 중의 하나는 청소년 문제라고 생각한다. 정치적, 계층적 갈등이나 경제적인 것과 관련된 실업 사태 등도, 하나같이 시급히 해결해야 할 중요한 문젯거리임에는 틀림없다. 그러나 그런 것들은 사람이 만들어 내거나 사람의 손으로 다듬을 수 있는 문제들이어서, 사람 그 자체에 대한 문제는 아니다.

그런가 하면 폭력, 왕따, 원조 교제 등으로 대변되는 청소년 문제는 바로 사람 그 자체의 문제라는 데 심각성이 있다. 여타 사회적 문제를 무생물적인 것이라 한다면, 청소년 문제는 살아있는 생물에 대한 문제다. 서류와 관련된 사무적인 일은 오늘 못 하면 내일 해도 되지만, 배추와 같은 생물은 빨리 팔지 않으면 썩어 버린다.

청소년 문제 해결의 시급성은 여기에 있다. 그뿐만 아니라, 그들은 내일의 우리 사회를 이끌어갈 역군들인데, 그들이 오늘 병든다면 내일의 우리 사회도 건강하지 못할 것이다. 이렇듯 중요한 청소년 문제를 해결하자면, 우선 눈앞에 벌어진 사태를 해결하기 위해 여러 가지 조치를 취해야 할 것이다. 그러나 그것은 발등의 불은 끌 수 있을지 몰라도 근본적인 대책은 되지 못한다. 학교에 폭력대

책위원회가 구성되고, 경찰이 신고 센터를 만들어 운영하고, 검찰까지 나서서 '자녀안심하고 학교 보내기 운동'을 벌인 것이 어제 오늘의 이야기가 아니다. 이러한 일련의 방법들은, 예방보다는 사건이 벌어진 후의 처리에 주로 치중하는 대증 요법에 속하는 것이다.

그러면 근본적인 방안은 전혀 없는 것일까?

문제아 뒤에는 반드시 문제 가정이 있다는 말이 있다. 맞는 말이다. 그중에서도 부모 중 한 쪽의 가출과 이혼에 따른 결손 가정이 가장 큰 영향을 미친다. 가출이나 이혼과 같은 사생활의 문제는 국가가 관여할 수도 없고 책임을 질 수도 없다. 그러나 이로 인하여 발생한 결손 가정의 아이들에 대한 복지 문제는 국가가 관심을 가지고 그에 따른 처방을 만들 수 있다. 결손 가정의 학생에 대한 학비 지원이나, 훈련된 복지사의 가정 방문을 통하여 애정 결핍에 따른 학생의 심적 부담을 줄여 주는 방법 등을 편다면, 그 효과가 매우 크리라 생각한다. 물론 학교도 학교대로, 이러한 처지에 있는 학생들을 더욱 따뜻이 감싸 안기 위한, 상담을 비롯한 적극적인 활동을 펴나가야 할 것이다.

그런데 청소년 문제에 대한 이러한 대책 이전에, 더 근본적인 것이 있다. 그것은 품성이 좋은 아이를 낳는 것이다. 태어날 때 좋은 품성을 가지고 나와야 쉽게 비뚤어지거나 기울어지지 않게 되기 때문이다.

품성이 좋은 아이를 낳으려면 어떻게 해야 하는가? 우선 태교를 잘 행해야 한다. 태교의 중요성은 이미 잘 알려져 있고, 과학적으로도 증명되어 있다.

인도의 살아 있는 성자라 일컬어지는 라즈니쉬는, 이 세상에 살고 있는 사람들은 온갖 번뇌와 욕망에 의하여 태어났기 때문에 이 세상을 지상낙원과 같은 행복한 곳으로 만들 수 없다고 단언하고, 앞으로의 세상을 그렇게 만들고자 한다면, 태아부터 교육을 잘 시켜야 한다고 말하였다.

라즈니쉬의 말이 아니더라도 사람들은 누구나 훌륭한 자녀를 갖고자 원하기 때문에, 태교는 예부터 사람들의 중요한 관심사가 되어 왔다.

그런데 나는 이 태교가 말그대로 그만큼 중요한 영향을 미칠 것인가에 대해 늘 의아함을 떨칠 수가 없었다. 아무리 교육이 중요하다 하더라도, 태어나지도 않은 단순한 생명체가 그 어머니의 마음가짐이나 행동을 어떻게 인지하고 자기의 것으로 만들겠느냐는 생각이 들었다. 뿐만 아니라, 인간의 성격과 지능 그리고 육체적인 조건들은 이미 그 부모의 유전자에 의하여 결정되는 것인데, 외부적인 태교가 뭐 그리 대단한 영향을 미칠 수 있겠는가 하는 생각이 들었기 때문이다.

그런데 어느 날 이러한 나의 생각이 확 바뀌게 되었다. 그것은 모 대학의 생물학과 교수가 갈매기를 기르는 전 과정을 비디오로 보여준 것이 계기가 되었다. 갈매기 알을 주워다가 부란기에 넣고 인공부화를 시키면서, 그 교수는 알에다 대고 '갈갈' 하는 소리를 몇 차례 반복해서 들려주었다. 그 후 알에서 깨어난 갈매기 새끼들이 '갈갈' 하는 소리만 나면, 자기 어미인 줄 알고 소리 나는 곳으로 종종걸음을 하면서 모여들었다. 신기하기 짝이 없었다. 부화하기 전에 들었던 소리를 기억하고 있는 것이다.

갈매기가 이러하니 사람이야 더 말할 필요도 없을 것이란 생각이 들었다. 더욱이나 자기 뱃속에서 자라고 있는 태아가, 어머니의 모든 것을 알아듣고 기억할 것임은 의심의 여지가 없겠다는 확신이 들었다.

이런 일이 있은 지 얼마 되지 않아, 텔레비전에서 신생아의 감정 상태를 실험하는 장면을 본 적이 있다.

우는 아이에게 어머니의 심장 박동 소리를 들려주니, 안정을 되찾아 울음을 그치는 장면이었다. 이 장면과 함께, 방송 해설자는 어머니가 안고 수유해야 아이가 올바르게 성장한다는 사실을 강조하고 있었다. 그렇다. 어머니의 심리적, 육체적 상태는 그대로 태아에게 전달된다. 우리는 교육의 중요성을 늘 외친다. 특히 조기 교육의 중요성을 강조한다. 언제부터가 조기 교육인가? 태어난 후부터 시작하는 것은 벌써 늦다.

이 땅의 모든 어머니들이 태교를 해야 한다. 좋은 국민이 좋은 나라를 만든다. 좋은 국민은 좋은 교육을 받을 때 이루어진다. 좋은 교육은 어머니의 태교에서 시작해야 한다. 이러한 견지에서 볼 때 여성의 태교에 대한 인식은 더없이 시급하다.

이 땅의 여성들은, 사랑스런 자신의 자녀를 위해 그리고 우리 사회의 평화롭고 복된 삶을 위해 태교에 관심을 가져야 한다.

태교에 대한 가장 오래된 기록은 중국 전한시대 유향(劉向)이 쓴 열녀전으로 알려져 있다. 우리나라에는 정조 24년에 사주당 이씨(師朱堂 李氏)가 지은 태교신기(胎教新記)가 있다. 이와 같은 본격적인 태교서가 나오기 이전에도 태교에 관한 것은 빙허각 이씨(憑虛閣李氏)의 규합총서(閨閣叢書)나 동의보감, 계녀서(戒女書) 등에 부분적으로 언급되어 있다.

이들 문헌에 나타난 우리나라의 전통적 태교 내용을 살펴보면 삼가야 할 행동이나 일, 가려야 할 음식, 가까이 두고 보아야 할 것과 보지 말아야 할 것 등을 언급하고 있다. 그 중 몇 가지를 열거하면 다음과 같다.

① 삼가야 할 행동 : 간사하고 남을 속이는 일, 부당한 욕심, 화를 내거나 모진 말을 하는 것, 남을 꾸짖거나 헐뜯는 일, 웃을 때 잇몸을 보이는 일, 귓속말이나

수다

② 삼가야 할 일 : 옷을 너무 덥게 입는 것, 너무 배부르게 먹는 것, 차거나 더러운 데 앉는 것, 몸을 기울여 앉는 것, 약을 함부로 먹는 것, 높은 곳에 있는 것을 내리거나 서서 땅의 것을 집는 것, 모로 눕거나 엎드리는 것

③ 금해야 할 음식 : 바르지 않은 모양을 한 것, 벌레 먹거나 썩어서 떨어진 것, 찬 음식, 노루고기, 오리고기와 알, 참새고기, 비늘 없는 물고기, 비름나물, 미역귀, 말씹조개

④ 가까이 두고 보아야 할 것 : 귀인(貴人), 백벽옥(白璧玉), 공작, 성현이 훈계한 글, 난새[鸞]나 봉황(鳳凰)

⑤ 보고 들어서는 안 되는 것 : 광대, 난쟁이, 원숭이, 다투는 것, 일식, 월식, 유성, 굿거리, 술주정 소리, 잡노래

이에서 보듯이, 우리 조상들은 알찬 태교를 위해 많은 관심과 노력을 기울였다.

조상들의 노력에서도 볼 수 있듯 어머니 될 사람들은 호수같이 맑고 잔잔한 마음으로, 남을 미워하지 말고 불쌍한 사람을 돕는 고운 마음을 품고, 귀여운 아기 낳기를 기다리는 그런 태교의 실천자가 되어야 한다. 그리하면 틀림없이 맑고 고운 성품을 지닌 훌륭한 자녀를 낳을 것이며, 그러한 자녀는 자기도 행복하고 남도 행복하게 하는 값진 삶을 살아갈 것이다.

지금 우리 사회는 사교육에 찌들고 있다. 철도 들지 않은 유아에게 온갖 과외를 시키고 있다. 돈을 들여 강사에게 맡기기만 하면 실력 있는 아이로 클 것이며 경쟁에 이길 것이라 생각한다. 그러나 그 이전의 중요한 것을 놓치고 있다. 정작 몸과 정신이 건강한 아이를 낳는 태교에 대해서는 소홀히 하고 있다.

이러한 태교에 관한 교육은 학교에서도 실시할 필요가 있지만, 국가가 나서서 가임 여성이나 임신 여성을 대상으로 하는 사회 교육 기관을 만들어, 태교에 대한 교육을 실시해야 한다. 이렇게 하여 올바른 태교를 받은 어머니는 품성이 올바른 좋은 아이를 출산할 것이며, 이러한 아이들이 많아져야 청소년 비행도 줄어들 것이다.

강재철, 『한국 속담의 근원설화』, 백록출판사, 1980.

국립국어연구원, 『표준국어대사전 상·중·하』, 두산동아, 2000.

권영한, 『우리 사찰의 벽화 이야기』, 전원문화사, 2006.

권영한, 『한국 사찰의 주련』, 전원문화사, 2000.

김동진, 조항범 평석, 『선인들이 전해 준 어원 이야기』, 태학사, 2001.

김민수, 『우리말 어원사전』, 태학사, 1997.

김상규, 『우리말 잡학사전』, 푸른길, 2011.

김성묵, 『김성묵의 무도 동양 철학 특강』, 휴먼큐브, 2015.

김성배, 『한국의 금기어 길조어』, 정음사, 1977.

박일환, 『미주알 고주알 우리말 속담』, 한울, 2011.

양주동, 『고가연구』, 박문출판사, 1954.

원유상, 『학교에서 가르쳐주지 못한 우리 역사』, 좋은날들, 2013.

이수광, 『우리도 몰랐던 한국사 비밀 32가지』, 북오션, 2014.

이홍직, 『국사대사전』, 학원출판공사, 1999.

자현, 『사찰의 비밀』, 담앤북스, 2014.

자현, 『사찰의 상징세계 상·하』, 불광출판사, 2012.

정민, 『새 문화사전』, 글항아리, 2014.

조용진, 『동양화 읽는 법』, 집문당, 1994.

조항범, 『그런 우리말은 없다』, 태학사, 2005.

채석용, 『철학 개념어 사전』, 원앤원북스, 2011.

한국민족문화대백과사전 편찬부, 『한국문화대백과사전 1~27권』, 1993.

홍순욱, 「경포대의 미술사적 고찰」, 『임영문화』 22집, 강릉문화원, 1998.